劳动合同法
系列丛书

LAODONG HETONG ANLI
JINGBIAN JINGXI

劳动合同案例
精编精析

陈闯 著

中国检察出版社

图书在版编目（CIP）数据

劳动合同案例精编精析／陈闯著．—北京：中国检察出版社，2007.12
ISBN 978－7－80185－867－2

Ⅰ．劳… Ⅱ．陈… Ⅲ．劳动合同法－案例－分析－中国 Ⅳ．D922.525

中国版本图书馆 CIP 数据核字（2007）第 193484 号

劳动合同案例精编精析

陈 闯 著

出 版 人：	袁其国
出版发行：	中国检察出版社
社　　址：	北京市石景山区鲁谷西路 5 号（100040）
网　　址：	中国检察出版社（www.zgjccbs.com）
电子邮箱：	zgjccbs@vip.sina.com
电　　话：	（010）68630384（编辑） 68650015（发行） 68650029（邮购）
经　　销：	新华书店
印　　刷：	北京东海印刷有限公司
开　　本：	A5
印　　张：	10.25 印张
字　　数：	284 千字
版　　次：	2008 年 1 月第一版　2008 年 1 月第一次印刷
书　　号：	ISBN 978－7－80185－867－2/D·1843
定　　价：	26.00 元

检察版图书，版权所有，侵权必究
如遇图书印装质量问题本社负责调换

出版前言

2007年6月29日,《中华人民共和国劳动合同法》(以下称《劳动合同法》)经十届全国人大常委会第二十八次会议第四次审议并高票通过,自2008年1月1日起施行。这是自《劳动法》颁布实施以来,我国劳动和社会保障法制建设中的又一个里程碑。《劳动合同法》的颁布实施,进一步补充和完善了劳动合同制度,进一步明确了劳动关系主体双方的权利和义务,对于更好地保护劳动者的合法权益,构建和规范和谐稳定的劳动关系,促进社会主义和谐社会建设,具有十分重要的意义。

"世不患无法,而患无必行之法"。为普及法律知识,帮助广大劳动者、用人单位以及有关劳动行政部门深入学习、掌握《劳动合同法》的精神和内容,我们历时一年精心策划了这套《劳动合同法系列丛书》,旨在强化社会不同阶层的劳动合同法律意识,进而提高劳动者的自我保护能力,使其更有效地维权;指导用人单位的劳动用工实践,助其更稳定地发展;辅助劳动行政部门熟练运用法律,促其更规范地执法。本套丛书共六个分册,分别以不同形式涵盖了与《劳动合同法》密切相关的各方面内容,它们是:《劳动合同权益法律速查》、《劳动合同维权实用解答》、《劳动合同法百姓导读》、《劳动合同案例精编精析》、《劳动争议处理实务》和《中华人民共和国劳动合同法》单行本。整套丛书内容丰富翔实、通俗易懂,体例编排清晰、别致,集科学性、实用性、可读性于一体,能够有效发挥帮助读者答疑解惑、防范风险的作用。我们相信,无论是防患于未然,还是解决于已然,丛书中的每一分册,都会从不同角度对读者更好地理解与适用《劳动合同法》这部基础性法律有所帮助和启发。

由于时间紧迫,书中的疏漏和不足之处在所难免,欢迎广大读者批评、指正。

中国检察出版社

2007年7月

Contents 目录

劳动关系与劳动合同订立

劳动关系自用工之日起建立	3
确立劳动关系需有用工行为存在	14
用人单位变更登记事项不影响劳动关系	21
事业单位与其工作人员将适用《劳动合同法》	30
同一劳动行为不能成立两个劳动关系	46
同一劳动者一般不能建立双重劳动关系	57
劳动者退休后再参加劳动不成立劳动关系	67
台港澳居民、外国人取得就业证才能建立合法劳动关系	77
用人单位不得向劳动者收取任何押金	84

劳动合同的履行和变更

用人单位不得无故拖欠或扣发劳动者工资	91
用人单位安排加班应按国家规定支付加班工资	103
加班工资应按法定标准另行计算,不包含在正常工资中	120
用人单位不得以格式条款要求劳动者承诺放弃劳动报酬	124
提成款是工资的一部分,受法律保护	131
劳动者违反竞业限制约定须向用人单位支付违约金	149
被派遣劳动者的合法权益受法律保护	163
派遣单位是劳动法意义上的用人单位	175

用工单位应履行与劳动者之间的赔偿协议 ... 182
用人单位可以依法对劳动者进行纪律处分 ... 189

劳动合同的解除和终止

用人单位解除劳动合同应支付经济补偿 ... 201
用人单位违法解除劳动合同需按经济补偿标准进行双倍赔偿 ... 213
除名决定对劳动者产生效力的条件 ... 227
劳动合同不能因企业改制解除 ... 235
劳动合同终止后劳动关系亦不再延续 ... 240
试用期内解除劳动关系的条件 ... 245
双方当事人协商一致可以解除劳动合同 ... 251
先于医疗期到期的劳动合同不能自动终止 ... 257
自动离职与劳动合同的解除 ... 263

经济补偿金

不当解除劳动关系也应给付经济补偿金
——限于劳动者仅要求经济补偿而未要求继续履行的情形 ... 271
解除劳动合同的经济补偿金和额外经济补偿金的给付条件 ... 278
用人单位违法解除劳动合同不影响劳动者获得应得奖金 ... 284
未签书面合同用人单位解除劳动关系也应支付经济补偿 ... 302
劳动者严重违纪用人单位可依法解除劳动合同 ... 308
劳动关系终止后用人单位应当及时办理社会保险转移手续 ... 317

Part 1
劳动关系与劳动合同订立

Part 1

劳动关系与劳动合同订立

劳动关系自用工之日起建立

【基本案情】

原告：某影视中心
被告：张某

原告某影视中心诉称：2006年2月2日北京市朝阳区劳动仲裁委员会作出裁决，确认被告张某之子张旺与我中心之间存在劳动关系。我中心不服该裁决，理由如下：涉案电视剧的项目归属以及摄制组的主管单位均因电视剧项目的转让而不再与我中心存在任何关系，有关法律责任和法律后果理应由新的项目承接单位来处理，申诉人错误地选择了申诉对象。此外，通过仲裁开庭审理已清楚地表明了张旺与摄制组之间存在的是车辆租赁关系而非劳动关系，事实是摄制组为了拍摄需要，租用张旺的大客车，用于接送演员和运送道具，双方按实际使用车辆天数计算租金，张旺本人所从事的司机工作仅仅是作为车辆租赁关系中出租方履行租赁关系义务的一部分，电视剧拍摄完成后双方的租赁关系自然解除，摄制组所负义务仅仅是按实际用车天数与张旺结算车辆租金。现诉至法院，请求依法判决我中心与被告之子张旺之间不存在劳动关系。

被告张某辩称：依据仲裁裁决书查明及认定的事实，某影视中心的主张不能成立。1. 2005年7月4日某影视中心与华风公司、喜洋洋公司签订转让合同，合同生效的时间是2005年7月4日，而张旺死亡的时间是2005年7月3日中午13时，张旺死亡时转让合同未生效，张旺死亡的法律责任应由转让合同未生效之前的主体即某影视中心承担。2. 某影视中心是事业法人单位，有用工的权利能力，张旺受指派运送演员及道具属于用人单位的劳动管理行为并获得报酬，张旺为摄制组运送演员的劳动行为属于摄制电视剧的业务组成部分，因此，仲裁裁决正确。3. 仅凭支出凭证不能证明双方之间是租赁关系，张旺已经死亡，不能证明签字的真实性，也不能证明是张旺的真实意思表示。4. 张旺死后，留下年迈的父母、妻子及一对年幼的儿女。张旺的死亡给其亲属造成巨大的经济损失及终生的精神痛苦，无论依据法律及社会道义，某影视中心均应给予死者的亲属一定的经济赔偿。因此，张旺与某影视中心存在劳动关系，劳动仲裁裁决正确。

法院经审理查明：

原告某影视中心为经工商管理机关登记领取营业执照的企业法人。电视剧《古城》（申报名《老城》）原由某影视中心申报立项并已经国家广电总局批复立项，某影视中心原为《古城》摄制组的主管单位。2005年7月4日，某影视中心作为甲方，与乙方北京华风气象影视信息集团有限公司、丙方北京中视喜洋洋广告有限公司签订转让合同书，经国家广电总局批复同意，将电视剧《古城》的题材规划立项手续及相关权益全部转让给乙方，甲方自转让合同书签字盖章生效之日起，不再承担该剧的任何制作、管理责任及享有相关权益，丙方无条件同意转让，并同时与乙方签订新的《古城》合同书，转让合同书自签字盖章并且乙方、丙方重新签订新的《古城》合同书之日起生效。

被告张某之子张旺于2005年3月起受雇自带大型客车为某影视中心从事运送演员、道具等工作。2005年7月3日，《古城》摄制组在河北省顺平县王氏庄园拍摄过程中，陈子安（已因犯故意杀人罪于2006年4月5日被河北省保定市中级人民法院一审判处死刑）认为本剧组的司机李运录等人经常取笑和挤兑他，且常指使他干活，于当日中午12时40分左右，驾驶货车故意撞向该组正在休息聊天的张旺、李运录等人，张旺、李运录被汽车从胸部压过，后陈子安弃车逃跑过程中被剧组工作人员抓获扭送顺平县公安局。经法医鉴定，张旺系失血性休克死亡。

张某提供张旺"胸卡"一张，载明姓名张旺，职务司机，单位某影视，加盖有某影视中心电视连续剧《古城》摄制组印章。

张旺所驾车牌号为京A 898471大客车车主登记为北京市长城出租汽车公司。某影视中心提供支出凭单三张，记载2005年5月4日付大通套客车京A 898471 3月18日—4月18日车费6000元，领款人张旺；2005年6月4日付大客车张旺京A 898471 4月19日—30日车费2400元，领款人张旺；2005年6月11日付大客车张旺京A 898471 5月1日—31日车费6200元，领款人：林延辉代张旺。

本案起诉之前，张某向北京市朝阳区劳动争议仲裁委员会申请劳动仲裁。2006年2月23日，北京市朝阳区劳动争议仲裁委员会作出裁决，确认张旺与某影视中心存在劳动关系。

法院经审理认为：

张旺死亡前，实际为某影视中心下属的电视剧《古城》摄制组提供劳动，接受摄制组管理，从摄制组领取劳动报酬。张旺所持胸卡也载明其单位为某影视并加盖摄制组印章。因摄制组不具备劳动法规定的用工主体资格，用人单位应确定为摄制组的主管单位，即某影视中心。张旺与某影视中心之间符合劳动关系的构成要素，双方存在事实劳动关系。某影视中心主张电视剧《古城》项目已转让，但转让协议在张旺死亡后才生效，张旺作为劳动者的劳动关系的另一方主体用人单位仍应确定为某影视中心。某影视中心提供的支出凭单，张旺签字的两张支出凭单字迹明显不同，真实性难以认定，并且仅凭该支出凭单也不能认定双方之间是租赁关系，双方在存在劳动关系的情况下，支出凭单也可以作为支付劳动报酬的一种特殊形式。因此，张旺与某影视中心之间存在事实劳动关系，某影视中心的诉讼请求缺乏依据，本院不予支持。综上，依照《中华人民共和国劳动法》第2条之规定，判决如下：

张旺与某影视中心存在劳动关系。

一审判决，某影视中心不服，提起上诉。二审经过审理，判决驳回上诉，维持原判。

【分析评论】

一、劳动关系与劳动合同

《劳动合同法》颁行之前，劳动关系是一个比较模糊和混乱的概念，不同的机构、不同的人，都有自己对于劳动关系的认识。对于大多数公众来说，习惯上劳动关系等同于劳动法律关系，使用上基本没有区分；在司法实践中，则有不少人将劳动法律关系区分为劳动合同关系和事实劳动关系，他们所说的劳动关系，一般等同于事实劳动关系，否则的话，他们就明确适用劳动合同关系的概念；而在学术领域，学者们比较普遍的认识是，劳动关系是劳动法的调整对象，经过劳动法规范的劳动关系才是劳动法律关系。比较看来，学术领域的劳动关系包括的外延最广泛。

其实，劳动关系是《劳动法》的一个法定用语。《劳动法》第2条规定，在中华人民共和国境内的企业、个体经济组织（统称用人单位）和与之形成劳动关系的劳动者，适用本法。国家机关、事业组织、社会团体和与之建立劳动合同关系的劳动者，依照本法执行。根据这条规定，《劳动法》区分了两种情形，对于企业，凡是形成"劳动关系"，一律适用《劳动法》；对于机关、事业单位，"建立劳动合同关系"才适用《劳动法》。从《劳动法》的立法本意上讲，这条规定是根据当时劳动人事改革的实际，有意地对机关、事业单位中的"劳动关系"做了一个区分，大部分劳动者与机关、事业单位形成的是公务员关系、人事关系等以行政、事业编制为依托的、不签订劳动合同的劳动关系，不适用《劳动法》；而机关、事业单位中的工人等劳动者，与单位签订劳动合同，形成劳动合同关系，适用《劳动法》。实践中，机关、事业单位中的工人等劳动者，如果没有行政、事业编制，即使未签订劳动合同，发生劳动争议时，也多适用《劳动法》处理。

《劳动法》中虽然使用了"劳动关系"一词，但没有关于什么是劳动关系的定义。1995年8月4日，原劳动部《关于贯彻执行

《中华人民共和国劳动法》若干问题的意见》中给出了一个劳动关系的定义。该意见第 2 条规定，中国境内的企业、个体经济组织与劳动者之间，只要形成劳动关系，即劳动者事实上已成为企业、个体经济组织的成员，并为其提供有偿劳动，适用劳动法。这个定义包含两个要素，第一个是劳动者事实上已成为企业、个体经济组织的成员，第二个是劳动者为用人单位提供有偿劳动。应该说，这是一个实用性很强的定义。

而按照劳动法教材中的定义，劳动关系是指劳动力所有者（劳动者）与劳动力使用者（用人单位）之间，为实现劳动过程而发生的一方有偿提供劳动力而由另一方用于同其生产资料相结合的社会关系。劳动法教材中，是在马克思主义政治经济学的意义上定义劳动关系，并进而认为，这种劳动关系就是劳动法调整的对象，劳动关系经劳动法调整，形成劳动法律关系，即劳动者与用人单位之间，依据劳动法律规范所形成的实现劳动过程的权利和义务关系。学者们认为，只有已纳入劳动法调整范围，并且符合法定模式的劳动关系，才得以表现为劳动法律关系。虽然在劳动法调整范围内但不符合法定模式的劳动关系，比如未签订劳动合同或劳动合同无效，则只能作为事实劳动关系处理。在学者们眼中，劳动法律关系与事实劳动关系是并列的，共同作为经法律调整的劳动关系的组成部分，而在此之外，还有其他的劳动关系。

劳动关系、劳动法律关系之外，又出现了事实劳动关系的概念。这在规范性文件中也有所体现。最高人民法院《关于审理劳动争议案件适用法律若干问题的解释》（法释〔2001〕14 号）第 16 条规定："劳动合同期满后，劳动者仍在原用人单位工作，原用人单位未表示异议的，视为双方同意以原条件继续履行劳动合同。一方提出终止劳动关系的，人民法院应当支持。"劳动和社会保障部办公厅在浙江省劳动和社会保障厅的答复（劳社厅函〔2001〕249 号）中，对最高人民法院司法解释中规定的上述情形，认为：劳动合同期满后，劳动者仍在原用人单位工作，用人单位未表示异议的，劳动者和原用人单位之间存在的是一种事实上的劳动关系，而不等于双方按照原劳动合同约定的期限续签了一个新的劳动合同。一方提出终止劳动关系的，应认定为终止事实上的劳动关系。

实践中，部分用人单位招用劳动者不签订劳动合同，发生劳动争议时因双方劳动关系难以确定，致使劳动者合法权益难以维护，对劳动关系的和谐稳定带来不利影响。为此，劳动和社会保障部在2005年5月25日专门发出了《关于确立劳动关系有关事项的通知》（劳社部发〔2005〕12号），明确提出了劳动关系是否成立的三个判断标准：（一）用人单位和劳动者符合法律、法规规定的主体资格；（二）用人单位依法制定的各项劳动规章制度适用于劳动者，劳动者受用人单位的劳动管理，从事用人单位安排的有报酬的劳动；（三）劳动者提供的劳动是用人单位业务的组成部分。这个规定，是目前为止关于劳动关系最全面的规定。

我们使用"劳动关系"一词，主要是根据《劳动法》的规定，在实践意义上使用，而不是在学术意义上使用，尤其不是在前面所引用的政治经济学意义上使用。从《劳动法》，到《关于贯彻执行〈中华人民共和国劳动法〉若干问题的意见》，再到《关于确立劳动关系有关事项的通知》，我们可以看出，劳动关系、劳动法律关系是同一含义，都指的是应该适用劳动法律予以调整的法律关系。劳动关系的确立，按照《劳动法》的要求，用人单位与劳动者之间应该签订劳动合同，签订了劳动合同，就形成了劳动合同关系。但是实践中，不签订劳动合同的情况普遍存在，法律不能不予以调整，因此形成的事实劳动关系也是一种劳动法律关系，只不过双方没有签订劳动合同而已。我们认为，劳动合同只是劳动关系的一种表现形式，只要存在劳动关系，就应该适用劳动法律规范，而不论是否存在签订劳动合同的形式。

《劳动合同法》的规定，继续延用了劳动关系一词，并且十分明确地把劳动合同视为是劳动关系的一种形式，即使不具备这种形式，双方仍然存在劳动关系，仍然受《劳动法》和《劳动合同法》的调整，《劳动合同法》还特别为此制定了详细的法律规则。

《劳动合同法》第1条规定，构建和发展和谐稳定的劳动关系是本法的核心宗旨。第2条规定，用人单位与劳动者建立劳动关系，订立、履行、变更、解除或者终止劳动合同，适用本法。第10条规定，建立劳动关系，应当订立书面劳动合同。已建立劳动关系，未同时订立书面劳动合同的，应当自用工之日起一个月内订立书面劳动合同。用人单位与劳动者在用工前订立劳动合同的，劳动关系自用工之日起建立。第82条规定，用人单位自用工之日起超过一个月不满一年未与劳动者订立书面劳动合同的，应当向劳动者每月支付二倍的工资。第14条规定，用人单位自用工之日起满一年不与劳动者订立书面劳动合同的，视为用人单位与劳动者已订立无固定期限劳动合同。

我们认为，今后，使用劳动关系一词，应该统一按照《劳动合同法》的规定执行，劳动关系，等同于劳动法律关系，劳动合同只是劳动关系的外在表现形式，不论是否订立劳动合同，只要存在用工的事实，自用工之日起就存在劳动关系。而事实劳动关系一词，则将渐渐淡出人们的视线。劳动合同关系一词，也将很少再被人提及。

为了解决实践中用人单位为逃避法律义务而不与劳动者签订书面劳动合同的问题，《劳动合同法》确立了全新的劳动合同订立规则。分析起来，包括以下几点核心内容：

1. 劳动关系自用工之日起建立；

2. 建立劳动关系时（用工时）用人单位有义务与劳动者签订书面劳动合同；

3. 已经用工而未及时签订书面劳动合同的，应在自用工之日起一个月内补签，这一个月内不产生法律后果；

4. 自用工之日起一年内仍未补签书面劳动合同的，自第二个月起，用人单位应向劳动者支付双薪，即二倍的工资；

5. 自用工之日起一年后仍未补签书面劳动合同的，视为用人单位与劳动者已建立无固定期限劳动合同。

《劳动合同法》通过上述这些十分有利于劳动者的规定，将签订书面劳动合同的义务，主要施加于用人单位一方，督促用人单位提高签订劳动合同的积极性和自觉性；否则，将承受严重的法律后果。我们可以期望，《劳动合同法》实施之后，为了避免遭受惩罚性法律后果，用人单位将普遍与劳动者签订书面劳动合同。

二、本案评析

本案的事实，有一定的特殊性，但所涉及的法律问题，有一定的普遍性。

事实的特殊在于，劳动者张旺受雇自带大型客车为电视剧《古城》摄制组从事运送演员、道具等工作，在拍摄过程中，罪犯陈子安驾车将张旺撞死。可以说，正是由于这种突发事件，才引起了本案的争议。如果不发生这样的事情，电视剧拍摄结束了，张旺也就自然结束了与剧组的关系，双方之间是劳动关系或者普通的民事法律关系，也是无关紧要的事情，不可能进入到司法程序。

但问题的普遍性在于，像本案的这种短时间内提供特殊服务的行为，是民法上的债权债务关系（租赁关系或者承揽关系）还是劳动法上的劳动关系？依照《劳动合同法》的规定来看，本案中摄制组雇用张旺的行为，属于用工行为吗？本案处理过程中，产生了对这一问题的争论。有些人认为，本案明显属于民法意义上的租赁合同，而不构成劳动法意义上的劳动关系，主要理由是摄制组的目的并非是张旺的劳动，而是看中了张旺的大客车，可以用于接送演员和运送道具，张旺仅是所租车辆的司机，张旺的驾驶行为是租赁标的的一部分，而且不是主要部分。另外一点理由是，摄制组和张旺之间是按实际使用车辆天数计算报酬的，这也更符合租赁合同的特点。

劳动仲裁委员会、一审法院、二审法院对本案作出的一致认定，否定了上述观点。

法院的意见认为，张旺死亡前，实际为某影视中心下属的电视剧《古城》摄制组提供劳动，接受摄制组管理，从摄制组领取劳动报酬，张旺与摄制组之间符合劳动关系的构成要素。法院主要是从张旺与摄制组之间存在隶属性、提供有偿劳动方面来判断双方之间是否存在劳动关系的。人身隶属性，是劳动关系区别于普通民事法律关系的重要特点。法院的判断，也与劳动和社会保障部《关于确立劳动关系有关事项的通知》中提出的关于劳动关系的三条标准相符。劳动和社会保障部《关于确立劳动关系有关事项的通知》中提出，用人单位未与劳动者签订劳动合同，认定双方存在劳动关系时可参照下列凭证：（一）工资支付凭证或记录（职工工资发放花名册）、缴纳各项社会保险费的记录；（二）用人单位向劳动者发放的"工作证"、"服务证"等能够证明身份的证件；（三）劳动者填写的用人单位招工招聘"登记表"、"报名表"等招用记录；（四）考勤记录；（五）其他劳动者的证言等。其中，（一）、（三）、（四）项的有关凭证由用人单位负举证责任。而本案中，张旺一方就提供了张旺"胸卡"一张，胸卡上载明姓名为张旺，职务为司机，单位为某影视中心，加盖有某影视中心电视连续剧《古城》摄制组印章。这张小小的胸卡，成了认定案件事实的关键，它可以说明，摄制组的规章制度适用于张旺，张旺受用人单位的劳动管理，从事用人单位安排的有报酬的劳动。

　　当然，本案处理完毕之后，仍然存在一定法律上的争议，一些人仍然持有不同意见。我们也觉得本案有继续深入分析的余地。我们认为，本案认定为劳动关系，需要对其中两个存在明显不利影响的、劳动关系中通常不存在的非典型事实进行分析。

　　第一，摄制组是以支付凭单的形式按日向张旺支付报酬的。这是劳动关系中不常见的，而在租赁关系中比较典型。摄制组支付的款项，既可以被解释为工资，也可以被看做是租赁费用。其实，这个问题很容易回答，虽然劳动关系和劳动合同一般期限比较长，但并不一定非得是长期的不可，《劳动法》第20条就规定，劳动合同的期限分为有固定期限、无固定期限和以完成一定的工作为期限。张旺与摄制组之间存在的当然可以是以完成道具搬运工作为期限的劳动关系。《劳动法》虽然规定，工资应当以货币形式按月支付给劳动者本人（第50条），但那是一般情况，《工资支付暂行规定》也允许实行周、日、小时工资制的可按周、日、小时支付工资（第7条），更允许对完成一次性临时劳动或某项具体工作的劳动者，用人单位按有关协议或合同规定在其完成劳动任务后即支付工资（第8条）。因此，摄制组按日向张旺支付工资，是一种与双方劳动关系相适应的工资支付形式，不但不能否定，反倒还能够证明双方之间存在的是劳动关系。

第二，张旺是自带客车进行工作的，并且大客车车主是案外人北京市长城出租汽车公司。应该说，这个事实在劳动关系中一般是不存在的，通常的劳动关系中，劳动工具、生产资料都是由用人单位提供的，劳动者即便携带，也多是一些小型的、劳动者自己用着顺手的小工具。本案中则是张旺自带大客车进行工作，更特别的是大客车车主是案外人北京市长城出租汽车公司。司法机关并没有对车主进行调查，即使调查了，意义可能也不大，实践中登记车主与实际车主不相符的情况太多了，尤其是在大客车、大货车运输领域。摄制组自己也承认，自己与北京市长城出租汽车公司并没有接触，就是张旺自带大客车进行工作。张旺自带大客车工作，使这份工作看起来也像是在履行一个租赁合同。对这个问题的回答，我们觉得，应该把摄制组租赁大客车的行为与使用张旺劳动力的行为分开来，作为两个民事法律行为。摄制组与张旺之间确实存在一个租赁大客车的民事法律行为。但摄制组使用张旺的行为，同时也是一种用工行为，张旺在出租大客车的同时，也自己作为司机，为摄制组提供了有偿劳动。摄制组所支付的报酬，相应地包括了两个部分，一部分对应的是大客车的租金，另一部分是张旺的工资。这么来看，张旺与摄制组之间存在劳动关系，就顺理成章了。因此，张旺与摄制组之间，自用工之日，就建立了劳动关系。

除此之外，本案还有两个附带的小问题，因为前面我们直接进入了核心法律问题的分析，在这里再把这两个问题补充介绍一下。一个是本案的电视剧摄制组，既不是能够独立承担民事责任的民事主体，也不是独立的用工主体，依法不能作为用人单位，其用工责任应该由其上级主管单位承担，也就是电视剧的申报立项单位某影视中心承担。另一个是某影视中心经国家广电总局批复同意，签订转让合同，将电视剧《古城》的题材规划立项手续及相关权益全部转让给北京华风气象影视信息集团有限公司。转让合同约定，合同生效之日起，某影视中心不再承担该剧的任何制作、管理责任及享有相关权益。但法院查明，某影视中心将合同权利义务转让是在2005年7月4日，而本案的劳动行为均发生在2005年7月3日某影视中心转让合同权利义务之前，相应的法律责任仍然应该由某影视中心承担。

当然，虽然本案经过劳动仲裁、一审、二审，裁决已经发生法律效力，但本案认定的结果可能还会存在一定的争议，读者朋友们可能也会有不同的观点，我们的目的更多地在于借此介绍一些关于劳动关系的法律知识，以及提供一种分析问题的思路。

确立劳动关系需有用工行为存在

【基本案情】

原告：某进出口总公司（反诉被告）
被告：刘某（反诉原告）

某进出口总公司（以下简称某公司）诉刘某确认双方不存在劳动关系与刘某诉某进出口总公司支付生活费、保险赔偿金劳动争议案，系双方均不服劳动仲裁裁决书向法院起诉，法院受理后合并审理，互相列为原告、被告。

某公司诉称：刘某于2005年8月26日以其于1984年被我公司招收为全民合同制工人、后没有为其落实工作安排为由，申请劳动仲裁，要求再次确认劳动关系，为其安排工作，给予一定的经济补偿，补齐劳动保险。劳动争议仲裁委员会经审理后于2005年11月11日作出裁决，裁决双方存有劳动关系，驳回刘某其他申诉请求。我公司认为刘某的仲裁申诉超过时效期间，我公司与刘某从未签订过劳动合同，也从未发生过劳动事实，双方不存在劳动关系，仲裁裁决缺乏事实和法律依据。现诉至法院要求确认双方不存在劳动关系。

刘某反诉并答辩称：我于1984年9月29日由宣武区椿树街道办事处被某公司招收为全民合同制工人，双方劳动关系已经确立，但某公司完全没有尽到自己的法律义务，不给生活费、不上保险、不安排岗位。我一直找某公司主张自己的合法权益，但某公司却以种种理由推诿、扯皮。我在忍无可忍的情况下申请劳动仲裁。仲裁裁决双方存在劳动关系，既然如此，就应裁定某公司承担相应的赔转让合同，将电视剧《古城》的题材规划立项手续及相关权益全部转让给北京华风气象影视信息集团有限公司。转让合同约定，合同生效之日起，某影视中心不再承担该剧的任何制作、管理责任及享有相关权益。但法院查明，某影视中心将合同权利义务转让是在2005年7月4日，而本案的劳动行为均发生在2005年7月3日某影视中心转让合同权利义务之前，相应的法律责任仍然应该由某影视中心承担。

当然，虽然本案经过劳动仲裁、一审、二审，裁决已经发生法律效力，但本案认定的结果可能还会存在一定的争议，读者朋友们可能也会有不同的观点，我们的目的更多地在于借此介绍一些关于劳动关系的法律知识，以及提供一种分析问题的思路。

确立劳动关系需有用工行为存在

【基本案情】

原告：某进出口总公司（反诉被告）
被告：刘某（反诉原告）

某进出口总公司（以下简称某公司）诉刘某确认双方不存在劳动关系与刘某诉某进出口总公司支付生活费、保险赔偿金劳动争议案，系双方均不服劳动仲裁裁决书向法院起诉，法院受理后合并审理，互相列为原告、被告。

某公司诉称：刘某于2005年8月26日以其于1984年被我公司招收为全民合同制工人、后没有为其落实工作安排为由，申请劳动仲裁，要求再次确认劳动关系，为其安排工作，给予一定的经济补偿，补齐劳动保险。劳动争议仲裁委员会经审理后于2005年11月11日作出裁决，裁决双方存有劳动关系，驳回刘某其他申诉请求。我公司认为刘某的仲裁申诉超过时效期间，我公司与刘某从未签订过劳动合同，也从未发生过劳动事实，双方不存在劳动关系，仲裁裁决缺乏事实和法律依据。现诉至法院要求确认双方不存在劳动关系。

刘某反诉并答辩称：我于1984年9月29日由宣武区椿树街道办事处被某公司招收为全民合同制工人，双方劳动关系已经确立，但某公司完全没有尽到自己的法律义务，不给生活费、不上保险、不安排岗位。我一直找某公司主张自己的合法权益，但某公司却以种种理由推诿、扯皮。我在忍无可忍的情况下申请劳动仲裁。仲裁裁决双方存在劳动关系，既然如此，就应裁定某公司承担相应的赔偿责任，但我的其他申诉请求均被驳回。现诉至法院，要求：1. 判令某公司按照每月 406 元的法定标准支付自 2003 年 8 月至今的生活费，并支付 25% 的经济补偿金；2. 判令某公司赔偿社会保险金 70000 元；3. 判令某公司支付精神损失费 20000 元。

法院经审理查明：

某公司系全民所有制企业。1984 年 9 月 29 日某公司经原对外经济贸易部人事教育局同意招录刘某为全民合同制职工并办理了招录手续。某公司招录后并未安排刘某的工作岗位，未为刘某缴纳社会保险，刘某也未从某公司领取过工资或生活费，双方亦未签订劳动合同，某公司也未对刘某作过任何处理。

2005 年 8 月 26 日刘某申请劳动仲裁，要求：1. 某公司再次确认和其的劳动关系；2. 某公司给其安排工作；3. 某公司给一定的经济补偿（劳动仲裁庭审中明确为经济损害 20 万元、精神损害 10 万元）；4. 给其补齐有关劳动保险。北京市朝阳区劳动争议仲裁委员会于 2005 年 11 月 11 日作出裁决，认为某公司办理了招用刘某为全民合同制职工的手续，在当时用工制度下，刘某属于某公司的全民合同制职工，双方确立了劳动关系，招用后某公司至今未对刘某做过基于劳动关系下的处理，劳动关系不能自动解除，故裁决某公司与刘某存有劳动关系，驳回刘某其他申诉请求。

另查，刘某在被某公司招录后，曾陆续在长春市白山经济技术开发公司北京分公司、中国法制经济技术部等单位工作。

法院经审理认为：

按照我国劳动法的规定，劳动关系的建立应通过签订劳动合同的方式进行。当事人虽未签订书面劳动合同，但劳动行为已经发生、劳动者已经与用人单位之间形成从属支配关系、形成事实劳动关系的，亦受我国劳动法的保护。1995 年劳动部《关于贯彻执行〈中华人民共和国劳动法〉若干问题的意见》第 2 条规定："中国境内的企业、个体经济组织与劳动者之间，只要形成劳动关系，即劳动者事实上已成为企业、个体经济组织的成员，并为其提供有偿劳动，适用劳动法。"《最高人民法院关于审理劳动争议案件适用法律若干问题的解释》第1条规定:"劳动者与用人单位之间没有订立书面劳动合同,但已形成劳动关系发生后的纠纷"属于劳动法第二条规定的劳动争议。根据上述意见的界定,未签订劳动合同时劳动关系形成的要素包括两点,第一点是劳动者事实上已成为企业、个体经济组织的成员,即劳动者与用人单位之间形成了以人身自由在劳动范围内归用人单位支配、服从劳动分工和安排、遵守劳动纪律、接受用人单位管理为主要内容的从属关系;第二点是劳动者为用人单位提供了有偿劳动,即劳动行为已经发生,劳动者可以从用人单位处获得劳动报酬和有关福利待遇。2005年《劳动和社会保障部关于确立劳动关系有关事项的通知》也指出:"用人单位招用劳动者未订立书面劳动合同,但同时具备下列情形的,劳动关系成立。(一)用人单位和劳动者符合法律、法规规定的主体资格;(二)用人单位依法制定的各项劳动规章制度适用于劳动者,劳动者受用人单位的劳动管理,从事用人单位安排的有报酬的劳动;(三)劳动者提供的劳动是用人单位业务的组成部分。"在本案中,某公司虽办理了招录刘某为全民合同制职工的手续,但在长达20余年的时间里,刘某并未为某公司提供任何事实上的劳动行为,某公司亦未向刘某支付过任何劳动报酬,因此不能认为双方之间形成了确立劳动关系必需的从属关系及有偿劳动。即便考虑社会历史因素,或者如刘某所说,是某公司不给其安排工作,那刘某也早应通过有关部门或法律程序解决生活费等问题。但刘某迟至2005年8月才申请解决,并在此之前陆续在其他单位工作,也未提供证据表明其早已寻求解决,而某公司如有建立劳动关系的意思,竟在长达20年的时间内对刘某既不安排工作、不发放生活费、不缴纳社会保险,也对刘某不问不理,于理不通。因此在长期既未实际提供劳动,也未支付任何工资的情况下,不能认为双方之间有建立劳动关系的意思表示。至于刘某档案是否已经转到某公司处,虽双方各执一词,但档案问题不会对是否形成劳动关系构成影响。因此,在1984年的历史条件下,某公司虽然办理了招录刘某为全民所有制职工的手续,但长达20余年的时间内,劳动者未提供事

劳动关系与劳动合同订立

实劳动，与用人单位之间也没有形成劳动关系意义上的隶属关系，双方之间并未形成事实劳动关系，不能仅因招用后某公司至今未对被告做过基于劳动关系下的处理，认为双方之间存有劳动关系。刘某要求确认双方之间存有劳动关系及其他各项反诉请求，均缺乏事实和法律依据，本院不予支持。综上，依照《中华人民共和国劳动法》第2条、《最高人民法院关于审理劳动争议案件适用法律若干问题的解释》第1条之规定，判决如下：

一、某进出口总公司与刘某之间不存在劳动关系。

二、驳回刘某的反诉请求。

一审判决后，刘某不服，提起上诉。二审经过审理，判决驳回上诉，维持原判。

【分析评论】

本案面临的情况是，用人单位办理了招用劳动者的手续，但是长达20年的时间内，用人单位没有实际的用工行为，劳动者也从未为用人单位提供劳动，双方之间还存在劳动关系吗？

《劳动法》实施于1995年1月1日，《劳动合同法》实施于2008年1月1日。应该说，劳动关系和劳动合同的概念和观念，是在《劳动法》实施之后，才渐渐为广大劳动者所熟悉。但用工行为却是历来都存在的，不论国家采取什么方式进行管理，都不可能脱离广大劳动者的劳动，国家总要通过一定的形式组织劳动者投入到劳动过程中，不论是采用自上而下的行政管理手段还是市场自发配置的方式。我国劳动用工制度的改革，是一个循序渐进的过程，到现在为止，这个改革仍然在进行之中。国家确立发展社会主义市场经济的改革方向后，劳动力资源，作为最重要的经济资源之一，也必然要实现市场化配置。《劳动法》的颁布实施，就是劳动用工制度改革新的里程碑，它在确认了劳动力资源市场化配置的同时，也探索着如何通过法律规定，保护劳动者的合法权益。在《劳动法》实施13年后，《劳动合同法》的颁布实施，标志着劳动用工制度的改革进入了一个新的阶段，在基本实现市场化配置劳动力资源之后，国家开始着力弥补市场配置的不足，开始逐步完善保护处于弱势地位的劳动者的法律制度。

因此，在改革的历史过程中，就出现了很多由于历史因素造成的劳动争议。到目前为止，劳动法律规范，仍然是十分浩繁和零碎的，缺乏体系性，查找和掌握很不方便，并且，适应于改革进程，法律规范也经常处于变化之中。而这种掺杂了历史因素的劳动争议，处理起来就更加复杂，是实践中处理难度较大的一种劳动案件。处理这类案件，既要考虑案件的历史因素，又要与现行的劳动法律法规协调一致，与劳动用工制度的市场化改革方向保持一致，在主要考虑如何保护劳动者合法权益的同时，也不能忽视对用人单位合理权益的保护。

关于劳动关系的法律概念，前面一个案例中我们已经有详细的介绍，本案不再赘述，法院在处理本案时，也引用了《关于贯彻执行〈中华人民共和国劳动法〉若干问题的意见》、《劳动和社会保障部关于确立劳动关系有关事项的通知》等文件，并根据这些规范性文件的意见，提炼出了劳动关系的主要特征，在判断本案时予以适用。

按照法律规定，建立劳动关系，要通过签订劳动合同的形式，但如果没有签订劳动合同，并非劳动关系就不能成立，就不受法律保护。毕竟，法律规定是法律规定，而法律实践中当事人的行为与法律规定往往是有差距的。在签订劳动合同这个问题上，现实情况与法律规定之间就存在着巨大的差距。由于《劳动法》规定的缺陷，不签订书面劳动合同，往往使用人单位逃避了履行相应的法律义务，而没有相应的法律后果。因此，实践中，劳动合同签订率是很低的。但只要用人单位存在用工行为，有偿使用了劳动者的劳动，就同样存在劳动关系，劳动者合法的劳动权益，就应该受法律保护。法律保护没有签订劳动合同而存在实际劳动行为的劳动关系，其出发点和着眼点是为了保护已经付出了劳动的劳动者的利益。也就是说，付出了实际劳动的劳动者，有法律应当保护的权益。法律不能因为用人单位为了规避法律义务而不与劳动者签订劳动合同，就不保护实际劳动者的利益；否则，法律就是将用人单位一方过错的后果，加之于没有过错的劳动者一方，这样的法律是不公平的、不正义的。

保护未签订劳动合同而实际存在的劳动关系，目的在于保护付出了劳动的劳动者，所以，在未签订劳动合同的情况下，确认劳动者与用人单位之间存在劳动关系，就必须存在用工行为、劳动行为。用工行为是相对于用人单位一方而言，劳动行为是相对于劳动者一方而言。否则，这种保护就没有实际意义，反而可能不合理地加重了用人单位的负担。

本案中，1984年9月29日某公司招录刘某为全民合同制职工并办理了招录手续。但是，招录之后，某公司并未给刘某安排工作岗位，没有向刘某发放过任何工资、生活费，国家实行劳动合同制度之后，双方也没有再签订劳动合同，国家实行社会保险制度之后，某公司也未为刘某缴纳社会保险。这表明，用人单位某公司一方没有用工行为。

刘某在被某公司招录后，一直没有为某公司提供过劳动，从未自某公司领取过工资。在当年的历史条件下，招用为全民合同制工人，是一件非常重要的事情，意味着自此之后双方之间就有了身份上的隶属关系，是一种正式招工。按照常理，如果是某公司不为其安排工作，刘某早就应该通过相应的渠道要求解决，即使不能安排实际工作，也应发放一定的生活费用。即使问题得不到解决，也应留下很多证据。但刘某一方对此没有任何证据。相反，刘某在被某公司招录之后，曾陆续在长春市白山经济技术开发公司北京分公司、中国法制经济技术部等其他单位工作。这也从反面说明，刘某没有为某公司提供劳动。因此，劳动者刘某一方没有劳动行为。

没有用工行为，没有劳动行为，劳动者一方就缺乏应受保护的权益，对其进行保护就要进行其他考量了。首先要考虑的就是当时的历史因素。应该说，在某公司招用刘某的时候，全民合同制工人也是一种重要的身份，有一系列的社会制度与其相联系，因此，招工，不仅仅是劳动意义上的行为，同时也为被招用的人解决很多实际问题创造了基本条件。招工是有指标限制的。正是由于这种特殊性，在当时的历史条件下，很多招工都不是真正要招用劳动者，而是为了解决一些实际问题，很多企业，经营状况不佳，根本没有实际工作岗位的企业，但却掌握着一些招工指标。在这种招工体制下，招工的目的不是要建立劳动关系，招工后自然不会实际用工，当事人双方都是心知肚明的。因此，不能仅凭招工手续，就认定双方之间存在劳动关系。处理这个问题，必须要考虑这种历史的因素；否则，既不公平，也会引发很多实际的问题。再说，当时的招工行为，并非是后来劳动法律意义上的建立劳动关系的行为，国家实行劳动合同制度之后，用人单位应该与本单位的劳动者签订劳动合同，重新以劳动合同的形式确认双方之间存在的劳动关系。

  法院在处理本案时，除了从是否存在用工行为的角度考察外，还从隶属关系的角度进行了考察。劳动者隶属于用人单位，成为用人单位的成员，接受用人单位的管理，遵守用人单位的劳动规章制度，是劳动关系的另一个重要特征，这个重要特征与劳动行为是伴随始终的，也可以为我们判断劳动者与用人单位之间是否存在劳动关系提供有益的参考。但是，我们认为，最基本的判断标准还是用工行为、劳动行为，存在劳动行为，自然就存在隶属特征。

  最后一个需要说明的问题是，刘某在证明自己与某公司存在劳动关系时，特别提到，根据招工手续，自己的档案转到了某公司。而某公司则否认刘某的档案存在该公司。对此，法院认为，至于刘某档案是否已经转到某公司处，虽双方各执一词，但档案问题不会对是否形成劳动关系构成影响。法院处理这个问题的逻辑是，档案问题，是劳动关系之上的一个问题，劳动者一般应将自己的档案转入与其建立劳动关系的单位，但不能反推，档案在某个单位，就与某个单位存在劳动关系。实际上，档案管理另有自己的规范，而且现实中，档案存放问题也是一个十分复杂的问题，存在各种各样的情况，并不总与劳动关系保持一致。

用人单位变更登记事项不影响劳动关系

【基本案情】

原告：杨某
被告：某控股集团有限公司

原告杨某诉称：我于1988年由北京电子管厂调入中国电子玻璃公司，现改名为某控股集团有限公司，同年9月被派往其全资子公司中国电子玻璃海南公司工作，直至2004年12月奉命回京，回京后，某控股集团有限公司一直不给我安排工作，并从1999年至2004年未给我缴纳社会保险，经多次与某控股集团有限公司副总经理孟晓娟交涉未果。现诉至法院，要求确认我与某控股集团有限公司存在劳动关系，判令某控股集团有限公司补缴1999年1月至2006年12月的社会保险，判令某控股集团有限公司补发2004年12月至今的工资，判决某控股集团有限公司依法安排我的工作。

被告某控股集团有限公司辩称：1. 杨某与我公司不存在劳动关系。双方既没有签订劳动合同，也不存在事实劳动关系，理由是，杨某是中国电子玻璃海南公司的在职职工，其劳动关系一直在海南公司，其档案至今仍然在中国电子产业开发公司，海南公司是独立企业法人，故杨某与海南公司存在劳动关系。开发公司在转让、交接人员时亦未提及杨某，杨某也没有在交接人员名单之列，变更合同中也未出现海南公司，因此，海南公司与我公司不存在任何关系，杨某与我公司亦不存在劳动关系。2. 由于双方既未订立书面劳动合同，也未形成劳动关系，故本案不属于劳动争议受案范围。3. 杨某自称2004年12月回京，我公司未给其安排工作，应当认定杨某于当时已经知道双方存在争议,按照法律规定,应在60日内申请劳动仲裁,故本案已过时效,应当依法驳回原告的诉讼请求。

法院经审理查明:

原告杨某提供的一份加盖国营北京电子管厂劳动工资处公章的转档公函的复印件显示,杨某的档案材料于1990年由国营北京电子管厂转往中国电子玻璃公司,原因是"调出"。杨某提供的一份加盖中国电子玻璃公司人事处公章的工资调整表复印件显示,"经董事会同意,从1995年7月份起,给每位职工增长15%的工资,杨某同志的工资由646元调整为743元"。杨某提供的一份社会保险个人账户转移单复印件显示,其参加工作日期为1969年7月1日,视同缴费年限23年3个月,1992年10月至1998年12月实际缴费年限为6年3个月,转移日期为1999年2月,调出单位为中国电子发展有限公司。经法院向北京市朝阳区社会保险基金管理中心核实,杨某提交的社会保险个人账户转移单确实为该中心出具,情况属实。

经查,中国电子玻璃公司经国家工商行政管理总局核准,于1998年4月8日名称变更为中国电子玻璃有限公司,于1998年5月15日名称变更为中国电子发展有限公司,于2000年1月31日名称变更为某实业有限公司,于2000年9月22日名称变更为某控股有限公司,于2006年10月17日名称变更为某控股集团有限公司。

1999年4月8日,中国电子工程建设开发公司作为甲方、光彩事业投资集团有限公司作为乙方、山东泛海集团公司作为丙方,签订转让出资合同书一份,就中国电子发展有限公司出资转让事宜达成协议,协议约定甲方保证中国电子发展有限公司没有对任何单位和个人包括公司内部职工负有债务,乙方和丙方保证改组后的中国电子发展有限公司聘用原有的具有工作能力的5个固定职工,并按国家有关规定对17个下岗职工做好安排。在协议所附的在岗、下岗和退休人员明细单中均无杨某的名字。中国电子玻璃海南公司证明，杨某自1988年9月至2004年12月底一直在该公司工作。

2007年1月26日，杨某申请劳动仲裁，要求被告安排工作、缴纳社会保险。2007年1月29日，北京市朝阳区劳动争议仲裁委员会不予受理通知书，认为杨某的申诉请求不符合受理条件，决定不予受理。

法院经审理认为：

根据经北京市朝阳区社会保险基金管理中心证实的社会保险个人账户转移单，某控股集团有限公司在1992年10月至1998年12月期间，一直为杨某缴纳社会保险；而根据中国电子玻璃海南公司证明，杨某自1988年9月至2004年12月底一直在该公司工作。此足以证明杨某在中国电子玻璃海南公司工作期间，与某控股集团有限公司存在劳动关系，仍是某控股集团有限公司的职工，杨某提交的转档公函、工资调整表复印件也对此予以印证。某控股集团有限公司系原国有企业更名改制而成，至今未对与杨某之间的劳动关系进行过解除、终止等处理，因此，杨某仍是某控股集团有限公司职工，双方仍然存在劳动关系，某控股集团有限公司应按国家规定为杨某发放工资，缴纳相应的社会保险费用。杨某要求确认其与某控股集团有限公司至今存在劳动关系、被告为其缴纳社会保险费用的诉讼请求，要求某控股集团有限公司为其安排工作，符合法律规定，本院予以支持，但杨某要求某控股集团有限公司发放工资的诉讼请求，未经劳动仲裁程序，对该项请求，本院不予审理。某控股集团有限公司股东转让出资的合同书所列的人员名单，不能作为杨某与其不存在劳动关系的凭证。

综上，依照《中华人民共和国劳动法》第2条之规定，判决如下：

一、确认杨某与某控股集团有限公司之间存在劳动关系。

二、某控股集团有限公司于本判决生效之日起15日内为杨某补缴1999年1月至2006年12月的社会保险费用，具体数额及基数由社会保险经办机构核定，杨某自行负担个人应缴纳的费用。

三、某控股集团有限公司于本判决生效之日起15日内为杨某安排具体工作。

四、驳回杨某其他诉讼请求。

宣判后，双方均未上诉，一审判决已经发生法律效力。

【分析评论】

一、用人单位变更对劳动关系的影响

实践中，作为市场经营主体的用人单位为了经营的需要或者出于其他目的，经常发生各种各样企业登记事项的变更。有些变更是表面的，比如单纯的更名，由"朝晖公司"更名为"彩霞公司"，一般说来，这种改变不会对用人单位与劳动者之间的劳动关系产生影响，用人单位也不会否认其与劳动者之间的劳动关系。有些变更，涉及企业的投资控股、经营管理、实际控制等，情况就比较复杂。比如，有些企业变更了股东和实际经营人之后，新股东和实际经营人另行招用一批劳动者，不承认原股东和实际经营人经营企业时与劳动者签订的劳动合同，导致发生纠纷。随着改革步伐的加快，各类市场经营主体纷纷涌现，投资控股关系的变更越来越频繁，原有企业的改制、出售、合并、分立等越来越多，劳动关系因而受到的冲击现象也有一定的增多。本案就是原国有企业改制后，新的经营者否认与原有劳动者之间存在的劳动关系的典型案例。

《劳动法》对此问题没有规定。原劳动部《关于贯彻执行〈中华人民共和国劳动法〉若干问题的意见》规定，用人单位发生分立或合并后，分立或合并后的用人单位可依据其实际情况与原用人单位的劳动者遵循平等自愿、协商一致的原则变更原劳动合同。倒是1999年实施的《合同法》第76条明确规定，合同生效后，当事人不得因姓名、名称的变更或者法定代表人、负责人、承办人的变动而不履行合同义务。虽然法理是相同的，但劳动法律关系毕竟不宜直接适用《合同法》。《劳动合同法》注意到了实践中的这个问题，总结了原劳动部的意见，并借鉴《合同法》的有关规定，对用人单位变更对劳动关系的影响问题做了相对完备的规定。《劳

动合同法》第33条规定，用人单位变更名称、法定代表人、主要负责人或者投资人等事项，不影响劳动合同的履行。第34条规定，用人单位发生合并或者分立等情况，原劳动合同继续有效，劳动合同由承继其权利和义务的用人单位继续履行。

用人单位变更对劳动关系的影响，可以分为两种不同的情况来理解。

第一种情况，用人单位本身继续存在，只是名称、法定代表人、主要负责人或者投资人等内部事项发生变更的。这种情况下，用人单位本身并没有变化，变化的只是内部事项，甚至只是名称等表面形式，作为劳动关系的一方主体，在法律意义上没有变化，因而不影响劳动关系的存续和劳动合同的履行。具体来说，名称变更，只是作为用人单位象征符号的变化，对用人单位履行法律义务没有任何实质影响。法定代表人，是用人单位处理法定事项的代表，对内对外可以代表用人单位，虽然法定代表人通常具有较大的经营管理权以及人事用工权，但法定代表人不过是用人单位的代表而已，法定代表人的行为后果要由用人单位来承担，法定代表人的变化，只不过是用人单位代表的变化，同样不影响作为法人的用人单位履行自己的法律义务。主要负责人的变化，与法定代表人的变化基本相同，不论是谁负责管理用人单位，用人单位本身的法律人格并没有任何变化。投资人的变化，对用人单位来说，往往是比较重大的变化，代表着用人单位实际控制权的转移，但投资人与用人单位的关系，属于公司法等法律调整规范的关系，相对于投资人之外的人来说，这仍然是一种内部关系，投资人的变化同样不会导致用人单位法律人格的变化。因此，这些事项的变化，不影响劳动关系的存续和劳动合同的履行，用人单位的负责人、投资人不得以这种内部事项的变化为由主张不履行用人单位与劳动者之间的劳动合同。不过，在一些特定情况下，投资人的变化，往往会给劳动关系和劳动合同的履行带来一些影响。比如一些个体经济组织、民办非企业单位，投资人的变化实际导致用人单位本身的变化，投资人变化之前，往往会先解除劳动关系，再由新的投资人在经营时再招用新的劳动者。但是，按照法律规定，只要投资人的变化不影响依法登记的个体经济组织、民办非企业单位继续存在的，原投资人经营时与劳动者签订的劳动合同继续有效，新的投资人应继续履行。

第二种情况，用人单位发生分立、合并等情况，原用人单位不再继续存在或者发生显著变化的。前面我们已经介绍过，原劳动部的意见认为，分立或合并后的用人单位可依据其实际情况与原用人单位的劳动者遵循平等自愿、协商一致的原则变更原劳动合同。那么，分立或合并后的用人单位既可以与原用人单位的劳动者签订劳动合同，也可以不签订。这对劳动者来说是十分不利的，也与《民法通则》规定的企业法人分立合并时，权利义务由变更后的法人享有和承担的基本原则不相一致，可能成为用人单位大规模裁员的一种手段。实际上，有些用人单位的分立，仅仅是按照业务范围或者地域进行简单的分拆；而合并，就是两个单位合在一起，更没有理由不承担原单位签订的劳动合同。《劳动合同法》的规定改变了这种局面，既不要求分立、合并前与劳动者解除劳动合同，也不要求分立、合并后由新的主体与劳动者重新签订劳动合同，而是直接规定原劳动合同继续有效，由承继其权利和义务的用人单位继续履行。《劳动合同法》的规定显然更加科学合理，有利于维护劳动者的合法权益。用人单位合并的时候，由新的单位继续履行合并前任一单位与劳动者签订的劳动合同，是顺理成章的事情。但在分立的场合，往往会出现一些纠纷，分立后的单位互相推诿，认为不属于分立后自己承担的义务，都不愿意履行与某个劳动者的劳动合同，就有可能把劳动者推入到两难的境地。我们建议，万一遇到这种情况，劳动者就选择其中一家与自己从事的工作关系最密切的单位提起劳动仲裁或者诉至法院，要求确认双方之间的劳动关系，通过法律手段维护自己的合法权益。

二、本案评析

根据档案材料的记载，本案原告杨某于1990年由国营北京电子管厂调入中国电子玻璃公司。杨某表示自己进入中国电子玻璃公司后不久，就被派往中国电子玻璃海南公司工作。中国电子玻璃海南公司也证明，杨某自1988年9月至2004年12月底一直在该公司工作。按照我们通常的理解，一个单位将自己的某个职工派往另一个单位工作，该职工与单位之间的劳动关系仍然存在。原劳动部《关于贯彻执行〈中华人民共和国劳动法〉若干问题的意见》也规定，用人单位应与其长期被外单位借用的人员、带薪上学人员以及其他非在岗但仍保持劳动关系的人员签订劳动合同，但在外借和上学期间，劳动合同中的某些相关条款经双方协商可以变更（第7条）。因此，我们很容易理解杨某为何主张自己是中国电子玻璃公司的职工。

现在的问题是，中国电子玻璃公司早已不是当年的中国电子玻璃公司了，几经周折，变为了现在的某控股集团有限公司，某控股集团有限公司的投资人、人员也全都变化了，都没有人认识杨某了，杨某与现在的某控股集团有限公司还有劳动关系吗？

经法院查明，中国电子玻璃公司经国家工商行政管理总局核准，于1998年4月8日名称变更为中国电子玻璃有限公司，于1998年5月15日名称变更为中国电子发展有限公司，于2000年1月31日名称变更为某实业有限公司，于2000年9月22日名称变更为某控股有限公司，于2006年10月17日名称变更为某控股集团有限公司。经过先后五次更名，中国电子玻璃公司变成了某控股集团有限公司。而且，其中涉及1999年4月8日，中国电子工程建设开发公司作为甲方、光彩事业投资集团有限公司作为乙方、山东泛海集团公司签订了一份三方协议，山东泛海集团公司控制了中国电子玻璃公司，所以名称才会变更为某控股集团有限公司。

如果仅仅是名称变更，法院完全可以认定某控股集团有限公司与杨某之间存在劳动关系。现在的某控股集团有限公司，却根本否认与杨某存在过劳动关系。某控股集团有限公司提出两点主张：第一，杨某是中国电子玻璃海南公司的在职职工，其劳动关系一直在海南公司，海南公司是独立企业法人，故杨某与海南公司存在劳动关系，与现在的某控股集团有限公司之间不存在劳动关系。第二，杨某的档案至今仍然在中国电子产业开发公司，开发公司在转让、交接人员时亦未提及杨某，杨某也没有在交接人员名单之列，因此，杨某的问题应该去找中国电子产业开发公司解决，与现在的某控股集团有限公司没有关系。至于杨某是由中国电子玻璃公司派往海南公司一事，现在的某控股集团有限公司也表示，由于资料缺乏，没有查到。

初听上去，某控股集团有限公司的主张有一定道理，你又不在我这里工作，档案也不在我这里，凭什么主张与我之间有劳动关系？

这时候，杨某掌握的证据帮了他的大忙。杨某提出了两份关键的证据。第一份是社会保险经办机构出具的社会保险个人账户转移单。一般来说，劳动者工作单位发生变动的时候，用人单位会为其办理社会保险转移手续，社会保险经办机构会出具记录劳动者社会保险缴费情况的社会保险个人账户转移单，以便劳动者找到新的工作单位后，及时办理社会保险转移手续。杨某说自己手中的这份社会保险个人账户转移单是某控股集团有限公司寄给他的，他也不知道为什么要办理转移手续。正是这份莫名其妙得来的转移单，起到了重要的证明作用。经法院向出具这份转移单的社会保险经办机构核实，转移单是真实的。这份社会保险个人账户转移单显示，杨某参加工作日期为1969年7月1日，视同缴费年限23年3个月，1992年10月至1998年12月实际缴费年限为6年3个月，转移日期为1999年2月，调出单位为中国电子发展有限公司。就是最后的这项"调出单位为中国电子发展有限公司"，对杨某十分有利。中国电子发展有限公司正是某控股集团有限公司此前一系列更名中的其中一个。按照法律规定，用人单位负有为劳动者缴纳社会保险费的义务，反过来，一个单位为某人缴纳了社会保险费，也可以证明这个人是这个单位的劳动者。再看看中国电子发展有限公司为杨某缴费的期间，自1992年10月一直缴至1998年12月，而这段时间内，杨某一直在中国电子玻璃海南公司工作。这足以说明，杨某在中国电子玻璃海南公司工作期间，与某控股集团有限公司存在劳动关系，仍是某控股集团有限公司的职工。

另外一份重要证据是杨某提供的一份加盖中国电子玻璃公司人事处公章的工资调整表复印件。这份工资调整表显示，"经董事会同意，从1995年7月份起，给每位职工增长15%的工资，杨某同志的工资由646元调整为743元"。而这个期间，杨某在中国电子玻璃海南公司工作。杨某在海南公司工作期间，中国电子玻璃公司还给杨某调整工资，这不也充分说明双方之间存在着劳动关系吗？

应该说，本案的情况具有一定的普遍性。由于历史的原因，一些国有企业的劳动者被用人单位派往下属子公司或者其他合作单位工作，长期以来与用人单位没有什么联系，而用人单位经过一系列的改制、重组、股权转让和人事变更，早已面目全非，再加上档案保管混乱，很容易出现本案这样的情况，给劳动者维权造成困难。用人单位新的经营管理人员也不一定是刻意否认与劳动者之间的关系，可能更多的是变更过程中资料丢失、保管不善等原因引起的。此时，劳动者应注意利用社会保险缴费记录等有力证据，维护自己的合法权益。

事业单位与其工作人员将适用《劳动合同法》

【基本案情】

原告：某美术学院
被告：王某

原告某美术学院诉称：王某以1999年6月10日被我院辞退为由向中央国家行政机关在京直属事业单位人事争议仲裁委员会提出仲裁，中央国家行政机关在京直属事业单位人事争议仲裁委员会作出人裁字〔2006〕1号裁决，撤销我院于1999年6月10日对王某作出的辞退决定。该裁决在事实认定和法律适用上均有错误，我院据此提起诉讼。王某从1999年6月10日被辞退，2005年提起仲裁，其仲裁行为已过了时效。王某在我院期间因违法违纪行为受到过党纪政纪处分，并在我院安排的工作岗位上不认真、不负责，无故旷工，不知所踪，多次给予机会均不改正，故被辞退。我院辞退王某并无不当。现诉至法院要求确认我院在1999年6月10日对王某所作的辞退决定恰当、合法、有效。

被告王某辩称：我不同意某美术学院的诉讼请求，第一，某美术学院说仲裁时效已经过了，不符合事实，某美术学院一直没有将辞退书书面送达给我，我知道此事后，多次找组织解决此事，某美术学院于2005年6月作出不予复议的决定，之后申请仲裁，时效并没有过。第二，辞退决定一直未送达给我，作为我所在的人才交流中心领导也不知此事，某美术学院不送达辞退决定剥夺了我申诉的权利是没有道理的。第三，某美术学院所称受到党政处分，是由于我私自动用资金被处分，但当时我仅仅是会计，是处长签发一张支票，让我办理，作为普通会计，没有领导签字是不能动用支票的，某美术学院对处长作出处理的同时也对我作出处理，完全是错案，某美术学院的理由根本不能成立。第四，我没有违反劳动纪律，某美术学院称辞退决定是依据被告经常旷工，是无稽之谈。我要求法院撤销某美术学院的决定。

法院经审理查明：

原告某美术学院为教育部举办的事业单位法人。被告王某于1987年5月从部队转业到某美术学院工作。1994年8月31日某美术学院院办公会议决定，王某由人才交流中心安排临时工作并进行管理。1999年6月7日，某美术学院人才交流中心写给人事处一份《关于王某交至人才交流中心后的情况》，介绍说人才交流中心于1994年10月安排王某在煤渣宿舍管理组工作，1995年8月安排中转办学地食品服务部工作，1996年1月回到煤渣宿舍管理组继续工作，1996年10月在不打招呼的情况下去外地一个月之久，回来后下岗待聘。待聘10个月自己找不到工作，又经交流中心多次做工作于1997年9月再次安排到煤渣宿舍管理组工作。12月他嫌工资低，自己不干了，不打招呼再次去外地。1998年1月之后，人才交流中心多次找王某谈话，准备对他进行技术培训（锅炉或厨师），由于他本人原因培训未果，待聘10个月。1998年10月至1999年1月由人才交流中心推荐参加东城区选举工作。后又待聘。1999年3月他所住宿舍拆迁，人才交流中心办公室与他失去联系，多方联系后约定5月11日来院谈话，王某表示身体不好要看病，中心领导说看病一定要有假条，有假条的情况下一周或两周必须与人才交流中心联系一次。20日王某来电话说身体检查没问题，以后再没与办公室联系。王某交至人才交流中心以后为其安排工作三次，他作为一名党员组织纪律性较差，多次给机会其都不珍惜，鉴于以上情况请人事处按国家有关规定办理。

1999年6月9日某美术学院院领导办公会研究决定，对王某某、王某给予辞退处理，并于1999年6月10日以院长办公室发布院内发〔1999〕21号文决定。1999年6月10日，某美术学院人事处另制作第004号辞退证明书一份,内容为:根据《全民所有制事业单位辞退专业技术人员和管理人员暂行规定》第3条第1、4款,经研究,决定辞退王某同志,辞退从1999年6月9日算起。该决定及辞退证明书一直未向王某送达。

2003年11月29日某美术学院人才交流中心主任张立松写信给党委杨力书记、纪委王宏建书记,表示辞退王某的决定没有抄报人才交流中心,事后是张立松到人事处复印得到的,2002年王某找到张立松以后张立松才知道人事处一直没有给王某办理辞退手续,也从未把此事通知他本人。1999年6月至2001年张立松先后多次找过人事处,让他们按文件办理,一定履行程序通知到本人。张立松在信中认为,人才交流中心是临时管理单位,提供的"王某的工作情况"只能作为参考,不能作为辞退人的唯一依据;没有给当事人说话和陈述自己意见的机会,使当事人失去仲裁时间;没有严格按照国家人事部的《全民所有制辞退专业技术人员和管理人员暂行规定》中的第5、6条办理,致使工作非常被动。张立松信中请领导抽出时间对王某被辞退一事给予复议,并作出公正处理。

2005年3月10日张立松再次给杨书记写信,请求纠正在处理王某问题上的工作失误。信中张立松认为,提过他多次"待聘"但不等于他旷工,提供的岗都是非正式岗,所有待聘人员不参加正式考核。张立松认为给王某按"自动离职"处理的过程中,其失误之处在于写他的"工作表现"应该事先与本人沟通后再交人事处,在这一点上做得不够尊重人,应负有一定的责任;另外,张立松认为人事处在文件依据的使用上也不十分恰当,造成处理过重,以致处理后决定不送达,让人失去申辩权、申诉权。张立松信中希望现任领导由于其和人事处的工作失误再给王某一次复议机会。

2005年6月23日,某美术学院工会、人事处发给王某通知,内容为:1999年6月10日经院领导办公会研究决定:"对我院职工王某给予辞退处理。"你于2002年11月起向我院工会提出申诉。经2005年3月2日、6月8日院领导办公会讨论决定:不予复议,继续送达原会议决定。特此通知。

王某随后向中央国家行政机关在京直属事业单位人事争议仲裁委员会申请仲裁,要求:1. 撤销某美术学院作出的辞退处理决定;2. 归还扣发的会计专业证书;3. 补发1999年7月至今的工资及各项福利待遇;4. 安排工作。2006年2月13日,中央国家行政机关在京直属事业单位人事争议仲裁委员会作出人裁字〔2006〕1号裁决书,裁决撤销某美术学院于1999年6月10日对王某作出的辞退决定,驳回王某其他仲裁请求。某美术学院不服该裁决,提起本案诉讼。

证人张立松到庭作证称,其系某美术学院人才交流中心原主任,王某在人才交流中心工作期间,既不考核也不考勤,都是临时性工作。学校作出对王某辞退的决定后,一直没有通知王某,也没有告知张立松,既未征求过人才交流中心的意见,也未向人才交流中心送达。2002年学校聘任的时候,王某听说此事,找到张立松,并找工会反映。张立松知道王某被辞退的事情后,多次找到人事处,要求人事处将辞退之事通知其本人,并于1999年将王某手机号告诉人事处。张立松并提供了人才交流中心对与王某一并处理的王某某按旷工处理的材料,认为王某与王某某情况并不相同。

一审法院经审理认为:

某美术学院作为全民所有制事业单位,辞退专业技术人员和管理人员,应按照人事部1992年10月16日发布的《全民所有制事业单位辞退专业技术人员和管理人员暂行规定》规定的条件和程序办理。根据某美术学院决定辞退被告时制作的辞退证明书,辞退的依据是《全民所有制事业单位辞退专业技术人员和管理人员暂行规定》第3条第1、4款。经查,《全民所有制事业单位辞退专业技术人员和管理人员暂行规定》第3条第1、4款规定:单位对有下列情况之一,经教育无效的专业技术人员和管理人员,可以辞退:(一)连续两年岗位考核不能完成工作任务,又不服从组织另行安排或重新安排后在一年之内仍不能完成工作任务;(四)无正当理由连续旷工时间超过十五天,或一年内累计旷工时间超过三十天的。某美术学院所称辞退依据的《关于王某交至人才交流中心后的情况》中并没有明确表示被告存在上述两款规定的情节。根据时任人才交流中心主任的证人张立松就王某问题写给领导的信件以及其当庭证言，王某在人才交流中心工作期间实行松散管理，工作都是临时性的，既不考勤又不考核，待聘并非旷工，因此，某美术学院根据《全民所有制事业单位辞退专业技术人员和管理人员暂行规定》第3条第1、4款规定决定辞退王某便毫无事实依据，应予撤销。

根据《全民所有制事业单位辞退专业技术人员和管理人员暂行规定》第5条规定："辞退专业技术人员和管理人员，由单位有关行政领导提出书面意见，说明辞退理由和事实依据，经单位领导集体讨论决定后，按人事管理权限办理辞退手续、发给本人《辞退证明书》，并报同级政府人事部门备案。"第6条规定："当事人接到《辞退证明书》15日之内，可向当地人才流动争议仲裁机构申请仲裁。当地尚未成立仲裁机构的，由被辞退人所在单位上级主管部门协调解决。"某美术学院并未按照上述规定将辞退证明书及时送达王某，仲裁申请时效不能起算。直至2005年6月23日才发给王某一份不予复议通知，王某随即申请人事仲裁，并未超过时效。根据上述规定并参照《最高人民法院关于解除劳动合同的劳动争议仲裁申请期限应当如何起算问题的批复》确立的收到书面通知之日起算申请仲裁时效的精神，王某申请仲裁的时效不应从其知道被辞退之日起算，而应从收到书面通知之日起算，某美术学院关于王某申请人事仲裁已经超过时效的意见不能成立。

因此，某美术学院作出的辞退被告的决定缺乏依据，应予撤销，某美术学院的诉讼请求本院不予支持。

综上，依照《最高人民法院关于人民法院审理事业单位人事争议案件若干问题的规定》第1条之规定，判决如下：

一、驳回某美术学院的诉讼请求。

二、撤销某美术学院于1999年6月9日作出的对王某给予辞退的决定。

一审宣判后，某美术学院不服，提起上诉。

二审法院经审理认为：

用人单位作出的开除、辞退等决定，应以书面形式作出并送达劳动者本人。某美术学院作为全民所有制事业单位，辞退专业技术人员和管理人员，应按照人事部1992年10月16日发布的《全民所有制事业单位辞退专业技术人员和管理人员暂行规定》的条件和程序办理。因此，某美术学院是否严格按照有关规定的程序将书面辞退决定送达王某本人以及何时送达是本案争议焦点之一。根据已查明的事实可以确定，某美术学院在1999年6月10日作出辞退决定后，一直未将书面决定送达王某本人，直至2005年6月23日，某美术学院才向王某送达了一份不予复议通知，故一审法院认定此时间为送达时间，并作为仲裁时效的起算时间，符合有关立法精神，适用法律正确。

某美术学院辞退王某的政策依据是《全民所有制事业单位辞退专业技术人员和管理人员暂行规定》第3条第1、4款，即连续两年岗位考核不能完成工作任务，又不服从组织另行安排或重新安排后在一年之内仍不能完成工作任务；无正当理由连续旷工时间超过十五天，或一年内累计旷工时间超过三十天。而王某是否存在上述行为，是本案争议的另一焦点。某美术学院辞退王某的事实依据来源于某美术学院人才交流中心于1999年6月7日向人事处递交的《关于王某交至人才交流中心后的情况》，而该材料中没有表述王某存在上述两款规定的情节。同时，时任人才交流中心主任的证人张立松就王某问题写给领导的信件及其当庭证言，证实王某在人才交流中心工作期间施行松散管理，工作都是临时性的，既不考勤又不考核，而待聘并非旷工。因此，某美术学院辞退王某，显然不符合有关政策。

综上所述，一审法院根据实际情况所作判决并无不妥，应予维持。二审法院判决：驳回上诉，维持原判。

【分析评论】

这是一件不同于普通劳动争议的人事争议案例。由于我国人事管理体系的改革相对滞后，对于事业单位来说，《劳动法》的适用范围仅及于与之建立劳动合同关系的劳动者，并不适用于具有事业编制的专业技术人员、管理人员等事业单位中的大部分人员，这些人员与事业单位之间的关系，一直由人事政策调整，基本上属于法律调整的真空地带。2003年8月27日，最高人民法院公布《关于人民法院审理事业单位人事争议案件若干问题的规定》，人民法院才开始尝试受理一小部分人事争议，但由于缺乏规范人事关系的法律法规，人民法院审理人事争议无论是实体方面还是程序方面，都严重依赖劳动法律规范，实际上处于名不正、言不顺的境地。《劳动合同法》在总结以往经验的基础上，明确规定，事业单位与其建立劳动关系的劳动者，订立、履行、变更、解除或者终止劳动合同，依照本法执行（第2条）；事业单位与实行聘用制的工作人员订立、履行、变更、解除或者终止劳动合同，法律、行政法规或者国务院另有规定的，依照其规定；未作规定的，依照本法有关规定执行（第96条）。《劳动合同法》的实施，将成为事业单位劳动关系管理法制化的重要里程碑。

一、事业单位与人事争议

我国目前的经济社会生活中，用人单位的三大主要类别是各类企业等经营型市场主体、事业单位和国家机关，另外还有少量的社会团体。根据《民法通则》第50条的规定，具备法人条件的事业单位、社会团体，依法不需要办理法人登记的，从成立之日起，具有法人资格；依法需要办理法人登记的，经核准登记，取得法人资格。《民法通则》关于事业单位仅有这一条规定。

比较全面规定事业单位的性质、构成要件的是《事业单位登记管理暂行条例》（国务院1998年10月25日发布实施，2004年6月27日修订）。该条例第2条规定，事业单位，是指国家为了社会公益目的，由国家机关举办或者其他组织利用国有资产举办的，从事教育、科技、文化、卫生等活动的社会服务组织。条例强调的是事业单位"由国家机关举办"或者"利用国有资产举办"，应当说，概括了绝大部分事业单位的重要来源，但目前事业单位也有不是利用国有资产举办的，比如现在涌现出的很多民办教育机构。《民办教育促进法》及其实施条例也认可民办教育机构应属于同公办教育机构相同的事业单位，规定民办教育事业属于公益性事业，是社会主义教育事业的组成部分（第3条）；民办学校及其教师、职员、受教育者申请国家设立的有关科研项目、课题等，享有与公办学校及其教师、职员、受教育者同等的权利（《民办教育促进法实施条例》第29条）。因此，对民办教育机构，在法律性质上，也应按照事业单位对待。

事业单位的主要特点是其服务性，为党政机关服务，为国民经济、社会生活各个领域服务，为国家创造或者改善生产条件服务。这种服务性，决定了事业单位的存在主要是为了增进社会福利，满足人民群众的科学、教育、文化、卫生等需要，而不以为国家积累资金为直接目的。

按照行业划分，事业单位主要包括从事科学研究、教育、文化、卫生、体育、新闻出版、广播电影电视事业的单位，从事农、林、牧、植、水利、气象事业的单位，从事勘察设计、建筑设计、地质普查和勘探及交通运输事业的单位，从事社会福利、环境保护、房地产管理和公用事业单位，从事综合技术服务、信息咨询事业的单位等。

事业单位的人事管理体制，极少数行使国家行政职能的事业单位依照公务员制度管理，比如中国地震局、中国气象局、中国银行业监督管理委员会、中国证券监督管理委员会、中国保险监督管理委员会等国务院直属事业单位。除此之外，绝大多数事业单位实行专门的事业单位人事管理制度。

具体到事业单位内部，工作人员包括专业技术人员、管理人员、后勤人员三类，其中国有事业单位的负责人大多具有行政编制，实行公务员管理，而后勤人员大多没有行政、事业编制，适用劳动法实行劳动合同管理。占事业单位工作人员绝大多数的专业技术人员和管理人员，则实行事业单位人事管理制度。这套制度，目前主要包括聘用合同制度、职称制度、工资制度、考核制度和辞退辞职制度等几个方面，其中聘用合同制度、职称制度是与广大事业单位工作人员关系最密切的重要制度。

事业单位管理制度目前正处在改革过程中。2000年6月23日，中共某办公厅印发《深化干部人事制度改革纲要》（中办发〔2000〕15号），关于事业单位人事制度改革，纲要提出，"以推行聘用制和岗位管理制度为重点，逐步建立适应不同类型事业单位特点的人事管理制度"，将改革的方向确定为全面推行聘用制度，事业单位与职工按照国家有关法律法规，在平等自愿、协商一致的基础上，签订聘用合同，明确双方的责任、义务和权利。为了全面推行聘用制，纲要提出制定《事业单位聘用制条例》，以保障单位用人权和职工择业权的落实，保护单位和职工双方的合法权益。

2000年8月13日，中共某组织部、国家人事部根据纲要发布了《关于加快推进事业单位人事制度改革的意见》，强调全面推行聘用制度，所有事业单位与职工都要按照国家有关法律、法规，在平等自愿、协商一致的基础上，通过签订聘用合同，确定单位和个人的人事关系，明确单位和个人的义务和权利。通过聘用制度转换事业单位的用人机制，实现事业单位人事管理由身份管理向岗位管理转变，由单纯行政管理向法制管理转变，由行政依附关系向平等人事主体转变，由国家用人向单位用人转变。

2001年8月，国务院开始审查《事业单位聘用制度暂行条例（草案）》。但2002年7月6日，国务院办公厅发布《转发人事部关于在事业单位试行人员聘用制度意见的通知》，通知说，人事部《关于在事业单位试行人员聘用制度的意见》已经国务院同意，请认真贯彻执行。这表明国务院暂时不再出台《事业单位聘用制度暂行条例》，事业单位人事制度的改革主要依据通知转发的人事部《关于在事业单位试行人员聘用制度的意见》进行。人事部的意见，包括聘用制度的基本原则和实施范围、全面推行公开招聘制度、严格人员聘用的程序、规范聘用合同的内容、建立和完善考核制度、规范解聘辞聘制度、认真做好人事争议的处理工作、积极稳妥地做好未聘人员安置工作、加强对人员聘用工作的组织领导等内容。

从上面介绍的事业单位改革的进程来看，事业单位人事关系的管理，距离法制的轨道还有很远的距离。但是，很多事业单位已经按照改革的要求，推行了人员聘用制度，工作人员与事业单位普遍签订了聘用合同。事业单位与其工作人员的人事关系，与用人单位与劳动者的劳动关系，没有本质区别；事业单位与工作人员签订的聘用合同，与劳动法规定的劳动合同，也无本质区别。事业单位的人事部门也根据人事部《关于在事业单位试行人员聘用制度的意见》，以及此前发布的《人事争议处理暂行规定》，建立了人事仲裁制度，受理事业单位与其工作人员之间的人事争议。因此，对于不服人事仲裁裁决的事业单位和工作人员而言，就有了像劳动争议一样进一步诉至法院的司法需求。2003年8月27日，最高人民法院发布《关于人民法院审理事业单位人事争议案件若干问题的规定》，规定事业单位与其工作人员之间因辞职、辞退及履行聘用合同所发生的争议，当事人对依照国家有关规定设立的人事争议仲裁机构所作的人事争议仲裁裁决不服，自收到仲裁裁决之日起十五日内向人民法院提起诉讼的，人民法院应当依法受理，并适用《中华人民共和国劳动法》的规定处理。2004年4月30日，最高人民法院在给北京市高级人民法院的答复中，又进一步明确"适用《中华人民共和国劳动法》的规定处理"是指人民法院审理事业单位人事争议案件的程序适用《中华人民共和国劳动法》的相关规定；人民法院对事业单位人事争议案件的实体处理应当适用人事方面的法律规定，但涉及事业单位工作人员劳动权利的内容在人事法律中没有规定的，适用《中华人民共和国劳动法》的有关规定。

司法解释颁布后，人民法院开始陆续受理一些人事争议案件。司法解释将人民法院可以受理的人事争议的范围限制得相当狭窄，既要求必须是"因辞职、辞退及履行聘用合同所发生的争议",又要求必须是对"人事争议仲裁机构所作的人事争议仲裁裁决不服"。因此,大部分人事争议仍然不能进入司法程序。很多起诉至人民法院的人事争议,因为不符合司法解释规定的条件和程序,最终都被裁定驳回起诉。本案就是为数不多的人民法院作出实体裁判的人事争议案例之一。

但是,从实体法上讲,《劳动法》不适用于事业单位及其专业技术人员和管理人员,人民法院处理人事争议,实际处于无法可依的地步。《劳动合同法》在立法过程中,经过反复研究,从建立统一的劳动力市场的角度考虑,最终确定将除公务员以外的其他单位劳动者纳入同一用人制度,但考虑到事业单位实行的聘用制度与一般劳动合同制度在劳动关系双方的权利和义务方面、管理体制方面存在一定的差别,因此允许其优先适用特别规定。《劳动合同法》第96条规定,事业单位与实行聘用制的工作人员订立、履行、变更、解除或者终止劳动合同,法律、行政法规或者国务院另有规定的,依照其规定;未作规定的,依照本法有关规定执行。

《劳动合同法》实施之后,人民法院处理事业单位人事争议,就有了可以适用的实体法规范。《劳动合同法》明确可以优先适用的调整事业单位与其工作人员之间的法律规范的层级限定于法律、行政法规或者国务院另有的特别规定。迄今为止,法律层面上,只有《公务员法》有关于聘用制公务员的规定,明确聘任制公务员与所在机关之间因履行聘任合同发生争议的,可以自争议发生之日起60日内向人事争议仲裁委员会申请仲裁,当事人对仲裁裁决不服的,可以自接到仲裁裁决书之日起15日内向人民法院提起诉讼(第105条)。关于事业单位人事关系,既没有相应的法律,也没有相应的行政法规。只有国务院办公厅发布的《转发人事部关于在事业单位试行人员聘用制度意见的通知》中,表明人事部《关于在事业单位试行人员聘用制度的意见》经过了国务院同意,可以算做是国务院的"另有规定"。除此之外,事业单位人事争议均应适用《劳动合同法》的规定处理。

目前，全国人大常委会正在审理《劳动争议调解仲裁法》（草案），这部法律草案中，对劳动争议仲裁、人事争议仲裁的程序问题进行了明确。预计这部法律通过后，我国就可初步建立起法治化的人事争议解决制度。国务院也许会通过行政法规的形式，对事业单位人事关系进行具体的规范。

二、本案评析

本案中，某美术学院作为事业单位对其工作人员王某的辞退，主要存在程序和实体两个方面的问题。

1. 事业单位辞退工作人员必须送达书面通知

本案首先遇到的是一个程序性问题。某美术学院提出，王某1999年6月10日被辞退，2005年才提起仲裁，申请仲裁时已过了法律规定的时限。《劳动法》第82条规定，提出仲裁要求的一方应当自劳动争议发生之日起60日内向劳动争议仲裁委员会提出书面申请。既然人事争议适用《劳动法》来处理，显然当事人申请人事仲裁，也受60日时效的约束。表面上看，1999年被辞退，2005年才申请人事仲裁，王某确实超过了申请仲裁时限。这种情况，按照最高人民法院《关于审理劳动争议案件适用法律若干问题的解释》第3条的规定，对确已超过仲裁申请期限，又无不可抗力或者其他正当理由的，应依法驳回其诉讼请求。

但是，本案存在着一个申请仲裁时限从何时开始起算的问题。虽然某美术学院早在1999年6月10日就作出了辞退王某的决定，但是这个决定一直没有向王某送达，王某起初一直不知道。后来找单位领导安排工作时，才知道自己被辞退了，就不停地向某美术学院反映问题，要求解决。直到2005年6月23日，某美术学院工会、人事处才发给王某一份不予复议的书面通知，并称"继续送达原决定"。可见，在此之前，某美术学院并未向王某送达过辞退的书面通知。

对于以过失为由辞退劳动者，是否必须送达书面通知，在《劳动法》中并没有特别明确的要求。《劳动法》第25条只是规定,劳动者严重违反劳动纪律或者用人单位规章制度的,严重失职,营私舞弊,对用人单位利益造成重大损害等情形下,"用人单位可以解除劳动合同",并未像第26条用人单位行使通知解除权那样,要求"提前三十日以书面形式通知劳动者本人"。一般情况下,劳动者是用人单位的成员,用人单位解除劳动合同,肯定会以适当的方式通知劳动者,口头的或者行为的,劳动者不能继续从事劳动,就会寻求法律救济。但现实生活中劳动关系的实现形式复杂多样,用人单位作出辞退决定,劳动者并不知道的情况比比皆是。甚至有用人单位口头通知劳动者解除劳动合同或者劳动关系,劳动者寻求法律救济,提起劳动仲裁或者诉讼后,一些不诚信的用人单位竟然会否认曾经通知过劳动者解除劳动合同,司法机关难以认定,最终还是劳动者的合法利益受到损害。为此,最高人民法院专门在2004年7月26日作出司法解释(最高人民法院《关于解除劳动合同的劳动争议仲裁申请期限应当如何起算问题的批复》法释〔2004〕8号),规定用人单位依据《劳动法》第25条第(四)项的规定解除劳动合同,与劳动者发生争议的,劳动者向劳动争议仲裁委员会申请仲裁的期限应当自收到解除劳动合同书面通知之日起计算。这项司法解释,并不仅限于《劳动法》第25条第(四)项规定的情形(被依法追究刑事责任),也适用于第25条前三项的情形。也就是说,这项司法解释要求,即便是用人单位以劳动者存在《劳动法》第25条的重大过失为由决定解除与劳动者的劳动合同,也一律应向劳动者送达解除劳动合同的书面通知,以便劳动者收到书面通知后寻求相应的法律救济。按照《劳动法》第82条的要求,劳动者应在收到解除劳动合同书面通知之后60日内提起劳动仲裁,如无正当理由,未在法定期限内申请仲裁,则劳动仲裁机构将不予受理,到了法院也会驳回其诉讼请求。但是,如果用人单位没有向劳动者送达解除劳动合同的书面通知,则这一申请仲裁期限不能开始起算,劳动者既可以继续等待用人单位发给书面通知,也可以在事态明朗后随时申请仲裁,均不算做是超过申诉期限。

人事争议的审理适用《劳动法》及相应的司法解释,事业单位也受上述法律规定和司法解释的约束,辞退工作人员,应向工作人员送达书面通知,以便被辞退的工作人员寻求法律救济。其实,人事部于1992年10月16日发布的《全民所有制事业单位辞退专业技术人员和管理人员暂行规定》也有类似的要求。虽然这部规章颁布在事业单位全面推行聘任制改革之前,但不论是否实行聘任制,辞退工作人员,都是一个十分重要的行为,必须给予被辞退者以相应的救济手段。《全民所有制事业单位辞退专业技术人员和管理人员暂行规定》第5条规定,辞退专业技术人员和管理人员,由单位有关行政领导提出书面意见,说明辞退理由和事实依据,经单位领导集体讨论决定后,按人事管理权限办理辞退手续、发给本人《辞退证明书》,并报同级政府人事部门备案。第6条规定,当事人接到《辞退证明书》15日之内,可向当地人才流动争议仲裁机构申请仲裁。当地尚未成立仲裁机构的,由被辞退人所在单位上级主管部门协调解决。由于教、科、文、卫、体等绝大部分事业单位都是主要利用国有资产或者国有资金举办的全民所有制事业单位,《全民所有制事业单位辞退专业技术人员和管理人员暂行规定》具有普遍的适用性,其中规定的证明书,就相当于最高人民法院司法解释中要求的书面通知。可见,向被辞退的工作人员送达辞退的书面通知,是事业单位辞退专业技术人员和管理人员的一项基本程序要求。

　　再回到本案。某美术学院虽作出了辞退王某的决定,但是该决定一直躺在相关部门的办公桌上,从未向王某送达过书面通知。甚至连直接主管王某的人才交流中心领导都不知道王某被辞退的事情,都是事后意外发现的,而王某则是更晚才知道的。如果从某美术学院作出辞退决定之日起,开始计算人事仲裁申请时限,显然是不公平的、不合理的,将直接导致王某丧失了寻求法律救济的权利。那么,是否应从王某知道被辞退之日起开始计算申请仲裁时限呢?我们的回答也是否定的。由于法律和规范性文件明确要求事业单位辞退工作人员必须发给书面通知,这项要求的用意就在于便于被辞退的劳动者寻求法律救济,那么,送达书面通知的时间,就应该作为申请仲裁期限的起算点。2005年6月23日，某美术学院工会、人事处才发给王某一份不予复议的书面通知，包含有辞退王某的意思，可以视为是一份关于辞退的书面通知，王某申请人事仲裁的期限可以以此作为起算点。据此计算，王某申请人事仲裁并未超过申诉时限，某美术学院的意见，法院没有采纳。

2. 事业单位辞退工作人员必须有事实依据

程序上的问题解决了，接下来要讨论的就是实体问题。是否送达书面辞退通知，只能决定被辞退的工作人员是否可以继续寻求法律救济，但并不能决定其是否应该被辞退。事业单位作出的辞退专业技术人员和管理人员决定，是否合法有效，取决于是否符合相关规定的要求以及是否有事实依据。

根据某美术学院的陈述以及其留存在档案中的辞退证明书的记载，某美术学院辞退王某的规范依据是《全民所有制事业单位辞退专业技术人员和管理人员暂行规定》第3条第1、4款。经查，《全民所有制事业单位辞退专业技术人员和管理人员暂行规定》第3条第1、4款规定的是：单位对有下列情况之一，经教育无效的专业技术人员和管理人员，可以辞退：（一）连续两年岗位考核不能完成工作任务，又不服从组织另行安排或重新安排后在一年之内仍不能完成工作任务；（四）无正当理由连续旷工时间超过十五天，或一年内累计旷工时间超过三十天的。某美术学院辞退的事实依据是该院人才交流中心于1999年6月7日向人事处递交的《关于王某交至人才交流中心后的情况》。现在的问题就是，人才交流中心所作的这份《关于王某交至人才交流中心后的情况》中所记载的王某的情况是否与某美术学院辞退所依据的两条规定相符合。

从人才交流中心《关于王某交至人才交流中心后的情况》中介绍的情况来看，王某曾经在1996年10月在不打招呼的情况下去外地一个月之久，回来后下岗待聘；待聘10个月自己找不到工作，又经交流中心多次做工作于1997年9月再次安排到煤渣宿舍管理组工作；12月他嫌工资低，自己不干了，不打招呼再次去外地；1998年1月之后，人才交流中心多次找王某谈话，准备对他进行技术培训（锅炉或厨师），由于他本人原因培训未果，待聘10个月。从这些情况我们看到，王某作为一名工作人员，表现确实不好。不过，根据时任人才交流中心主任的证人张立松就王某问题写给领导的信件以及其当庭证言，王某在人才交流中心工作期间实行松散管理，工作都是临时性的，既不考勤又不考核。而某美术学院所引用的人事部规章的两款规定，是指称王某考核不合格及旷工，既不考勤又不考核，就不可能存在"连续两年岗位考核不能完成工作任务"或者"无正当理由连续旷工时间超过十五天，或一年内累计旷工时间超过三十天的"这些规章中规定情形。因此，某美术学院对王某作出辞退的处理，所引用的规定与其所依据的事实不符，所作处理缺乏事实依据，其辞退决定，理所当然被人民法院判决撤销。

  对于事业单位而言，本案最应该吸取的教训就是，辞退工作人员必须依据法律程序，并有足够的事实依据。也许，王某作为工作人员，存在这样那样很多的问题，应该被辞退，作为用人单位，某美术学院如果在严格管理的基础上，掌握充分的可以对其进行辞退的事实依据，就不会陷入本案这样被动的局面。特别是《劳动合同法》实施之后，事业单位与专业技术人员和管理人员之间的聘用合同，也将适用《劳动合同法》的规定。如果事业单位辞退工作人员没有事实依据，就会成为违法解除聘用合同，而违法解除聘用合同，被辞退的工作人员不要求继续履行合同的，可以要求事业单位按照正常情况下应支付的经济补偿金标准的二倍支付赔偿金，用人单位将不得不承受更严重的法律后果。关于违法解除劳动合同的法律后果，本书还有专门的案例予以介绍，在此不再详述，感兴趣的读者可以参看本书相关案例。

同一劳动行为不能成立两个劳动关系

【基本案情】

原告：唐某
被告：某数码影印有限公司

原告唐某诉称：我于2003年5月1日受被告某数码影印有限公司聘用，担任某数码影印有限公司总经理，并于2003年9月16日经董事会会议确定任期为3年。依据劳动合同的规定，前6个月月薪为5000美元，第7个月起工资增长为6000美元，并享有其他相关福利。在2004年9月24日，某数码影印有限公司在没有任何提前通知的情况下提出解除劳动合同，要求我提交辞职书，某数码影印有限公司于2004年9月27日以电子邮件的形式承诺将支付截止到2004年10月1日拖欠的所有薪水。我迫于无奈只好在2004年10月22日递交辞职书，在辞职书中要求某数码影印有限公司支付拖欠的工资、福利和应报销费用，并要求给付合同规定的解雇费。此后在办理相关手续的过程中，某数码影印有限公司于2005年2月22日作出拒绝接受我的辞职并履行相关义务的答复，时至今日仍未支付拖欠的任何款项，也没有任何解雇通知。我于2005年4月21日申请劳动仲裁，要求某数码影印有限公司支付拖欠的工资、福利、应报销费用和解雇费共计513515.50元。朝阳区劳动争议仲裁委员会于2005年4月29日作出不予受理通知书，认为已经超过了申诉时效。我认为某数码影印有限公司在2005年2月22日之前都始终没有否认欠我工资的事实，相反还多次提及将一并向我支付相应款项。因此，双方在2005年2月22日之前不存在劳动争议，我在2005年4月21日申请劳动仲裁是在申诉期间内。现诉至法院，要求某数码影印有限公司支付2003年5月1日到2004年10月1日期间拖欠的工资和相关福利共计348532元，支付应报销的费用共计28363.50元，支付合同约定的解雇费136620元，并对上述数额按照同期贷款利率支付2003年5月1日至给付之日的利息。

被告某数码影印有限公司辩称：唐某与我公司之间不存在劳动关系。2003年4月29日，唐某与我公司的外方股东环球摄影（中国）有限公司签订了聘用合同，唐某同意接受环球摄影的派遣，在环球摄影于中国境内设立的子公司亦即我公司处担任总经理一职。该聘用合同中约定了工资标准和各项福利。随后，唐某参与了我公司的组建并在我公司任职，环球摄影也按照约定在中国境外向唐某支付了工资，并提供相关福利。我公司则从未与唐某签订过任何劳动合同，更没有与唐某对工资标准和福利事宜进行过约定，我公司董事会也从未就唐某的工资标准作出过任何决议。我公司认为，担任职务与形成劳动关系之间没有必然的因果关系。唐某的工资均由环球摄影在中国境外支付，我公司从未向唐某支付过工资。唐某在中国的就业手续也非我公司办理。因此，唐某与我公司之间既不存在劳动合同关系也不存在事实劳动关系，因此我公司没有义务向唐某支付任何工资或福利。

即使不考虑唐某与我公司之间是否存在劳动关系问题，唐某也是超过仲裁申请期限才提起仲裁的。唐某起诉状中称其于2004年10月22日向我公司递交辞职书，如所称属实，则我公司应在2004年10月22日双方劳动关系终止时一次付清唐某工资，但我公司在当日并没有向唐某支付任何工资，双方之间争议已经发生。唐某迟至2005年4月21日才提起仲裁，显然已经超过法定期限。

另外，唐某的诉讼请求也有多处错误，唐某是辞职，无权取得任何经济补偿金，提供的报销凭证不真实且缺乏关联性。我公司2003年10月28日才成立，显然也不可能拖欠唐某2003年10月28日以前的工资和福利。

综上，唐某的诉讼请求缺乏事实和法律依据，请法院判决驳回。

法院经审理查明：

Global Photographic（China）Inc.［环球摄影（中国）有限公司，以下简称环球摄影公司］是一家2003年4月29日依照巴巴多斯岛法律在巴巴多斯注册的外国公司。

2003年4月29日，环球摄影公司与唐某签订《正式劳动合同》一份，雇用唐某为该公司中国地区总经理，该聘用"自本公司收到中国营业执照并得到董事会确认后有效"。合同第1条"雇用"约定的内容包括唐某的负责事项，包括为公司招纳、培训及解雇雇员；在最初阶段，总经理将负责公司的一切事务，但随着业务增长，可以在必要时指派一些日常任务给公司的其他职员；合同期间的前90天为试用期；唐某将被全职聘请，在没有得到董事会同意的前提下，不得任职于其他任何公司。合同第2条"工作报酬"约定，前6个月月薪为5000美元，从第7个月开始工资增长为6000美元；第13个月起，每个月1000美元的住房补贴；每年一张回加拿大的个人机票或相应金额；一年3周的带薪假期、加上中国的法定假期以及圣诞节，第二年增长为4周；每月500美元的医疗保险；公司税前利润的5%作为年终奖金，每年不超过10万美元。合同第3条"保密条款"、第4条"竞业禁止"、第5条"聘用限制"分别约定了相关事项。合同第6条"合同解除"约定内容为：（1）唐某可以在提前60天书面通知雇主的情况下解除本合同。（2）在90天试用期内，雇主可以自行决定随时解除合同，雇主应当提前两周通知，或者给予代通知金。（3）试用期后，雇主可以在不予通知或者不给付代通知金的情况下基于正当理由解除本合同的雇佣关系，该理由包括任何严重违反合同第3、4、5条约定的行为等。（4）试用期后，下列情况下雇主可以在无任何正当理由的前提下自行决定解除合同：（a）提前两个月通知；（b）两个月工资和福利（住房、医疗、已知的旅游）加上每提前一年另外支付一星期额外工资作为解雇费；（c）截止到合同解除之日的奖金和津贴。(5)雇主应当以原告收到合同解除通知之日的当年薪水和福利为基础计算给付的代通知金。在终止或收到终止合同的通知（在支付代通知金的情况下）之日，唐某因工作成绩而获得奖金的权利将立即终止。(6)在唐某办理完所有与离职有关的行政手续的前提下，代通知金将在唐某最后一个工作日后的10天之内支付，在任何情况下，全部款项将在原告最后一个工作日后的21天之内支付。合同第12条"适用法律"约定适用中国法律。合同第13条"仲裁"约定合同争议协商不能达成一致的，可以向中国国际经济贸易仲裁委员会提起仲裁，仲裁裁决具有最终效力和强制力。合同尾部由董事PETER G. MORGAN和唐某签字，并有鉴证方的签字。

　　某数码影印有限公司系2003年10月28日注册成立的中外合资经营企业。根据其2003年9月16日通过的公司章程，合营股东甲方为北京中科电工贸有限公司，乙方为环球摄影公司［英文名称为Global Photographic（China）Inc.］，注册资本为80万美元，其中环球摄影公司占90%。公司章程第六章"董事会"中约定，合营公司注册日（营业执照日）为合营公司董事会成立之日及就职之日，董事长须在营业执照日起的45日之内召集第一次董事会会议；董事会由3名董事组成，包括董事长1名、副董事长1名，其中1名副董事长由甲方委派，其余2名包括董事长由乙方委派，董事会会议每一董事拥有一票平等表决权；重大事宜须由出席董事一致投票决定；全体董事或董事代理人签署的书面决议，与正式召开董事会会议通过的决议具有同等效力。公司章程第七章"经营管理"中约定，合营公司实行总经理负责日常经营管理工作的管理制度，总经理由乙方提名、董事会决定任命，任期四年，总经理的解职须经董事会批准；各部门经理由总经理任命和解职并向其报告工作；总经理不得在与本合营公司有商业竞争的其他任何经济组织里兼任任何管理职务。

　　某数码影印有限公司2003年10月28日注册成立后，唐某即担任其总经理。

2003年9月16日，某数码影印有限公司召开董事会初步会议，会议记录第六项显示，"主席和董事会一致批准任命G. William Trimble 为某世纪数码影印有限公司的总经理，任期为3年，合同从2003年5月1日起开始生效"。

2004年7月13日，某数码影印有限公司以"付工资"为名通过银行转账向唐某支付33403.50元。

证人刘峻秀到庭作证，称其原系经唐某招聘到某数码影印有限公司工作的员工，负责出纳工作，曾作为秘书和翻译参加了2003年9月16日和2003年12月11日的董事会，2003年12月11日董事会决议的内容与2003年9月16日董事会决议内容大部分相同，三个董事都签字的董事会决议在某数码影印有限公司；某数码影印有限公司根据加拿大董事长的指示向唐某发放了2004年6月、7月、8月的工资，分别为5000美元、7000美元、6000美元。

2005年4月21日，唐某申请劳动仲裁。2005年4月29日，北京市朝阳区劳动争议仲裁委员会作出不予受理通知书，认为唐某的请求事项已经超过申诉时效，决定不予受理。

法院经审理认为：

唐某与某数码影印有限公司之间是否有劳动合同关系或事实劳动关系是本案的关键问题，是确定某数码影印有限公司应否对唐某的各项诉讼请求负责的前提。

首先，与唐某签订《正式劳动合同》的是某数码影印有限公司的股东环球摄影公司，某数码影印有限公司并未与唐某签订劳动合同，因此双方之间不存在劳动合同关系。

其次，唐某认为与某数码影印有限公司之间存在事实劳动关系，理由简要概括包括：1.根据《中华人民共和国中外合资经营企业法实施条例》第37条的规定，总经理、副总经理由合营公司董事会"聘请"；某数码影印有限公司的公司章程第7.1.1条也规定总经理由乙方提名、董事会决定"任命"；2.某数码影印有限公司2003年9月16日的董事会初步会议确认唐某为总经理，任命日期追至2003年5月1日，并于2003年12月11日董事会会议同样确认；3.某数码影印有限公司按照《正式劳动合同》约定的标准向唐某支付了2004年6月、7月、8月的工资、医疗保险和住房补贴；4.唐某向某数码影印有限公司辞职；5.唐某就中国境内取得工资报酬缴纳了个人所得税。

某数码影印有限公司则认为双方之间不存在事实劳动关系，理由简要概括起来包括以下几点：1.根据2003年4月29日唐某与环球摄影公司签订的《正式劳动合同》，唐某是受环球摄影公司的"派遣"在该公司于中国境内的设立的子公司担任总经理，该合同约定了工资标准和各项福利；2.如果唐某是由某数码影印有限公司聘用的，理应由公司董事会对唐某的工资标准和福利事宜作出决议，但该公司董事会从未就唐某的工资标准作出任何决议；3.唐某的工资均由环球摄影公司在中国境外支付，某数码影印有限公司从未向其支付过工资，唐某所提供的2004年7月13日和2004年8月6日的两张银行进账单显示的工资支付，是未经董事会批准由唐某利用职权擅自作出的；4.担任职务与形成劳动关系并没有必然的联系，比如中国员工与中介机构签订劳动合同，然后接受中介机构的委派到外国企业在华代表机构工作，双方之间并不存在劳动关系；5.唐某在中国的就业手续并非某数码影印有限公司办理。

鉴于双方的上述意见，根据本案查明的事实，在确定唐某与某数码影印有限公司之间是否存在劳动关系的问题上，本院认为，应着重考虑以下方面：

1.2003年4月29日唐某与环球摄影公司签订《正式劳动合同》的事实。该劳动合同的主体内容为环球摄影公司全职聘用唐某为该公司中国地区总经理，该聘用"自本公司收到中国营业执照并得到董事会确认后有效"。而环球摄影公司在中国地区经营的实体即为后来于2003年9月16日通过公司章程、2003年10月28日注册成立的某数码影印有限公司，某数码影印有限公司是环球摄影公司拥有90%股份的子公司，注册成立后一直由唐某担任总经理，因此《正式劳动合同》约定的担任"中国地区总经理"的工作任务应理解为在某数码影印有限公司担任总经理，故而原告担任总经理的行为是履行其与某数码影印有限公司的股东环球摄影公司签订的《正式劳动合同》的行为。同一行为不能成立两份性质相同的法律关系。因此，唐某担任总经理的行为不能形成与某数码影印有限公司之间的事实劳动关系。

2. 某数码影印有限公司董事会"任命"或批准任命唐某以及唐某的辞职是否意味着双方之间存在事实劳动关系。本案双方当事人对唐某自某数码影印有限公司注册成立后担任总经理职务至2004年10月一事并无异议，考虑到2003年9月16日的董事会初步会议记录和证人证言，董事会显然任命过唐某担任其总经理职务。唐某在2004年10月向某数码影印有限公司提出辞职一事也可确信。任命及辞职涉及在某个公司担任职务的问题，一般情况下可以作为双方存在劳动合同关系或事实劳动关系的证据。但如果该行为是履行任职个人与任职公司的股东之间劳动合同的行为时，则不能认为双方之间同时存在事实劳动关系。因此，任命、辞职，或者原告所援引的《中华人民共和国中外合资经营企业法实施条例》第37条规定的"聘请"，本身是一种表述职务来源或变动意义上的词语，使用该词语或者存在任职、辞职的事实，并不必然说明双方之间存在事实劳动关系。

3. 唐某的工资支付情况。支付工资的事实一般可以作为存在事实劳动关系的证据之一。根据唐某向法庭陈述的情况，2003年5月至2003年11月，环球摄影公司董事长Greg Penney从其个人在加拿大的账户上汇了73500加元到唐某的加拿大账户作为工资，而某数码影印有限公司在2004年6月、7月、8月分别向其支付了5000美元、7000美元、6000美元的工资。但现有证据可以证明的事实仅是2004年7月13日某数码影印有限公司以"付工资"为名通过银行转账向唐某支付33403.50元。考虑到与唐某签订《正式劳动合同》的环球摄影公司是某数码影印有限公司的占90%股份的股东的事实，以及唐某担任某数码影印有限公司总经理的事实，唐某陈述的上述工资支付情况也可以进行不同的解释，证据可以证明的事实更是非常有限，仅是某数码影印有限公司2004年7月13

日以"付工资"为名通过银行转账向唐某支付33403.50元的事实不足以证明双方之间存在事实劳动关系。而根据唐某自述2003年5月至2003年11月的工资也并非某数码影印有限公司支付,这一事实也不支持唐某主张的事实劳动关系。

因此,现有证据不能够支持唐某关于与某数码影印有限公司之间存在事实劳动合同关系的主张。唐某要求某数码影印有限公司支付拖欠的工资和相关福利、解雇费的请求,缺乏事实依据和法律依据,也超过了诉讼时效,本院不予支持。唐某要求某数码影印有限公司支付应报销的费用,但提供的收据和付款凭证均不能作为认定事实的证据,本院不予支持。唐某要求支付上述款项利息,本院亦无法支持。

综上,依照《中华人民共和国劳动法》第16条之规定,判决如下:

驳回原告唐某的诉讼请求。

一审宣判后,唐某不服,提起上诉。二审法院经审理,判决驳回上诉,维持原判。

【分析评论】

本案的争议焦点在于,唐某的劳动关系的对象,是其担任总经理的某数码影印有限公司(以下简称某数码公司),还是某数码公司的股东环球摄影公司?对这个焦点问题,本案存在着两种截然不同的观点。

一般情况下,不论在时间上还是空间上,劳动者的劳动与其所在的单位是一体的、不可分离的,很容易判断。比如,某劳动者受雇于某单位从事销售工作,其劳动过程就是在该单位进行产品销售,劳动者从事的产品销售就是该用人单位业务的主要部分,该劳动者与该单位之间的劳动关系显而易见。本案从表面上看,唐某在某数码公司担任总经理,劳动过程在某数码公司完成,是在为某数码公司劳动,唐某从事总经理的工作是开拓某数码公司的业务,似乎唐某与某数码公司之间存在着劳动关系。唐某也是基于这样的认识起诉的。

但劳动关系的表现形式是多种多样的，很多时候也会出现劳动者的劳动过程与用人单位在时间上和空间上的分离。比如，劳务派遣就是一种典型的劳动过程与用人单位分离的情况。劳务派遣情况下的劳动关系，用人单位招用了劳动者之后，并不亲自使用劳动者的劳动，而是把劳动者派遣到接受单位，劳动者在接受单位劳动，劳动过程受接受单位的管理和安排，劳动者的劳动并不是用人单位的业务组成部分，而是接受单位的业务的组成部分。劳动者在接受单位从事劳动，是履行其与用人单位劳动的行为，而不是与接受单位成立劳动关系的行为。

本案的情况，就是一种特殊的劳动过程与用人单位在时间上和空间上分离的情况。根据查明的事实，唐某早在2003年4月29日就与某数码公司的外资股东环球摄影公司，签订有一份《正式劳动合同》。这份劳动合同的主要内容就是环球摄影公司全职聘用唐某为该公司中国地区总经理，该聘用"自本公司收到中国营业执照并得到董事会确认后有效"。环球摄影公司在中国并没有成立分公司等经营实体，该公司在中国地区经营的实体即为后来于2003年9月16日通过公司章程、2003年10月28日注册成立的某数码公司。环球摄影公司拥有某数码公司90%股份，在法律上，某公司完全是环球摄影公司控股的子公司，可以看做是环球摄影公司的"中国地区"子公司。而某数码公司成立后，一直由唐某担任总经理。我们可以看到，唐某与环球摄影公司之间签订的劳动合同中约定的担任"中国地区总经理"，就是唐某受环球摄影公司的委派，到环球摄影公司在中国成立的控股子公司某数码公司，担任总经理的职务。那么，我们很容易就可以理解，唐某在某数码公司担任总经理，是履行其与环球摄影公司签订的劳动合同的行为。在形式上，这种派遣看起来与劳务派遣多少有点类似。既然劳务派遣中的劳动关系十分清晰，没有什么可讨论和争议的余地，那么本案中唐某与环球摄影公司之间的劳动关系也就十分清楚。既然唐某在某数码公司的劳动行为，成立的是与环球摄影公司之间的劳动关系，那么，这同一个劳动行为，就不可能同时再成立一个与某数码公司之间的劳动关系。这就是本案里所着重要强调的同一劳动行为只对应一个劳动关系的观点，也就是说，同一劳动行为，不可能使该行为的劳动者与两个用人单位同时成立劳动关系。这个观点，本质上来源于劳动力使用上的隶属性。由于劳动力使用或者说劳动者的劳动隶属于用人单位，同一个劳动力、同一时间内，既已隶属于一家用人单位，就不可能再隶属于另一家用人单位。否则，劳动者将在同一个时间内为两家用人单位提供完全相同的劳动，这在逻辑上是说不通的。相应地，对劳动力劳动行为负雇主责任的，比如发放工资、缴纳社会保险等，也只能是一家用人单位，不可能两家用人单位为同一个劳动者的同一个劳动行为付酬（如果出现交叉付酬的情况，那么这两家单位之间肯定存在委托、控股等关系），更不可能为同一个劳动者缴纳双份的社会保险费用。

　　根据这一观点得出的本案结论就是，唐某与本案被告某数码公司之间不存在劳动关系。这个结论，除了上面的分析之外，还可以得到一些其他能够表现劳动关系外在特征的证据的印证。比如，工资支付情况。我们在判断劳动者是属于哪家用人单位的问题上发生分歧的时候，往往会问，是谁在向劳动者支付工资？虽然工资支付也可能出现错误或者不真实的情况，但这种情况比较少见，而工资支付作为用人单位的一项主要义务，是用人单位使用劳动力的主要成本，用人单位普遍十分在意，因此，一般情况下，工资支付情况可以作为劳动关系的佐证。本案中，法庭详细调查了唐某获得工资的情况。根据唐某向法庭陈述的情况，2003年5月至2003年11月，环球摄影公司董事长Greg Penney 从其个人在加拿大的账户上汇了73500加元到唐某的加拿大账户作为工资；某数码公司在2004年6月、7月、8月分别向其支付了5000美元、7000美元、6000美元的工资。首先，我们注意到，某数码公司是2003年10月28日注册成立的，而唐某2003年11月的工资，还是由环球摄影公司支付的，这也反证了唐某与环球摄影公司之间存在劳动关系，与某数码公司之间没有劳动关系。其次，唐某主张的某数码公司向其支付2004年6月、7月、8月工资的事实，除了一份存疑的证人证言外，缺少足够的证据予以证实，可以查实的只是2004年7月13日某数码公司以"付工资"为名通过银行转账向唐某支付了33403.50元。这次支付行为，既可以解释为某数码公司向唐某支付工资，也可以解释为某数码公司受控股股东环球摄影公司委托代为向唐某支付工资，这一点同样不能证明唐某与某数码公司之间存在着唯一的、确定的劳动关系。因此，考察唐某获得工资的情况之后，我们认为，唐某与某数码公司之间还是没有劳动关系。这也反过来印证了前面我们得出的唐某与环球摄影公司之间签订劳动合同、存在劳动关系、不可能再成立另一个劳动关系的结论。

本案中，唐某一方还特别提到某数码公司董事会曾任命或批准任命唐某为总经理，并曾接受唐某的辞职，并以此主张双方之间存在劳动关系。我们知道，如果没有别的反证，在没有签订劳动合同的情况下，某公司任命某人担任公司某职务，可以作为双方之间存在劳动关系的证据。但是，建立劳动关系时，一般是不使用任命职务的方式的，而是要签订劳动合同，并在劳动合同中约定工作岗位。职务与岗位并不是绝对对应的，有岗位，可能没有职务，有职务，可能没有岗位。职务，在各种用人单位都是广泛存在的。但是任命某人担任某职务，则往往既可以任命该单位自己的劳动者，也可以任命上级单位、股东等委派的非本单位劳动者，特别是一些高级职位，往往不是由本公司的人担任的。因此，根据某数码公司董事会任命唐某为总经理、批准唐某辞去总经理职务的事实，不能确定地得出双方之间存在劳动关系的唯一结论。

唐某提出本案大部分诉讼请求的前提是基于双方之间存在劳动关系，既然双方之间不存在劳动关系，案件的结果也就非常明确了，对于唐某的这部分诉讼请求，应该驳回起诉。但唐某的某些诉讼请求，比如要求报销费用，也可以不基于劳动关系，而仅基于任职的事实或双方的约定，不过，唐某对这部分内容也没有提供证据。因此，法院判决驳回了唐某的全部诉讼请求，而没有采用裁定驳回起诉的方式。

同一劳动者一般不能建立双重劳动关系

【基本案情】

原告：陈某
被告：北京某商贸有限公司

原告陈某诉称：我于2003年12月22日与北京某商贸有限公司签署劳动合同，期限1年，至2004年12月22日止，担任翠微牡丹园店恒昌珠宝柜台的店长一职。2004年12月22日后，我仍在北京某商贸有限公司任职，但此后并未签署书面合同，仅口头约定签署无固定期限劳动合同，并一直工作至今。2006年3月6日，柜台内丢失一只翡翠手镯，单价48800元，当时柜台内有四名员工。翡翠手镯丢失后，我立即通知北京某商贸有限公司，但公司当时未予理睬。事后公司在没有做任何调查的基础上就作出公司内部处罚决定，柜台内四名导购包括我在内每人罚款1000元，此后通知我先不要上班，但并未作出解除劳动合同通知，并承诺工资照常发放。2006年4月1日，奇怪的事情发生了，3月6日丢失的那个翡翠手镯又重新回到了柜台内继续售卖。我得知此事后，觉得自己的名誉权受到了侵犯。2006年9月27日，我申请劳动仲裁，但劳动仲裁驳回了我的申诉。现诉至法院，要求北京某商贸有限公司支付所拖欠我的2006年2月至2007年2月的工资17160元及经济补偿金4290元。

被告北京某商贸有限公司辩称：陈某所说事实我公司不认可，2006年3月12日以后陈某并未给我公司提供劳动，陈某以前在别的公司就职，没有解除劳动合同，陈某与我公司属于劳务关系。

2006年2月至3月11日的工资已经通知陈某来取，但其不来领，还要求我公司赔偿5万元，并来公司吵闹。我公司认为，3月12日之后陈某没有给我公司提供劳动，我公司不应该给陈某任何报酬。

法院经审理查明：

2003年12月22日，陈某与北京恒昌易通商贸有限公司签订一年期劳动合同，陈某担任翠微牡丹园店恒昌珠宝专柜导购，月工资1000元。北京某商贸有限公司认可北京恒昌易通商贸有限公司是其更名前的名称。合同期满后，双方未再续签，但陈某仍一直在北京某商贸有限公司工作。2006年3月11日，双方因丢失珠宝一事发生争议，此后陈某未继续工作。

2006年9月27日，陈某申请劳动仲裁，要求北京某商贸有限公司支付2006年2月至9月的工资、提成及经济补偿金。劳动仲裁时，陈某自述其为工美旅游公司职工，并与该公司签订了无固定期限的劳动合同，至今尚未办理过解除或终止劳动合同的手续。2006年12月18日，北京市朝阳区劳动争议仲裁委员会作出裁决，认为陈某与北京某商贸有限公司至今为非劳动关系，不属劳动争议仲裁委员会受理范围，裁决驳回陈某的申诉。

经法庭询问，北京某商贸有限公司应付陈某的2006年2月份及3月1日至11日的报酬共计3805元。

法院经审理认为：

陈某自述其为工美旅游公司职工，并与该公司签订了无固定期限的劳动合同，至今尚未办理过解除或终止劳动合同的手续，在诉讼阶段，仍然不能提供其与工作单位终止或解除无固定期限劳动关系的证据，在此情况下，陈某虽与北京某商贸有限公司签订过劳动合同，亦不能成立劳动关系，双方之间应属劳务关系。北京某商贸有限公司应按陈某实际提供劳务的期间支付劳务报酬。现陈某要求北京某商贸有限公司支付2006年2月份及3月1日至11日期间的报酬，符合法律规定，本院予以支持。陈某要求支付2006年3月12日之后其未提供劳务期间的报酬，并要求支付经济补偿金，缺乏依据，本院不予支持。

综上，依照《中华人民共和国合同法》第 109 条之规定，判决如下：

一、北京某商贸有限公司于本判决生效之日起 7 日内向陈某支付劳务报酬 3805 元。

二、驳回陈某其他诉讼请求。

一审宣判后，陈某不服，提起上诉，二审经过审理，判决驳回上诉，维持原判。

【分析评论】

一、我国法律目前不承认双重劳动关系

双重劳动关系指的是劳动者同时与两个用人单位存在劳动关系，两个劳动关系可能是劳动合同关系，也可能是事实劳动关系。如果劳动者与两个以上用人单位建立劳动关系，就是多重劳动关系。

我国目前双重劳动关系主要来源于以下几个方面：

第一，改革开放初期，国家政策允许和鼓励企业工作人员停薪留职，成为"第二职业者"。这些停薪留职后成为"第二职业者"的劳动者，劳动关系仍合法地保留在其所在企业，而自己经过允许到社会上另谋其职，并又取得合法身份，从而使自己处在双重劳动关系状态之中。这是我国最早形成的双重劳动关系之一，一直存在至今。

第二，1986 年，国家在国营企业开始统一实行劳动合同制，大刀阔斧地改变固定工管理体制。但由于配套措施跟不上，特别是社会保障制度的不健全，导致大量的富余职工仍被沉淀，无法解决。1993 年，国务院颁布《国有企业富余职工安置规定》，提出了企业不能把富余职工推向社会的原则，规定了安置富余职工可以采取以下措施：1. 可以对职工实行有限期的放假，放假期间，由企业发给生活费；2. 孕期或哺乳期的女职工请,企业可以给予不超过两年的假期;3. 职工距退休年龄不到五年的,经本人申请,企业领导批准,可以退出休养,职工退出企业休养期间,由企业发给生活费;4. 企业之间调剂职工,可以正式调动,也可以临时调动,借调期间的工资和福利待遇由双方企业在协议中商定。相当一部分工人,在执行上述政策后,成为下岗职工。由于原有企业只发给很少的生活费,甚至由于经营困难,无法实际发给生活费,导致不少下岗职工生活困难,日渐成为改革进程中出现的一个社会问题。

1998年6月中共中央、国务院发布《关于切实做好下岗职工基本生活和再就业工作的通知》,1999年2月国务院办公厅发布《关于进一步做好下岗职工基本生活保障和企业离退休人员养老金发放工作有关问题的通知》,开始采取就业服务中心的形式,推动下岗向公开失业过渡,对下岗现象进行全国大调整。1999年2月的《通知》规定,国有企业下岗职工都应该进入企业再就业服务中心,并严格按国家有关规定签订基本生活保障和再就业协议。下岗职工在企业再就业服务中心期间实现再就业,以及3年协议期满仍未再就业的,企业应该依法及时与其解除劳动合同。对不进企业再就业服务中心或进了企业再就业服务中心不签协议的职工,不支付基本生活费,3年期满后,企业也应当与其解除劳动合同。对已经与新工作单位有了半年以上事实劳动关系的企业职工,原企业应当与其及时解除劳动合同,新的用人单位应当依法与其签订劳动合同。

但是,实际工作过程中,仍有不少职工为保住其国有"身份",并不到再就业服务中心报到和签订协议,而是和企业订立口头协议,请求企业把自己的名字保留在职工名册上,不要企业的任何待遇,企业和自己应该缴纳的社会保险费用由自己支垫。由于职工的请求并未影响到企业的任何利益,所以不少企业都欣然和职工订立了这样的口头协议,而这些职工已经另外找到了新的工作,从而产生了一批存在双重劳动关系的劳动者。

第三,市场经济持续深入发展,部分劳动者拥有特殊的技能,社会需求很强烈，同时所从事的工作也不要求死板的工作时间，这些劳动者同时为两家甚至两家以上的用人单位提供劳动。另外也有部分劳动者，因用人单位支付的工资较低，或者用人单位工作任务不足，利用劳动时间要求不严的条件，打时间差，也同时在两家或多家用人单位从事劳动，以获取较高的劳动报酬。这两种情况就是我们平时所说的"兼职"。兼职的劳动者，也形成双重甚至多重劳动关系。

第四，一些拥有专业技能或者丰富经验的劳动者退休后，被聘用到其他用人单位。我们平时叫做"发挥余热"，劳动者一方面作为原劳动关系的一种延续，享受着退休者应该享受到的一切待遇；另一方面又被聘用到其他用人单位，占据着本来不属于他们的劳动岗位，由此所产生出的双重劳动关系的形式。

第五，近年来，以小时工为主要形式的非全日制用工发展较快。这一用工形式突破了传统的全日制用工模式，适应了用人单位灵活用工和劳动者自主择业的需要，已成为促进就业的重要途径。从事非全日制工作的劳动者，大部分都会与一个以上用人单位建立劳动关系，从而形成双重甚至多重劳动关系。

上述第四种双重劳动关系，与其他双重劳动关系有着比较大的差别，本书下面还有专门的案例予以讨论，在此不再深入展开。

到目前为止，除了第五种非全日制形式用工形成的双重、多重劳动关系，受到明确的承认和允许，并进行了相应的社会保障制度安排外，其他各种双重劳动关系的法律地位都十分尴尬，处于不被法律承认和保护的境地。

2003年5月30日，劳动和社会保障部发布《关于非全日制用工若干问题的意见》（劳社部发〔2003〕12号），明确非全日制用工是指以小时计酬、劳动者在同一用人单位平均每日工作时间不超过5小时累计每周工作时间不超过30小时的用工形式。意见提出，从事非全日制工作的劳动者，可以与一个或一个以上用人单位建立劳动关系，应当签订书面劳动合同，不得约定试用期，合同期限在一个月以下的，经双方协商同意，可以订立口头劳动合同。从事非全日制工作的劳动者应当参加基本养老保险，原则上参照个体工商户的参保办法执行。用人单位应当按照国家有关规定为建立劳动关系的非全日制劳动者缴纳工伤保险费。

而对于其他的双重劳动关系，就没有这么幸运了。《劳动法》虽然没有对双重劳动关系做出直接规定，但大多数观点认为，我国当前劳动法律制度对双重劳动关系持否定态度。其主要依据是《劳动法》第99条规定，用人单位招用尚未解除劳动合同的劳动者，对原用人单位造成经济损失的，对原用人单位承担连带赔偿责任。这表明，一个劳动者原则上只能与一个用人单位建立劳动关系，除法律、行政法规有特别规定外，劳动者建立双重、多重劳动关系就属于违法。一个劳动者一般只能成为一个劳动法律关系的主体，不得同时存在于两个或两个以上劳动法律关系中；劳动者已与某一企业、事业、机关等单位建立劳动关系，一般就不能再与其他用人单位建立劳动关系，更不能同时与用人单位建立几个劳动关系，已经参加一种劳动法律关系的公民，意欲参加另一种劳动法律关系，就必须依照法律规定，解除现在的劳动法律关系。

应当说，劳动法律对双重劳动关系的这种态度，是有法理依据的。劳动合同是具有身份性的合同，当事人双方存在管理上的依从关系、领导与从属的关系。劳动者作为用人单位的员工，从身份、组织和经济上从属于用人单位，遵照用人单位的要求，为用人单位提供劳动。劳动关系从属性的特征，决定了劳动者在同一时期内，一般只能同一个企业签订合同。劳动法律关于劳动管理和社会保险的规定，比如劳动时间的限制、最低工资的规定、加班的规定、用人单位缴纳社会保险的规定，也都建立在单一劳动关系的基础之上。劳动法律规范中的这些公法成分限制了劳动关系当事人自由选择和设定劳动权利和义务，现有条件下，如果承认双重劳动关系的合法存在，在诸多劳动条件方面将出现失控的局面，如8小时工作制的限制可能被突破，最低工资标准也将难以得到遵守，社会保险待遇的管理将出现问题，劳动者的权益势必受到严重影响。

但是，目前为止，对双重劳动关系的认识，不论在立法层面、管理层面，还是司法层面，都是不一致的。1995年8月23日，劳动部办公厅《关于职工从事业余兼职劳动发生劳动争议如何处理的复函》（劳办发〔1995〕209号），提出职工因业余兼职与用人单位发生劳动争议，劳动争议仲裁委员会可依据《中华人民共和国企业劳动争议处理条例》第2条规定予以受理，并依据上述文件规定和聘用合同予以处理。在处理这类劳动争议过程中，如果职工不属于规定允许业务兼职的人员范围，仲裁委员会应要求其停止兼职劳动，同时根据职工兼职劳动的具体情况，要求用人单位依法支付其兼职劳动期间的劳动报酬等，并终止兼职劳动关系。2004年11月1日，劳动和社会保障部在《关于实施〈工伤保险条例〉若干问题的意见》中又做出解释："职工在两个或两个以上用人单位同时就业的，各用人单位应当分别为职工缴纳工伤保险费。职工发生工伤，由职工受到伤害时其工作的单位依法承担工伤保险责任。"这两份文件似乎就承认双重劳动关系。学术界近年来多次有人发表文章，呼吁承认双重劳动关系。也有人大代表提出议案，建议修改劳动法，规范双重、多重劳动关系。湖北省劳动和社会保障部门在实施征缴社会保险费时规定，对具有多重劳动关系的劳动者，各个用人单位都必须为其参保，个人账户实行并账处理；对灵活就业人员，主要通过完善政策、落实社保补贴政策，提供优质服务，吸引参保，以不断扩大社会保险覆盖面。这实质上是对双重劳动关系给予了保障。在司法实践中，有的法官认为，因我国《劳动法》及其规章制度不认可双重劳动关系，对劳动争议案件的范围要依据劳动者的身份等要素进行限定。有的法官则在判决中承认存在双重劳动关系的可能性。

《劳动合同法》维持了《劳动法》的做法，同样规定，用人单位招用与其他用人单位尚未解除或者终止劳动合同的劳动者，给其他用人单位造成损失的，应当承担连带赔偿责任（第91条）。虽然这条规定与《劳动法》相同，但对待双重劳动关系的态度，在别的条文中，似乎已经有了些许变化。《劳动合同法》第39条第（四）项规定，劳动者同时与其他用人单位建立劳动关系，对完成本单位的工作任务造成严重影响,或者经用人单位提出,拒不改正的,用人单位可以解除与劳动者的劳动合同。从该条文本身的结构来看,劳动者在外兼职,是与严重违规、严重失职等并列的,似乎也认为这是劳动者的一种重大过失行为。但是根据这条规定反推,劳动者同时与其他用人单位建立劳动关系,对完成本单位的工作任务没有影响,用人单位也未提出要求改正的,就可以成立双重劳动关系。在《劳动合同法》立法过程中,2005年7月12日,《中华人民共和国劳动合同法(草案)》修改稿中的第25条曾经规定:劳动者同时与两个或两个以上用人单位订立了劳动合同的,应当告知各用人单位其与其他的用人单位订立劳动合同的情况。但这条规定最终被删去,似乎表明了立法者不希望在目前阶段放开对双重劳动关系的承认。

由于立法上对待双重劳动关系的态度不明朗,围绕着是否承认双重劳动关系及其法律后果的争议还将持续下去。但在司法实践中,目前主流的做法仍然是当出现双重劳动关系纠纷时,一般只承认一个劳动关系,而将另一个劳动关系确认为劳务关系,被承认的一般是先成立的劳动关系;对于后成立的,则按照民法中相应的规定来进行处理。

二、本案评析

本案是一起典型的双重劳动关系纠纷案件,虽然十分简单,但体现了司法机关现阶段处理双重劳动关系的普遍做法。

原告陈某自述为工美旅游公司职工,并与该公司签订了无固定期限的劳动合同,未办理过解除或终止劳动合同的手续。在这种情况下,2003年12月22日,陈某又与现在的单位北京某商贸有限公司签订了一年期劳动合同。实际上,自2003年12月22日起陈某也一直在北京某商贸有限公司工作,直至发生珠宝丢失一事之后。陈某与北京某商贸有限公司之间的法律关系的性质成为了本案的核心问题。

陈某既然与工美旅游公司签订有无固定期限劳动合同,又未解除或者终止，双方之间就仍然存在着劳动关系。工美旅游公司属于国有企业，陈某很可能属于国企改制过程中或者因经营不善精简下来的下岗人员，根据国家的政策，陈某应该享受着工美旅游公司承担的支付生活费、缴纳社会保险等待遇，在劳动关系上，陈某仍然隶属于工美旅游公司。

在与工美旅游公司存在劳动关系的情况下，陈某又与北京某商贸有限公司签订了劳动合同。根据国家的下岗再就业政策，陈某找到新的工作单位后，应当与原单位工美旅游公司办理解除劳动合同的手续，然后与新的工作单位签订劳动合同，才符合法律规定。否则，虽然陈某与新的单位签订了劳动合同，但与原单位的劳动合同没有解除，原用人单位仍然承担着向陈某支付生活费、缴纳社会保险费等义务。如果将陈某与新的单位之间的关系也确定为劳动关系，也就是承认双重劳动关系的话，按照规定，用人单位必须为劳动者缴纳社会保险费用，北京某商贸有限公司就应该为陈某缴纳社会保险费。但陈某的社会保险费用，已经由先建立劳动关系的单位工美旅游公司进行缴纳，根据现行绝大部分地区的社会保险政策，养老保险、医疗保险等费用，都不能由不同的单位同时缴纳，或者双份缴纳，因此，新的用人单位将不能履行为陈某缴纳社会保险费的义务。

因此，陈某虽然在新的单位实际劳动，但这种劳动不是劳动法上的劳动，而是民法意义上的劳务行为。陈某与新的用人单位之间是劳务合同关系。既然是劳务关系，只能依法保护陈某获得劳务报酬的权利，新的单位按照陈某提供的劳务行为向其支付劳务报酬，这种劳务报酬不是劳动法意义上的工资，当然也就不存在劳动法意义上才有的经济补偿金。至于陈某于北京某商贸有限公司发生珠宝丢失事件之后，已经不再为该公司提供劳务，也就没有权利再要求该公司继续按月支付劳务报酬了。

诉讼中，法院还专门要求陈某提交其与原单位解除、终止劳动关系的证据，但陈某始终没有能够提供。如果陈某能够提供的话，本案就不存在双重劳动关系问题了，陈某与北京某商贸有限公司之间就是劳动关系，北京某商贸有限公司就应该按照劳动法律和劳动合同来承担责任了。

　　现阶段，法院处理双重劳动关系、多重劳动关系，一般都是将最早建立的视为劳动关系，随后建立的视为劳务关系。劳动者与存在劳动关系的单位发生争议，属于劳动争议，按照劳动法律规定进行处理。劳动者随后与实际从事劳动的单位之间的争议，属于民法意义上的普通民事纠纷，按照《民法通则》、《合同法》等关于劳务合同的规定予以处理，不适用劳动法律法规，一般只保护劳务报酬及适当的违约金，劳动者基于劳动关系提出的诉讼请求难以获得支持。

劳动者退休后再参加劳动不成立劳动关系

【案例一】

原告：王某
被告：北京某人力资源顾问有限公司

原告王某诉称：我于 1998 年 10 月份到北京光明乳业上班，直到 2006 年 1 月 4 日由于长时间连续工作后没能及时休息身体不适，直接住进医院，高血压继发脑梗塞，出院后在家休息，5 月 8 日重新上班一星期又犯病回家休息，经大夫建议需静养半年，不再发病才可考虑上班，光明乳业从 2006 年 1 月份至 6 月份给我开了 6 个月的基本生活费，7 月份我问主管领导为什么不给我开钱了，领导回答上面检查因此不给开了，你可在家先养好病后随时可以来上班。经过半年静养，我没再犯病，因此我申请要求上班，主管领导说要商量一下，后来一直没给我回话，2007 年 1 月份我找到公司人事部，人事部告诉我，不再与我续签合同，给我一个月的工资，办个手续双方就没事了，对此我没有答应。我在光明乳业从业 8 年，积极努力，兢兢业业，经常加班加点，我现在因病不能再从事原岗位工作，公司又不给我安排其他工作，这使我精神上受到很大的打击，我的经济生活陷入困境，现因病住院的费用都没有。现诉至法院，要求：1. 按工作年限满一年发放一个月的经济补偿金，计 8 年，共计 12800 元；2. 按经济补偿的 50% 支付额外经济补偿金 6400 元；3. 补发医疗期 3 个月生活费，共计 1800 元；4. 支付 6 个月工资的医疗补助费，共计 3600 元；5. 补偿数年来未让休年假的工资共计 6400 元。

被告北京某人力资源顾问有限公司辩称：我公司与光明乳业是派遣关系，王某是由我公司派遣到光明乳业上班的。王某跟我公司签订的劳务合同是2005年8月开始的，之前与我公司没有关系。王某属于退休员工，不应该执行在职人员的相关规定。王某的工资一直发放到2006年6月底，是由于我公司考虑他是老职工。王某的所有诉讼请求，我公司都不同意。

法院经审理查明：

王某2000年12月1日在北京首钢重型机器厂办理了退休手续。2005年12月27日，王某与北京某人力资源顾问有限公司签订"劳动合同书"一份，期限自2006年1月1日至2006年3月31日。北京某人力资源顾问有限公司根据其与北京光明健康乳业销售有限公司的劳务派遣协议书，将王某派往北京光明健康乳业销售有限公司工作。王某的工资，北京某人力资源顾问有限公司一直发到2006年6月。

2007年3月13日，王某就本案诉讼请求事项申请劳动仲裁。2007年3月15日，北京市朝阳区劳动争议仲裁委员会作出不予受理通知书，认为王某的申诉请求，不符合《企业劳动争议处理条例》第3条的规定，决定不予受理。

法院经审理认为：

王某属于办理了退休手续的人员，应按规定享受养老待遇，依法不能再与其他用人单位建立劳动关系，因此，王某虽与北京某人力资源顾问有限公司签订劳动合同，也不能成立劳动关系，王某受北京某人力资源顾问有限公司委派在光明乳业公司劳动的行为，只具有劳务行为的性质。王某依据劳动法律法规提出的本案的各项诉讼请求，由于没有劳动关系，均不能成立。

综上，依照《中华人民共和国劳动法》第2条、第73条第1款第（一）项之规定，判决如下：

驳回王某的诉讼请求。

一审宣判后，王某不服，提起上诉。二审法院经审理，判决驳回上诉，维持原判。

【案例二】

原告：徐某
被告：北京市某实验学校

北京市某小学退休教师徐某自1996年起至2000年，曾经连续被北京市某实验学校（以下简称某学校）聘任为美术教师。2000年7月20日，某学校与徐某再次签订聘任合同书，约定聘任期限自2000年9月1日起至2001年7月20日止；同时还约定了聘任岗位、相应待遇、双方的权利义务，合同的终止、续订、解除、变更和违反合同的处理，辞职和辞退等内容。2001年1月，在学校放寒假之前，某学校办公室主任代表学校找徐某谈话，告知徐某下学期学校不再聘任其教学。2001年2月，学校的寒假结束后，某学校为徐某出具一页书面材料称：我校是一所民办寄宿制学校，从提高教育质量、创办学校教育特色考虑，经研究决定从下学期即2月10日开始，不再聘任徐某老师（退休返聘教师）来校工作。因元月份已提前发给一个整月的结构工资，根据学校工资方案，全校教职工2月份发1/2结构工资作为假期工资，按惯例不聘人员不享受假期工资。但为对徐老师曾在某校工作以及上学期工作的补偿，学校将发给1/2结构工资。经查，徐某在某学校的月工资额为每月2011.8元，其中"合同基础工资"额为每月383.2元。

徐某不服某学校的解聘决定，向某区劳动争议仲裁委员会申请仲裁，劳动争议仲裁委员会裁决驳回其申请。徐某遂以某学校无故提前解聘为由诉至法院，请求法院判令某学校按照《劳动法》的有关规定赔偿其2001年2月至7月的工资12070.8元，并加付25%的经济赔偿金3017.7元。

一审法院经审理认为：

依据劳动部《关于实行劳动合同制度若干问题的通知》之规定，已享受养老保险待遇的离退休人员被再次聘用时，用人单位应与其签订书面协议，明确聘用期内的工作内容、报酬、医疗、劳保待遇等权利和义务。某学校与徐某签订的聘任合同系双方当事人之间的真实意思表示，且该聘任合同符合劳动法和劳动部的上述规定，该聘任合同合法有效。徐某与某学校之间形成的劳动关系属于劳动法调整的范围。某学校无正当理由决定提前解除与徐某签订的劳动合同，亦未提前30日书面通知徐某，故该解除劳动合同决定不符合法律规定的内容和形式，应予撤销。因某学校的解聘决定直接导致徐某不能继续履行劳动合同，造成其2001年2月至7月的工资损失，依据劳动部《违反〈劳动法〉有关劳动合同规定的赔偿办法》之规定，判决某学校给付徐某2001年2月至7月的工资12070.8元，并加付25%的经济赔偿金3017.7元。

某学校不服一审判决，提出上诉。

二审法院经审理认为：

某学校与徐某所签订的聘任合同书，系学校与教师之间签订的聘任合同，不属于劳动法调整的范围，应由《中华人民共和国教师法》规范。依据我国教师法的相关规定，教师对学校或者其他教育机构作出的处理决定不服的，可以向教育行政部门提出申诉，故本案不属于法院的受案范围。为此，二审法院裁定撤销一审判决，驳回徐某的起诉。

终审裁定后，徐某不服，向检察机关申诉。

北京市人民检察院提出抗诉，认为：

本案争议的聘任合同是依法成立的劳动合同，应属于劳动法的调整范围。二审法院裁定驳回徐某的起诉属于适用法律不当。

再审法院经审理认为：

徐某与某学校双方签订的聘任合同具有劳务合同的性质，该聘任合同书是双方真实的意思表示，内容不违反法律规定，双方均应严格履行合同。某学校以徐某不能胜任教学工作为由，提前解除聘任合同，应属于违反合同约定的行为，某学校就此承担相应的违约责任。鉴于双方签订的聘任合同对于违约责任的承担方式约定不明，是时亦尚无关于民办学校教师聘任的具体规定，故参照《北京市中小学教职工聘任合同制试行办法》的有关规定，按照不满聘任合同约定的期限，由某学校支付徐某基本工资作为违约金。综上，再审法院判决：撤销二审裁定和一审判决，由某学校支付徐某违约金2299.2元。

【分析评论】

上述两个案例相同之处在于，劳动者都已经办理了退休手续，在退休之后，被原单位以外的其他单位招用。

退休，即劳动者因年老或病残而完全丧失劳动能力，退出生产和工作岗位养老休息，并获得一定物质帮助的制度。《劳动法》第73条仅规定劳动者在退休的情况下，依法享受社会保险待遇，没有对退休问题进行具体的规定。《劳动法》颁行至今，退休问题一直执行的是1978年5月24日第五届全国人民代表大会常务委员会第二次会议原则批准、1978年6月2日国务院颁发的《关于工人退休、退职的暂行办法》。暂行办法规定，全民所有制企业、事业单位和党政机关、群众团体的工人，符合下列条件之一的，应该退休：（一）男年满60周岁，女年满50周岁，连续工龄满10年的；（二）从事井下、高空、高温、特别繁重体力劳动或者其他有害身体健康的工作，男年满55周岁，女年满45周岁，连续工龄满10年的；（三）男年满50周岁，女年满45周岁，连续工龄满10年，由医院证明，并经劳动鉴定委员会确认，完全丧失劳动能力的；（四）因工致残，由医院证明；并经劳动鉴定委员会确定，完全丧失劳动能力的。工人退休以后，每月按规定标准发给退休费，直至去世为止，抗日战争时期参加革命工作的，按本人标准工资的百分之九十发给；解放战争时期参加革命工作的，按本人标准工资的百分之八十发给；中华人民共和国成立后参加革命工作，连续工龄满二十年的，按本人标准工资百分之七十五发给；连续工龄满十五年不满二十年的，按本人标准工资的百分之七十发给；连续工龄满十年不满十五年的，按本人标准工资的百分之六十发给。退休费低于25元的，按24元发给。1999年3月9日，劳动和社会保障部发出《关于制止和纠正违反国家规定办理企业职工提前退休有关问题的通知》，明确国家法定的企业职工退休年龄是：男年满60周岁，女工人年满50周岁，女干部年满55周岁。

　　劳动法理论上认为，退休是与劳动关系密切联系在一起的，退休代表着劳动关系的结束，同时代表着以支付退休金或养老保险金为主的社会保障关系的开始，这种社会保障关系其实是原劳动关系的一种延续，但退休后的社会保障关系已经不以劳动力的使用为标的，劳动者由于年老或者疾病丧失劳动能力，从劳动过程中退出，从原来劳动者提供劳动、用人单位支付劳动报酬的双向关系，演变为只有劳动者一方有权获得退休金的单向关系，在社会保障制度建立和完善之后，退休金的支付也与用人单位没有关系，由社会保险经办机构负责向劳动者发放。

　　退休制度，在设计上是以劳动者丧失劳动能力为基本依据的，但是在具体判断标准上，则采用了法定退休年龄的标准，劳动者达到了法定的退休年龄，就被认为是丧失了劳动能力，有权退出劳动，享受退休待遇。甚至在目前的情况下，也有义务退出工作岗位，将工作机会留给有年龄优势的其他劳动者。法定退休年龄的确定，与一国的劳动力状况、人均寿命、社会保障状况密切相关，一般说来，达到了退休年龄的劳动者，虽不一定都完全丧失劳动能力，但劳动能力普遍不如未达退休年龄的劳动者。但是不同行业的劳动者存在明显的差异，不同的劳动者个体也存在着很大的差异，像医疗、法律服务等行业的部分经验密集型领域，年龄越大，经验越丰富，越有价值；而有些身体健康、精力旺盛的劳动者，到了退休年龄，劳动能力甚至强于一些更年轻的劳动者。但在法定退休年龄"一刀切"的做法下，他们都不得不退出劳动岗位，进入到享受退休待遇的行列之中。由于我国目前社会保障水平还不是很高，这些劳动者退休之后也希望能继续发挥余热，为社会创造价值，也为自己多挣一份收入，而社会上也有相应的需求。因此，有不少退休后的劳动者又以各种形式重新进入到劳动过程中，一部分劳动者被原用人单位"返聘"，更多的劳动者则另外找到了其他用人单位的工作岗位。被原用人单位返聘的，双方之间存在信任关系，互相了解，很少发生争议，一般也不存在劳动者按照劳动法要求用人单位额外承担义务的问题。但部分到原用人单位之外的其他单位劳动的退休劳动者，与新的用人单位签订劳动合同，在劳动过程中容易发生争议，已退休劳动者按照劳动法和劳动合同要求新的用人单位履行义务，最终诉至仲裁和司法机关，从而产生了对这种关系性质如何认识的问题。

我们认为，从劳动过程来看，退休人员参与劳动与普通劳动者参与劳动，并无本质区别，但从劳动权利义务来说，却有着很大的不同。最主要的一点区别在于雇佣退休人员的用人单位无须，也不可能再为退休人员缴纳社会保险费用。由于退休人员已经享受到社会保障体系提供的退休金待遇，新的用人单位无须再为其提取和缴纳社会保险费用，相应地，应把可以节省下来的这笔费用，作为劳动报酬的一部分，支付给劳动者。因此，也相应地产生了劳动报酬方面的差异。在用人单位的两项主要义务上，退休人员参加劳动，都不同于普通劳动者，因此，这是一种不同于普通劳动关系的法律关系。不按照劳动关系处理，而是按照普通民事法律关系对待，可以更好地保护退休后参加劳动人员的权益。

1996年10月31日，劳动部发布《关于实行劳动合同制度若干问题的通知》，其中第13条规定，已享受养老保险待遇的离退休人员被再次聘用时，用人单位应与其签订书面协议，明确聘用期内的工作内容、报酬、医疗、劳动待遇等权利和义务。1997年9月15日，劳动部办公厅对江西省劳动厅关于实行劳动合同制度若干问题的请示的复函（劳办发〔1997〕88号）中关于离退休人员的再次聘用问题提出，各地应采取适当的调控措施，优先解决适龄劳动者的就业和再就业问题。对被再次聘用的已享受养老保险待遇的离退休人员，根据劳动部《关于实行劳动合同制度若干问题的通知》第13条的规定，其聘用协议可以明确工作内容、报酬、医疗、劳动保护待遇等权利、义务。离退休人员与用人单位应当按照聘用协议的约定履行义务，聘用协议约定提前解除书面协议的，应当按照双方约定办理，未约定的，应当协商解决。离退休人员聘用协议的解除不能依据《劳动法》第28条执行。离退休人员与用人单位发生争议，如果属于劳动争议仲裁委员会受案范围的，劳动争议仲裁委员会应予受理。这个复函中的意见，只是说离退休后的劳动者与用人单位之间解除劳动合同，不适用《劳动法》第28条关于支付经济补偿的规定，但实际上并未明确离退休人员与新的用人单位之间的争议是否属于劳动争议。

司法实践中，劳动争议仲裁委员会一般不受理退休后劳动者重新参加劳动时与用人单位之间的纠纷，原因在于劳动仲裁委员会认为该纠纷不属于劳动争议，人民法院一般认为这是一种劳务关系，也不作为劳动争议对待，而是按照《民法通则》和《合同法》的有关规定予以处理。虽然劳动部的意见提出，用人单位与退休人员解除劳动合同时，不适用《劳动法》关于支付经济补偿的规定，但经济补偿本质上是对劳动者劳动期间劳动积累的一种补偿，与劳动者是否享受退休金待遇并无多大关系，很多退休人员与用人单位签订的书面合同（多为"劳动合同"）中，也有关于用人单位解除合同支付经济补偿的约定。由于退休人员与用人单位签订的合同按照劳务合同处理，适用《民法通则》和《合同法》的规定，就应按照双方约定处理；如果符合约定的用人单位支付经济补偿的条件，法院仍会依照合同法判决用人单位履行约定的支付经济补偿的义务。

本节提供的两个案例，列示了此类案件的处理方法。

案例一中，王某于2000年12月1日就在北京首钢重型机器厂办理了退休手续，于2005年12月27日，又与北京某人力资源顾问有限公司签订"劳动合同书"一份。这份合同，虽然名为"劳动合同"，但在法律性质上并不能认定为是劳动合同，而是一份劳务合同。劳动争议仲裁委员会认为王某的申诉请求，不符合《企业劳动争议处理条例》第3条的规定，决定不予受理，也就是认为不属于企业与职工之间的劳动争议。王某诉至法院后，法院也是同样的意见，驳回了王某的诉讼请求。其实，如果双方签订的合同中有约定，王某可以依据合同约定要求北京某人力资源顾问有限公司承担相应的责任，但王某在本案的诉讼请求，完全是基于劳动法律的规定，并没有相应的合同依据，因此该请求不能得到法院的认可。

案例二中，由于涉及学校和教师，而学校并非典型的劳动法上的用人单位的主体，仲裁委员会、各级法院之间对此问题的认识分歧更大。劳动争议仲裁委员会认为徐某与北京市某实验学校之间的争议不属于劳动争议，裁决驳回其申请。一审法院依据劳动部《关于实行劳动合同制度若干问题的通知》中的规定，认为某学校与徐某签订的聘任合同系双方当事人真实意思表示，且该聘任合同符合劳动法和劳动部的上述规定，该聘任合同合法有效，徐某与某学校之间形成的劳动关系属于劳动法调整的范围。一审法院以双方之间存在劳动关系为基础，判决某学校给付徐某2001年2月至7月的工资12070.8元，并加付25%的经济赔偿金3017.7元。到了二审法院，意见发生了很大变化，二审法院认为某学校与徐某所签订的聘任合同书，是学校与教师之间签订的聘任合同，不属于劳动法调整的范围，应由《中华人民共和国教师法》规范，本案不属于法院的受案范围，裁定驳回了徐某的起诉。

对于本案，一审法院的认识是比较表面的，《关于实行劳动合同制度若干问题的通知》以及随后的答复中并没有明确退休人员再参加劳动与用人单位签订的合同就属于劳动合同，双方之间就是劳动争议。二审法院的认识同样是比较片面的，在原有体制下，教师与学校之间普遍是一种不同于劳动合同关系的人事关系，但并非所有的教师与学校之间都是这种关系，人事关系的存在需要有特定的条件，徐某是退休后被聘用的教师，本案中的学校也不是国有事业单位，双方之间不是人事关系。本案就是一种普通民事合同关系，虽不属于人民法院受理劳动争议案件的范围，但属于人民法院受理民事案件的范围，应按照《民法通则》和《合同法》的规定进行处理。再审法院的处理意见是正确的。

最后需要注意的是，我们所说的退休后人员参加劳动，是指办理了退休手续已经可以享受养老待遇的人员，并非是指达到了法定退休年龄的人员。实践中，有些劳动争议仲裁委员会和法院，对于达到了法定退休年龄的劳动者与用人单位之间发生的纠纷，就一律不作为劳动争议处理，我们认为是不全面的。根据现行的制度，劳动者退休除达到法定退休年龄外，还必须满足连续工龄条件（最低为10年），或者达到了最低限度的社会保险缴费年限（目前为15年），才能办理退休手续。有些劳动者，虽达到了法定退休年龄，但由于参加劳动的时间较晚，不能满足连续工龄条件和社会保险缴费年限，这些劳动者如果在法定退休年龄退休，将不能享受到退休后的养老待遇。因此，虽然达到了法定退休年龄，这些劳动者仍然可以选择继续劳动，以满足办理退休手续所需的连续工龄条件和社会保险缴费年限要求。在达到法定退休年龄至办理退休手续之间的劳动期间，劳动者与用人单位之间仍然是劳动关系，用人单位依法负有继续为劳动者缴纳社会保险的义务（目前并不是各地都能做到这一点），劳动者与用人单位发生的争议，仍然属于劳动争议。

台港澳居民、外国人取得就业证才能建立合法劳动关系

【基本案情】

原告：谢某，台湾居民
被告：北京某期刊发行有限责任公司

原告谢某诉称：我与被告北京某期刊发行有限责任公司在2004年4月30日签订了为期三年的劳动合同，期限为2004年5月1日至2007年4月30日，在我依据劳动合同为被告服务期间，被告却于2006年2月8日提前一个月向我下发了辞退通知书，通知我于2006年3月8日起将不再被聘用，并书面承诺支付2006年3月1日至3月8日的工资12941.74元和补偿金99220元。但时至今日，被告不但未支付以上工资和补偿金，而且我2006年2月份的工资也被拖欠，不予支付。现诉至法院，要求：1.被告支付拖欠的2006年2月份的工资49610元、2006年3月1日至8日拖欠的工资12941.74元以及经济补偿金15637.75元；2.被告支付解除合同的经济补偿金99220元和额外经济补偿金49610元。

被告北京某期刊发行有限责任公司辩称：因原告谢某的原因，一直未能办理就业证，双方之间是事实劳动关系，原告要求经济补偿金没有法律依据。原告在任职期间，违反财务制度，利用职务便利，自己审批报销自己的房租88000元。另外，原告玩忽职守，严重失职，给我公司造成了近1000万元的经济损失。原告主要负责的信息系统建设项目严重超期，已经开发的部分根本无法达到开发合同的目的，致使我公司投入该项目的550万元付诸东流，更有甚

者，在我公司依法提起仲裁后，原告违反忠诚义务、歪曲事实，为对方作伪证。原告违反制度规定、超越权限，擅自向广州如茶公司提供资金250万元，该资金至今无法收回。在收购南京文澜项目时，应签署的保障我公司控制权的文件没有签署，而已经签署的业务收购附件，连收购的业务内容都没有列示，使我公司处于全面被动。原告所签订的收购上海火蜻蜓项目的合同错漏百出，导致该项目无法执行，最终只得终止该项目，不仅影响了我公司业务发展的战略布局，而且使我公司损失了数万元的资金利息。因原告严重的管理失职及其营私舞弊行为，根据劳动法相关规定及劳动合同第29条和第30条的约定，我公司解除了与原告的劳动合同关系，我公司无须向原告支付任何的经济补偿金或赔偿金。原告没有按辞退通知的要求办理交接手续，影响了今后工作的开展。原告私自审批支取的租房补贴，我公司仅以其2月份及3月1日至8日的工资抵偿并豁免了余额部分，完全是自力救济行为，并非是拖欠原告的工资。请求驳回原告的诉讼请求。

法院经审理查明：

原告谢某系台湾省居民。2004年4月30日，原告谢某与北京某期刊发行有限责任公司签订劳动合同书一份，为有固定期限的劳动合同，自2004年5月1日至2007年4月30日，工作内容为谢某在北京某期刊发行有限责任公司担任执行副总经理岗位的工作，北京某期刊发行有限责任公司每月5日前以货币形式支付上月工资，工资数额为岗位工资与绩效奖励工资之和49610元。2004年8月18日，北京某期刊发行有限责任公司总经理赵丽华授权谢某在总经理不在公司期间代行总经理的部分职权，行使公司的日常管理权。2006年2月8日，北京某期刊发行有限责任公司向谢某送达辞退通知书，通知谢某：经慎重考虑，由于职缺所限和考虑到对谢某在工作职能上的要求，谢某于2006年3月8日起将无法获得公司的继续聘用，公司将按政府规定的时限向谢某支付工资和离职费用，具体金额将于另附的离职结算清单中列明。谢某提供的作为辞退通知附件的离职结算清单中列明，谢某最后工作日2006年3月

8日，基本工资12941.74元，补偿金99220元，个人收入税4904.44元，实发金额总计107257.30元。

谢某曾就本案诉争事项申请劳动仲裁。2006年12月8日，北京市朝阳区劳动争议仲裁委员会做出裁决，认为谢某未办理就业证，其与北京某期刊发行有限责任公司建立的劳动关系不受法律保护，驳回了谢某的申诉。

法院经审理认为：

根据《台湾香港澳门居民在内地就业管理规定》，台、港、澳人员在内地就业实行就业许可制度，经许可并取得就业证的台、港、澳人员在内地就业受法律保护。因此，谢某作为台湾省居民，在北京某期刊发行有限责任公司就业时应经许可并取得就业证。现谢某虽与北京某期刊发行有限责任公司签订了书面合同，但并未取得就业证，不能建立合法的劳动关系，双方之间应按劳务关系处理，谢某为北京某期刊发行有限责任公司提供劳务，有权取得劳务报酬。现谢某要求北京某期刊发行有限责任公司支付2006年2月及3月1日至8日的劳务报酬，符合法律规定，本院予以支持，谢某要求的各项经济补偿金，缺乏法律依据，本院不予支持。北京某期刊发行有限责任公司不同意支付工资的理由不能成立，本院不予采信。

综上，依照《中华人民共和国合同法》第109条之规定，判决如下：

一、被告北京某期刊发行有限责任公司于本判决生效之日起七日内向原告谢某支付2006年2月及3月1日至8日劳务报酬62551.74元。

二、驳回原告谢某其他诉讼请求。

一审宣判后，北京某期刊发行有限责任公司不服，提起上诉。二审法院经过审理，判决驳回上诉，维持原判。

【分析评论】

随着我国内地经济的快速发展和人员流动的日益频繁，台、港、澳居民在内地就业的情况越来越常见。加入世界贸易组织也大大推动了我国融入世界的步伐，国家将逐渐开放金融、保险、建筑、劳动、服务等多个行业，境外劳动者将加速涌入我国劳动力市场，劳动力层次也逐渐从高级技术人才与经营管理人才向一般劳工拓展。如不进行有效地限制，必将使我国本来就十分严峻的就业形势雪上加霜，影响和谐稳定的社会环境。但如进行过于严格的限制，则又会导致引进特殊人才困难，不利于我国的长远发展。世界上任何国家都会对外国人在本国就业进行一定的限制和管理，以保护本国劳工的优先就业权利。我国也不例外。由于我国的特殊国情，台、港、澳居民在内地就业也受到相应的特别管理。

  1996年1月22日，劳动部、公安部、外交部、外经贸部联合发布《外国人在中国就业管理规定》，建立了我国的外国人就业许可制度，该规定自1996年5月1日起实施。对于违反外国人就业许可制度的用人单位和外国人，则由公安机关按《中华人民共和国外国人入境出境管理法实施细则》第44条处理。

  根据规定，外国人在中国就业，是指没有取得定居权的外国人在中国境内依法从事社会劳动并获取劳动报酬的行为。外国人就业许可制度的主要内容包括以下几个方面：

  1. 对用人单位而言，聘用外国人必须为该外国人申请就业许可，经获准并取得《中华人民共和国外国人就业许可证书》后方可聘用。对私自雇用外国人的单位和个人，在终止其雇用行为的同时，可以处5000元以上50000元以下的罚款，并责令其承担遣送私自雇用的外国人的全部费用。

  2. 对外国人而言，在中国就业，必须持职业签证入境（有互免签证协议的，按协议办理），入境后取得《外国人就业证》和外国人居留证件，方可在中国境内就业。未取得居留证件的外国人（即持F、L、C、G字签证者）、在中国留学、实习的外国人及持职业签证外国人的随行家属不得在中国就业。对未经中华人民共和国劳动部或者其授权的部门批准私自谋职的外国人，在终止其任职或者就业的同时，可以处1000元以下的罚款；情节严重的，并处限期出境。另外，外国人必须有确定的聘用单位才可以申请办理就业证。劳动行政部门对就业证实行年检。用人单位聘用外国人就业每满一年，应在期满前30日内到劳动行政部门发证机关为被聘用的外国人办理就业证年检手续。逾期未办的，就业证自行失效。

3. 用人单位聘用外国人从事的岗位应是有特殊需要，国内暂缺适当人选，且不违反国家有关规定的岗位。具有从事其工作所必需的专业技能和相应的工作经历。

4. 用人单位与被聘用的外国人应依法订立劳动合同，劳动合同的期限最长不得超过五年。劳动合同期限届满即行终止，其就业证即行失效。如需续订，用人单位应在原合同期满前30日内，向劳动行政部门提出延长聘用时间的申请，经批准并办理就业证延期手续。1996年4月19日，劳动部办公厅又发出《关于贯彻实施〈外国人在中国就业管理规定〉有关问题的通知》，规定在中国工作的外国人，若其劳动合同是和中国境内的用人单位（驻地法人）直接签订的，无论其在中国就业的时间长短，一律视为在中国就业；若其劳动合同是和境外法人签订，劳动报酬来源于境外，在中国境内工作3个月以上的，视为在中国就业，应按《规定》到劳动行政部门的发证机关办理就业许可手续，并办理职业签证、就业证和居留证。

5. 外国人在中国就业的用人单位必须与其就业证所注明的单位相一致。外国人在发证机关规定的区域内变更用人单位但仍从事原职业的，须经原发证机关批准，并办理就业证变更手续。外国人离开发证机关规定的区域就业或在原规定的区域内变更用人单位且从事不同职业的，须重新办理就业许可手续。因违反中国法律被中国公安机关取消居留资格的外国人，用人单位应解除劳动合同，劳动部门应吊销就业证。

对于我国台湾、香港、澳门居民在内地就业，原劳动部1994年2月21日就曾颁布《台湾和香港、澳门居民在内地就业管理规定》。2005年6月14日，劳动和社会保障部又颁布新的《台湾香港澳门居民在内地就业管理规定》，自2005年10月1日起实施，建立健全了台、港、澳人员内地就业许可制度。比起外国人就业许可制度，台、港、澳居民就业许可制度要宽松很多，少了很多限制。大致包括如下内容：

1. 用人单位拟聘雇或者接受被派遣台、港、澳人员的，应当为其申请办理就业证；香港、澳门人员在内地从事个体工商经营的，应当由本人申请办理就业证。经许可并取得就业证的台、港、澳人员在内地就业受法律保护。用人单位聘雇或者接受被派遣台、港、澳人员，未为其办理就业证或未办理备案手续的，由劳动保障行政部门责令其限期改正，并可以处1000元罚款。

2. 用人单位与聘雇的台、港、澳人员应当签订劳动合同，并按照《社会保险费征缴暂行条例》的规定缴纳社会保险费。

《外国人在中国就业管理规定》、《台湾香港澳门居民在内地就业管理规定》虽然仅仅是部门规章，但在相应的事项制定法律之前，这些部门规章实际发挥着法律的作用。根据《劳动法》第18条第1款第（一）项的规定，违反法律、行政法规的劳动合同无效。《劳动合同法》第26条第1款第（三）项规定，违反法律、行政法规强制性规定的劳动合同无效。根据《外国人在中国就业管理规定》、《台湾香港澳门居民在内地就业管理规定》，外国人、台湾香港澳门居民在大陆就业，必须取得就业许可和就业证，否则不受法律保护，并分别由用人单位和劳动者承担相应的法律后果。因此，这种规定，属于法律、行政法规的强制性规定，只不过现阶段以部门规章的形式表现出来。根据《劳动法》和《劳动合同法》的规定，外国人、台港澳居民未取得就业许可和就业证与用人单位签订劳动合同，签订的劳动合同无效，不受法律保护。《劳动合同法》第28条规定，劳动合同被确认无效，劳动者已付出劳动的，用人单位应当向劳动者支付劳动报酬。劳动报酬的数额，参照本单位相同或者相近岗位劳动者的劳动报酬确定。《劳动合同法》颁布实施之前，人民法院也是按照这样的原则予以处理的，对于未取得就业许可的外国人和台港澳居民，付出实际劳动的，仅保护劳动报酬。

本案就是例证。谢某作为台湾省居民，在北京某期刊发行有限责任公司就业，应经许可并取得就业证。但北京某期刊发行有限责任公司并未按照《台湾香港澳门居民在内地就业管理规定》的要求为谢某办理就业证。因此，虽然双方签订了书面合同，但因为谢某未取得就业证，不能建立合法的劳动关系，但谢某应取得的劳动报酬还是应当予以保护。不过，本案中，法院在认定双方不构成劳动关系的同时，又按劳务关系处理，认为谢某为北京某期刊发行有限责任公司提供劳务，有权取得劳务报酬。不论是劳动报酬，还是劳务报酬，均应按照双方约定的数额予以保护，因此，本案结果是唯一的。但谢某依据劳动关系要求北京某期刊发行有限责任公司支付多项经济补偿金，因双方之间没有合法的劳动关系，缺乏相应的法律和事实依据，不能获得法院的支持。理解了外国人、台港澳居民就业许可制度之后，本案便十分简单，我们就不再进行更详细的解说了。

用人单位不得向劳动者收取任何押金

【基本案情】

原告：王某

被告：北京某物业管理有限公司

原告王某诉称：我于 2001 年 4 月 9 日到北京某物业管理有限公司工作，被安排到中控室上班，2001 年 5 月 8 日至 10 月 21 日期间只安排两人轮班，每人每天工作 12 小时，自 2001 年 10 月 22 日中控室增加一人，由三人轮班，每人工作 12 小时，一直延续至因超时加班一事由我申请仲裁而被公司报复单方面解除劳动合同（2005 年 9 月 16 日）。北京某物业管理有限公司解除劳动后却没有按时发放我的 9 月份的工资及解除劳动的经济补偿金。我不服朝阳区劳动仲裁裁决，现诉至法院要求北京某物业管理有限公司支付 2005 年 9 月份工资 1080 元及 25% 经济补偿金，支付 2005 年 7 月、8 月克扣的工资共计 934 元及 25% 经济补偿金，返还工服押金 150 元，支付解除劳动关系经济补偿金 5400 元及 25% 额外经济补偿金。

北京某物业管理有限公司辩称：王某工作期间违反公司的纪律及规章制度，所以解除了劳动关系，其要求支付 5400 元经济补偿金不能成立。9 月份的工资，是王某不来领取，并不是我公司拖欠，因此也不存在支付补偿金问题。7 月份王某请事假 14 天，减少工资 504 元，8 月份旷工 5 天，减少工资 180 元，王某还有未经请示私自调班、不按规定填写工作值班记录等违纪行为，下浮工资 250 元。所以不存在克扣工资问题，也不存在补偿金。我公司同意退还王某的工服押金。王某的第一项及第三项诉讼请求超过了申请仲裁的时效。我公司同意仲裁裁决。

法院经审理查明：

王某2001年4月9日到北京某物业管理有限公司工作，双方签订有劳动合同，最后一份劳动合同订立于2005年6月2日，合同期限到2006年6月25日到期。北京某物业管理有限公司向王某收取工服押金150元。2005年9月12日北京某物业管理有限公司以王某擅自离开工作岗位7天、伪造值班记录、多次不按规定值班、工作时间做与工作无关的事，严重违反公司纪律为由，决定根据公司规定、劳动合同、《劳动法》第25条第（二）项解除与王某的劳动合同。北京某物业管理有限公司于2005年9月16日书面通知王某解除劳动合同。王某当日办理了离职手续，但北京某物业管理有限公司当日并未为原告结清工资。北京某物业管理有限公司每月5日发放职工上月工资。王某离职前月工资为1080元。

2005年12月5日，王某申请劳动仲裁，申诉请求与本案诉讼请求相同。2006年2月15日，北京市朝阳区劳动争议仲裁委员会作出裁决，裁决北京某物业管理有限公司支付王某9月份工资1080元及25%经济补偿金270元，退还工服押金150元，驳回其他申诉请求。

法院经审理认为：

用人单位解除劳动合同的，除《劳动法》第25条的情形外，应当按照国家规定向劳动者支付经济补偿金。北京某物业管理有限公司以王某擅自离开工作岗位7天、伪造值班记录、多次不按规定值班、工作时间做与工作无关的事，严重违反公司纪律为由，决定根据公司规定、劳动合同、《劳动法》第25条第（二）项解除与原告的劳动合同，但所提供的证据均系北京某物业管理有限公司单方面作出的，王某不予认可，缺乏其他证据佐证，不能证明王某存在《劳动法》第25条第（二）项的情形。因此，北京某物业管理有限公司决定解除劳动合同，导致双方劳动合同解除，北京某物业管理有限公司应按照国家规定支付经济补偿金。王某办理离职手续时，北京某物业管理有限公司应为其结算工资。北京某物业管理有限公司每月5日为原告发放上月工资，因此，王某2005年9月份工资及解除劳动合同经济补偿金，至迟应当在2005年10月5日支付，考虑到法定假期，可以在2005年10月8日支付。王某在2005年10月8日后发现北京某物业管理有限公司仍未支付，至2005年12月5日申请劳动仲裁，并未超过劳动仲裁申诉时限的规定。但王某所要求的2005年7月、8月被扣减的工资及经济补偿金，至迟应当在2005年11月5日前申诉，申请仲裁时该项请求已经超过了申诉时限。北京某物业管理有限公司拖欠王某2005年9月工资，不及时支付解除劳动合同经济补偿金，均应按照国家规定支付额外经济补偿金。北京某物业管理有限公司收取工服押金，不符合国家规定，应予退还。

因此，王某要求北京某物业管理有限公司支付2005年9月份工资及25%经济补偿金、解除劳动合同经济补偿金及50%额外经济补偿金、退还工服押金的请求，符合法律规定，本院予以支持。

关于北京某物业管理有限公司提出的王某同时与另外一家单位签订劳动合同一事，经法庭反复询问，北京某物业管理有限公司提供的证人最终表示与其所在单位签订劳动合同的人不能确定就是王某本人，因此，本院无法认定。另外，北京某物业管理有限公司作为用人单位，负有为员工支付工资的义务，其以王某不去领取工资为由拖延支付，不能成立。

综上，依照《中华人民共和国劳动法》第28条、第50条之规定，判决如下：

一、北京某物业管理有限公司于本判决生效之日起7日内向王某支付2005年9月份工资1080元及25%的经济补偿金270元。

二、北京某物业管理有限公司于本判决生效之日起7日内向王某支付解除劳动合同经济补偿金5400元及50%的额外经济补偿金2700元。

三、北京某物业管理有限公司于本判决生效之日起7日内向王某退还工服押金150元。

四、驳回王某其他诉讼请求。

一审宣判后,北京某物业管理有限公司不服,提起上诉。二审经过审理,判决驳回上诉,维持原判。

【分析评论】

自实行劳动合同制度之后,国家有关部门一直重申,禁止用人单位向劳动者收取劳动合同定金、保证金、抵押金、抵押物等。但在实践中,不少用人单位出于种种原因和考虑,仍违反规定,以入厂押金、工服押金、设备押金、风险金、保证金等各种名义,向劳动者收取抵押金。而劳动者为了不失去劳动就业机会,也不得不接受用人单位的不合理要求,不情愿地向用人单位交纳抵押金。用人单位在订立劳动合同时向劳动者收取财物的行为,违反了劳动关系当事人平等、自愿和协商一致建立劳动关系的基本原则,侵害了劳动者的合法权益,必须予以制止。在劳动合同履行期间,劳动者一般不会就此单独主张权利,而在劳动者终止或者解除后,劳动者往往会提出要求用人单位退还所交纳的押金,不过,单独为此发生争议诉至法院的案例还很少见,大多是与工资争议、经济补偿金争议这两大争议混杂在一起。本案就是一典型案例。

《劳动法》中并没有禁止用人单位向劳动者收取财物的规定,而在实践中,这是一种普遍存在的用人单位滥用自己的优势地位、侵害劳动者合法权益的行为。为此,1995年8月4日,劳动部《关于贯彻执行〈中华人民共和国劳动法〉若干问题的意见》第24条规定,用人单位在与劳动者订立劳动合同时,不得以任何形式向劳动者收取定金、保证金(物)或抵押金(物)。对违反以上规定的,由公安部门和劳动行政部门责令用人单位立即退还给劳动者本人。《劳动合同法》将上述规定上升到法律层面,同时针对部分用人单位通过扣押劳动者身份证件以及专业技术证书来限制劳动者自由流动的做法,在"劳动合同的订立"一章中,明确规定,用人单位招用劳动者,不得扣押劳动者的居民身份证和其他证件,不得要求劳动者提供担保或者以其他名义向劳动者收取财物(第9

条)。这将使有关部门和司法机关在处理类似问题时更加有法可依,保障劳动者平等订立劳动合同和自由流动的权利。

  本案中,北京某物业管理有限公司与王某订立劳动合同后,违反国家规定,向王某收取工服押金150元。北京某物业管理有限公司解除与王某的劳动合同,王某把工服押金问题和拖欠工资、经济补偿金一并诉至劳动仲裁。不论是劳动仲裁还是人民法院,都毫无例外地判决北京某物业管理有限公司向王某退还工服押金。至于本案涉及的拖欠工资和经济补偿金问题,本书在劳动合同的履行部分和劳动合同的解除部分,还有更典型的案例和更详细的评析,本案不再多述。

Part 2
劳动合同的履行和变更

用人单位不得无故拖欠或扣发劳动者工资

【案例一】

原告：北京某房地产开发有限公司
被告：卢某

原告北京某房地产开发有限公司诉称：被告卢某因严重违反我公司劳动纪律被开除，我公司未拖欠卢某工资，2006年8月、9月卢某并没有上班，仲裁裁决我公司向其支付这两个月的工资有失公平。现诉至法院，要求判决不向卢某支付仲裁裁决的2006年8月、9月工资及25%的经济补偿金。

被告卢某辩称：我同意仲裁裁决，不同意北京某房地产开发有限公司的诉讼请求。8月、9月我都正常上班了，8月26日我孩子办满月酒席时，公司董事长还出席并发言。北京某房地产开发有限公司关于我没有上班的证据根本不成立。

法院经审理查明：

2005年9月1日，北京某房地产开发有限公司与卢某签订了一份"劳务合同"（实为劳动合同），期限自2005年12月7日至2010年12月7日，卢某的职位为常务副总经理兼销售总监，每周工作6天，每日8小时，年薪金50万元，奖金按销售提成计。2006年10月8日，卢某以特快专递的形式向北京某房地产开发有限公司发送催款通知，要求支付2006年8月、9月的工资及销售佣金。2006年10月18日，卢某以北京某房地产开发有限公司连续两个月未支付工资为由要求解除合同，当日，北京某房地产开发有限公司为卢某开具了社会保险关系转移证明。

本案起诉之前，卢某申请劳动仲裁，要求北京某房地产开发有限公司支付2006年8月、9月、10月8日至18日工资及经济补偿金、销售佣金及经济补偿金、终止劳动合同给予一个月的经济补偿金及额外经济补偿金。北京市朝阳区劳动争议仲裁委员会于2007年4月9日作出裁决书，裁决北京某房地产开发有限公司向卢某支付2006年8月、9月工资81000元及25%的赔偿金20250元、2006年1月至6月销售佣金83762.41元及25%的经济补偿金20940.60元，驳回卢某的其他申诉请求。

北京某房地产开发有限公司向法庭提供一份于2006年9月6日作出的内部公函，公函载明公司以无故迟到、早退、旷工等为由决定开除卢某。北京某房地产开发有限公司还提供了公司的考勤表，显示卢某在2006年8月、9月缺勤。卢某表示从未见过该公函，自己作为常务副总经理，不进行考勤。证人卢洋到庭作证，证人自2006年9月从北京某房地产开发有限公司离职时，卢某还在公司工作，公司副总以上职务不记录考勤。

法院经审理认为：

用人单位应依法及时足额支付劳动者工资。北京某房地产开发有限公司依据考勤表主张卢某在2006年8月、9月未提供劳动，但卢某表示自己作为公司的副总经理，并不进行考勤，公司出示的考勤表是伪造的，考勤表其他几个月的考勤记录与自己的工资发放情况也不符，自己正是因为公司未发放2006年8月、9月的工资才与公司解除劳动合同，并在2006年10月向公司发函进行催讨。证人卢洋到庭作证，证人2006年9月从北京某房地产开发有限公司离职时，卢某还在公司工作，公司副总以上职务不记录考勤。综合以上情况考虑，北京某房地产开发有限公司关于卢某在2006年8月、9月缺勤的主张不能成立，其不同意向卢某支付这两个月工资的诉讼请求，不符合法律规定，本院不予支持。凡无故拖欠劳动者工资的，均须按照国家规定，加发25%的经济补偿金，北京某房地产开发有限公司关于不同意支付经济补偿金的请求，也不能成立。

综上,依照《中华人民共和国劳动法》第50条之规定,判决如下:

一、驳回北京某房地产开发有限公司的诉讼请求。

二、北京某房地产开发有限公司于本判决生效之日起七日内向卢某支付2006年8月、9月工资81000元及25%的经济补偿金20250元、2006年1月至6月销售佣金83762.41元及25%的经济补偿金20940.60元,以上各项共计205953.01元。

【案例二】

原告:某航空股份有限公司
被告:杨某

原告某航空股份有限公司诉称:2002年8月1日,某航空股份有限公司北京营业部与北京景山学校签订了协议书,约定双方合作经营北京景山灯市口机票代理处,由北京营业部委派人员负责机票代理处的全部经营活动,并承担经营中产生的全部经济责任和法律责任。2004年4月6日,南航集团北京经济开发公司代表北京营业部作为发包方,与时任北京营业部三产市内销售经理的杨某签订了承包经营合同,约定由杨某承包经营机票代理处,如给公司造成经济损失的,杨某按照某航空(集团)公司的劳动规章制度接受经济处罚。杨某一直在该机票代理处负责经营至2006年4月。

2006年3月8日,国际航空运输协会北京办事处给机票代理处发来紧急通知,称该代理处BSP票款专用账户上余额不足,不足以支付2006年2月第四个结算期(2月20日至2月26日)的BSP票款和代理人数据服务费,拖欠费用达228757.3元。同年3月22日,国际航协再次发来紧急通知,通知该代理处BSP票款专用账户余额不足,不足以支付2006年3月第二个结算期(3月6日至3月12日)的BSP票款和代理人数据服务费,拖欠费用达277450.69元。基于上述拖欠票款的行为,国际航协中止了该代理处的代理人资格。北京营业部在得知上述情况后,多次催促杨某填补票款，但杨某对此置之不理。2006年10月8日，国际航协最终取消了代理处代理人资格。

代理处在杨某经营期间，拖欠国际航协27万余元票款并形成亏空，给北京营业部造成了巨大的经济损失，2006年4月3日经北京分公司总经理办公会研究决定，扣发杨某的工资。2006年9月8日，杨某申请劳动仲裁，要求向其支付6月、7月、8月扣发工资共计934.68元。北京市劳动仲裁委员会裁决认为杨某对负责代理处经营期间的经营情况负有责任，代理处未将拖欠的票款差额补足，杨某负有管理责任；同时因为我公司与杨某之间未签订劳动合同，我公司不能依据《工资支付暂行规定》扣除被告工资，因此裁决我公司支付杨某6月至8月扣发的工资934.68元。

我公司认为，劳动仲裁委员会对《工资支付暂行规定》及本单位工资支付规定的僵硬理解是错误的。用人单位和劳动者之间虽未签订劳动合同，而劳动者给用人单位造成经济损失的，用人单位有权利参照以上规定扣发工资，否则必然造成未签劳动合同的劳动者任意违反劳动纪律，给用人单位的正常生产秩序造成严重的破坏。因此，现诉至法院，请求确认我公司扣发杨某工资的处罚是正确的，我公司不予支付杨某6月至8月扣发的工资934.68元，仲裁费和诉讼费全部由杨某承担。

被告杨某辩称：某航空股份有限公司扣发我工资的处罚没有事实依据和法律依据。2006年1月20日，北京营业部就作出决定并通知景山灯市口机票代理处和我，要求立即停止所有的销售业务做好各项清理和移交工作，所有资金往来必须呈报南航有关领导审批后办理。2006年2月8日起，代理处的公章、财务章、人名章、相关票证已经由景山学校掌握。此后，我已经不再负责代理处的工作。某航空股份有限公司称我一直在代理处负责经营至2006年4月与事实严重不符。我没有义务承担承包终止后的任何责任。我在代理处管理权交出后进行扫尾工作，当时代理处现金及银行存款足以交纳国际航协的机票款，当时的出纳杨春京开好了用途为BSP票款的转账支票，也填好了以国际航空运输协会北京办事处为收款人的银行进账单，做好了付款准备，但当时我的承包经营已经终止，无权对资金往来作出决定，南航领导没有允许这张支票的开出，拖欠国际航协票款不是我的责任。我承包开始时，代理处就存在数额较大的机票欠款，应付账款中有1048137.84元航协BSP票款，亏损达418202.90元，我承包经营期间，逐渐偿还欠款，至承包终止时拖欠航协20余万元，远远小于接手时的欠款数额。况且国际航协通知还款时，代理处有货币资金足可偿还，但是由于南航领导为了代理处交接不许资金往来，造成拖欠票款现象的出现，最终代理资格被取消，责任完全不在我，仅仅根据机票代理处有20余万元欠款就认为我经营亏空是没有根据的。在我承包开始前，代理处就存有巨额亏损，但从未有任何责任人被处罚，更没有被扣发工资，在不能确定我经营亏损的情况下，没有任何事实依据作出扣发工资的决定更是十分错误的。另外，承包经营合同是我与南航集团北京经济开发公司签订的，根据约定，可以对我作出处罚的主体应为南航北京经济开发公司，而不是本案原告某航空股份有限公司。到目前为止，我没有收到某航空股份有限公司对我作出的任何扣发工资的书面通知，我是从工资卡的记录中才得知我的工资被克扣了。在此种情况下，某航空股份有限公司克扣我工资，没有任何依据。综上，某航空股份有限公司扣发工资的决定主体错误，程序上也存在一定问题，缺乏事实依据，恳请法院依法驳回某航空股份有限公司的诉讼请求。

法院经审理查明：

杨某系某航空股份有限公司职工，双方一直未签订劳动合同。2004年4月6日，某航空股份有限公司北京营业部发文，聘任杨某为北京营业部三产市内售票经理。2002年8月1日，某航空股份有限公司北京营业部与北京景山学校签订协议书一份，约定合作经营北京景山灯市口机票代理处，合作经营期间，由某航空股份有限公司北京营业部委派人员负责机票代理处的全部经营活动，有效期3年。2004年4月6日，南航集团北京经济开发公司作为发包方、杨某作为承包方签订承包经营合同一份，由杨某承包经营北京景山灯市口机票代理处，期限自2004年1月1日起至2004年12月31日止，合同第12条第4款约定，承包方在承包期间发生的任何经济纠纷，甲方有权追索乙方的民事赔偿责任，并依据某航空股份有限公司劳动规章制度对乙方进行处罚。承包期满后，双方未再签订合同，但杨某仍继续负责代理处经营工作。2006年1月20日某航空股份有限公司北京营业部发出"关于景山灯市口机票代理处停业进行移交准备工作的通知"，通知景山灯市口机票代理处与杨某，根据景山学校提出的交接要求，为保证有关工作有序进行，经研究决定，暂停代理处的销售业务，集中精力进行移交的清理和准备工作，要求从通知下达之日起，立即停止所有的销售业务，收回所有的票证，进入交接准备工作；各项清理和移交准备工作由杨某继续负责；从即日起，所有的资金往来必须严格按照规定办理，即经办人呈报杨某，杨某呈报南航有关领导审批后办理。

2006年3月8日国际航空运输协会北京办事处向代理处发出紧急通知，代理处BSP票款专用账户余额不够支付2006年2月第四个结算期的BSP票款和代理人数据服务费，差额为228757.3元，要求代理处立即汇款。2006年3月22日，国际航空运输协会北京办事处又向代理处发出紧急通知，代理处BSP票款专用账户余额不够支付2006年3月第二个结算期的BSP票款和代理人数据服务费，差额277450.69元，要求代理处立即汇款。

2006年4月3日，某航空股份有限公司北京分公司召开总经理办公会，专题研究了原景山售票处事件，作出了从2006年4月3日起扣发杨某工资的决定。2006年4月4日某航空股份有限公司北京分公司发出"关于扣发公司员工杨某工资的通知"，请人力资源部按会议决定办理有关事宜。2006年4月4日，某航空股份有限公司北京分公司工会委员会同意总经理办公会作出的对杨某的处理决定。2006年4月29日，某航空股份有限公司下发"关于成立某航空股份有限公司北京分公司的通知"，在北京营业部的基础上发展组建北京分公司，下辖北京营业部、人力资源部等部门。2006年7月21日，某航空股份有限公司北京营业部人事部作出"关于扣发杨某同志工资的说明",依据《工资支付暂行规定》(劳部发〔1994〕489号),扣发当月税前全部收入的20%,每月311.56元。

杨某不服某航空股份有限公司扣发工资的决定,申请劳动仲裁,要求支付2006年6月至8月每月工资311.56元,其他福利费每月500元。2006年11月13日,北京市劳动争议仲裁委员会做出裁决书,认为某航空股份有限公司扣除被告工资的做法,依据不足,裁决某航空股份有限公司支付杨某2006年6月至8月扣发的工资934.68元,驳回杨某其他申诉请求。

法院经审理认为:

工资应当以货币形式按月支付给劳动者本人,不得克扣或无故拖欠劳动者的工资。根据国家规定(《工资支付暂行规定》第16条),因劳动者本人原因给用人单位造成经济损失的,用人单位可按照劳动合同的约定要求其赔偿经济损失,经济损失的赔偿,可从劳动者本人的工资中扣除,但每月扣除的部分不得超过劳动者当月工资的20%。

本案杨某虽是某航空股份有限公司的员工,但双方之间并未签订劳动合同,没有任何关于劳动者给用人单位造成损失时赔偿经济损失的约定,杨某与南航集团北京经济开发公司签订的承包合同,不是劳动合同,也不是杨某与某航空股份有限公司签订的,不能作为某航空股份有限公司扣除杨某工资的依据。与劳动者签订劳动合同,是法律对用人单位的要求,未签订劳动合同导致的不利后果,应由用人单位承担。因此,某航空股份有限公司在2006年6月至8月每月扣除杨某工资的做法,不符合其所援引的《工资支付暂行规定》第16条的规定。另外,2006年1月20日某航空股份有限公司北京营业部发出"关于景山灯市口机票代理处停业进行移交准备工作的通知"后,即要求所有的资金往来必须严格按照规定办理,即经办人呈报杨某,杨某呈报南航有关领导审批后办理,此后拖欠航协BSP票款未付是否是杨某的责任以及拖欠票款是否等同于造成经济损失,根据现有证据尚难认定,某航空股份有限公司以造成经济损失为由扣发杨某工资,依据不足。因此,某航空股份有限公司已扣发杨某的2006年6月至8月工资，应予支付，仲裁裁决并无不当，某航空股份有限公司的诉讼请求，缺乏事实和法律依据，本院不予支持。

综上，依照《中华人民共和国劳动法》第50条之规定，判决如下：

一、驳回某航空股份有限公司的诉讼请求。

二、某航空股份有限公司于本判决生效之日起七日内向杨某支付2006年6月至8月扣发的工资934.68元。

一审宣判后，某航空股份有限公司不服，提起上诉。二审法院经过审理，判决驳回上诉，维持原判。

【分析评论】

获得劳动报酬是劳动关系中劳动者一方的主要权利，相应地，支付劳动报酬也是用人单位一方的主要义务。为了保护劳动者获得劳动报酬的权利，法律对工资问题进行了特别的规定。

《劳动法》第50条规定，工资应当以货币形式按月支付给劳动者本人。不得克扣或者无故拖欠劳动者的工资。第51条规定，劳动者在法定休假日和婚丧假期间以及依法参加社会活动期间，用人单位应当依法支付工资。《劳动合同法》第30条规定，用人单位应当按照劳动合同约定和国家规定，向劳动者及时足额支付劳动报酬。为了制止用人单位拖欠、克扣劳动者工资的现象，《劳动法》第32条规定，用人单位未按照劳动合同约定支付劳动报酬的，劳动者可以随时通知用人单位解除劳动合同。《劳动合同法》第38条也规定，用人单位未及时足额支付劳动报酬的，劳动者可以解除劳动合同，并在第46条进一步规定，劳动者因用人单位未及时足额支付劳动报酬而解除劳动合同的，用人单位应当向劳动者支付经济补偿（《劳动法》没有这样的规定）。劳动部还特别颁布了《工资支付暂行规定》，自1995年1月1日施行，以规范用人单位的工资支付行为，维护劳动者通过劳动获得劳动报酬的权利。《工资支付暂行规定》要求，工资应当以法定货币支付，不得以实物及有价证券替代货币支付（第5条）；工资必须在用人单位与劳动者约定的日期支付，如遇节假日或休息日，则应提前在最近的工作日支付，工资至少每月支付一次（第7条）；劳动关系双方依法解除或终止劳动合同时，用人单位应在解除或终止劳动合同时一次付清劳动者工资（第9条）；劳动者在法定工作时间内依法参加社会活动期间，用人单位应视同其提供了正常劳动而支付工资（第10条）；劳动者依法享受年休假、探亲假、婚假、丧假期间，用人单位应按劳动合同规定的标准支付劳动者工资（第11条）。除此之外，《劳动法》第48条规定，国家实行最低工资保障制度，用人单位支付劳动者的工资不得低于当地最低工资标准。劳动和社会保障部又发布了《最低工资规定》，于2004年3月1日起实施，规定在劳动者提供正常劳动的情况下，用人单位应支付给劳动者的工资在剔除加班费、特殊津贴、福利待遇以后，不得低于当地最低工资标准。为了保障上述工资支付规定和最低工资规定的实施，1995年1月1日起实施的《违反和解除劳动合同的经济补偿办法》规定，用人单位克扣或者无故拖欠劳动者工资的，以及拒不支付劳动者延长工作时间工资报酬的，除在规定的时间内全额支付劳动者工资报酬外，还需加发相当于工资报酬25%的经济补偿金；用人单位支付劳动者的工资报酬低于当地最低工资标准的，要在补足低于标准部分的同时，另外支付相当于低于部分25%的经济补偿金。

　　法律对于劳动者工资权的保护是非常明确而有力的。《劳动合同法》实施之后，如遇用人单位拖欠或者克扣工资，劳动者可以行使三项权利：第一，可以要求用人单位按照劳动合同约定及法律规定立即支付工资；第二，可以进一步要求用人单位加发被拖欠或者被克扣工资的25%的经济补偿金；第三，如果用人单位拖欠工资比较严重或者经常拖欠，劳动者不愿继续在该用人单位劳动，则可以随时通知用人单位解除劳动合同，并要求用人单位按照法定标准支付经济补偿金。我们看到，用人单位受到越来越严格的法律约束，一旦无故拖欠劳动者工资，将承担严重的法律后果。

　　本节的两个案例，一个是用人单位拖欠劳动者工资导致劳动者提出解除劳动合同的案例，另一个是用人单位扣发劳动者工资缺乏依据被判补发工资的案例，都是实践中比较典型的案例。

案例一中，劳动者卢某为用人单位提供了正常劳动，用人单位北京某房地产开发有限公司拖欠其2006年8月、9月份的工资及2006年1月至6月的销售佣金。销售佣金也是工资的一个组成部分。用人单位拒绝支付工资的理由是认为卢某在2006年8月、9月未为公司提供正常劳动，并举出了公司的考勤表以及公司因为卢某缺勤而对其予以开除处理的公函。但劳动者一方对用人单位提供的考勤表和所谓公函并不认可，认为是用人单位自己伪造的，考勤表此前的记录也与自己的工资发放情况不符，公司对高级管理人员并不进行考勤。卢某主张自己在2006年8月、9月提供了正常劳动，并提出自己作为公司副总经理，属于高级管理人员，从不进行考勤。卢某还提供了证人到庭作证，证明公司对副总经理以上人员并不进行考勤，而且2006年8月、9月卢某一直在公司工作。由于用人单位一方所有的证据均系自己出具的，有伪造、后补的嫌疑，劳动者一方不予认可并举出了反证，劳动者一方的证据的证明力显然大于用人单位一方的证据。法院最终判定，劳动者提供了正常劳动，用人单位拖欠劳动者劳动报酬，违反了法律规定，应承担向劳动者支付劳动报酬并加付25%经济补偿金的义务。

本案中，劳动者由于用人单位拖欠劳动报酬，向用人单位提出解除劳动合同。由于《劳动法》规定的支付经济补偿的情形，仅限于用人单位一方提出解除劳动合同，劳动者一方辞职，即使是由于用人单位拖欠工资等过失造成，也不能获得解除劳动合同经济补偿。本案的情形，如果发生在《劳动合同法》实施之后，虽然是劳动者提出辞职，但由于辞职是由于用人单位拖欠劳动报酬引起的，劳动者还可以要求用人单位支付解除劳动合同的经济补偿，用人单位将承担比《劳动合同法》实施之前更沉重的法律责任。

案例二中，某航空股份有限公司以劳动者杨某给公司造成经济损失为由扣发杨某每月工资的20%。《劳动法》第102条规定，劳动者违反本法规定的条件解除劳动合同或者违反劳动合同中约定的保密事项，对用人单位造成经济损失的，应当依法承担赔偿责任。《工资支付暂行规定》第 16 条规定，因劳动者本人原因给用人单位造成经济损失的，用人单位可按照劳动合同的约定要求其赔偿经济损失。经济损失的赔偿，可从劳动者本人的工资中扣除。但每月扣除的部分不得超过劳动者当月工资的 20%。若扣除后的剩余工资部分低于当地月最低工资标准，则按最低工资标准支付。除了上述规定之外，目前法律再无其他关于劳动者赔偿用人单位损失的规定。某航空股份有限公司显然不是依据《劳动法》第 102 条的规定要求杨某赔偿损失的，那依据的应该是《工资支付暂行规定》第 16 条的规定，某航空股份有限公司也是这么主张的。但《工资支付暂行规定》对用人单位扣除劳动者工资规定了严格的限制条件：第一，必须是因劳动者本人原因给用人单位造成经济损失，这是用人单位扣除劳动者工资必须具备的事实依据；第二，必须有劳动合同的明确约定，这种扣除工资的法律依据在于《劳动法》第 17 条规定的"劳动合同依法订立即具有法律约束力，当事人必须履行劳动合同规定的义务"，没有约定，用人单位扣除工资也就没有法律依据；第三，每月扣除额不得超过劳动者当月工资的 20%，这是为了保障劳动者正常生活需要。某航空股份有限公司与杨某之间恰恰没有签订过劳动合同，没有明确的劳动合同约定，也就没有了扣除工资的法律依据。与劳动者签订劳动合同，是法律对用人单位的要求，未签订劳动合同导致的不利后果，应由用人单位承担。因此，法院认定，某航空股份有限公司在 2006 年 6 月至 8 月每月扣除杨某工资的做法，不符合《工资支付暂行规定》第 16 条的规定。另外，某航空股份有限公司扣除工资的事实依据也不充分。2006 年 1 月 20 日，某航空股份有限公司北京营业部发出"关于景山灯市口机票代理处停业进行移交准备工作的通知"后，即要求所有的资金往来必须严格按照规定办理，即由经办人呈报杨某，再由杨某呈报南航有关领导审批后办理。拖欠航协 BSP 票款一事发生在此之后，杨某表示当时代理处有足够的资金支付航协 BSP 票款，但自己已经没有了资金支付的权力，自己呈递的支付要求南航领导没有批准，责任不在于自己。应该说，杨某的说法有一定的道理。拖欠票款发生在某航空股份有限公司通知要求资金往来必须领导审批后，未及时支付是否是杨某的责任尚不一定，拖欠票款本身也不一定就等同于造成经济损失，根据现有证据不能认定是因为杨某的原因给某航空股份有限公司造成经济损失，某航空股份有限公司扣发杨某工资，事实依据不足。因此，法院最终判决某航空股份有限公司补发扣除的杨某的工资。其实如果杨某提出请求，某航空股份有限公司还应加付25%的经济补偿金。

用人单位安排加班应按国家规定支付加班工资

【基本案情】

原告：向某
被告：北京某连锁商店有限责任公司

原告向某诉称：我于2005年8月5日受聘担任北京某连锁商店有限责任公司仓库的副经理，由于对仓库整改、经历大罢工事件、建立新库移库、三次大盘点、两次总公司审计工作等原因，增加了很多工作量，经部门负责人签字，我多次加班，加班工时累计1569小时，加班费用达102965元。但公司长期不支付我加班工资，也不安排倒休，致使我长期超负荷劳动，身心疲惫，不得不于2006年7月10日与公司协商解除了劳动合同，但公司仍拒不支付我自2005年8月5日至2006年6月30日的加班工资。现不服仲裁裁决，诉至法院，要求判令北京某连锁商店有限责任公司支付我自2005年8月5日至2006年6月30日的加班工资102965元、支付加班费赔偿费用25741元，支付经济补偿金7700元及额外经济补偿金3850元。

被告北京某连锁商店有限责任公司辩称：我公司对于考勤制度和加班管理方法有明确的规定，在员工手册上有明确讲述，因工作需要加班的，必须事先经部门经理批准，超时工作必须经部门主管认可方可生效。我公司有规定格式的加班申请单，员工因工作需要加班时，须事先填写加班申请单，经部门经理批准后报人力资源部审核方可生效。部门提报每月考勤时，须向人力资源部提交当月由部门经理签批的考勤汇总表及员工当月加班审批表以核对加班情况，人力资源部经确定无误后方可计算员工的加班时数。公司将以补休的方式安排员工休息，对于不能补休的员工，公司将按劳动法之规定支付其加班工资。由于仓库办公地点在外，人力资源部不便直接管理考勤，所以员工的打卡记录并不能保证是完全真实准确的，人力资源部核准员工出勤情况的依据是由部门经理签批的考勤汇总表。员工办理离职手续时，按要求填写离职清算单，经部门经理签字确认，再传递至人力资源部，人力资源部对离职员工的考勤及离职清算单加以核准，确定无误后计算该员工离职工资，对于未补休完毕的加班时数按劳动法规定一次性支付加班工资。向某于2005年8月5日加入我公司，2006年7月10日提出辞职。向某入职以来凡经人力资源部核准的加班公司均已支付加班费，其离职时考勤汇总表中的加班记录为零。向某自报的1569小时的加班，数据来源不明，没有任何依据，没有事先填写加班申请表也未经仓库经理批准，无法界定为工作需要范畴，向某作为部门负责人在每月考勤汇总表上签字确认时，他的加班时数为零的情况他本人也签字认可并未提出任何异议，对该数字我公司不能认可。离职清算单中的部门负责人的签批只是对于是否同意员工离职、工作交接完毕与否的情况证明，行使人事权是公司人力资源部的职责，其他部门无人事权，无权办理员工的离职手续。因此，向某在离职时自报的这些加班时数除他自己的署名外没有任何人审批，不能作为支付加班工资的依据。

法院经审理查明：

2005年8月8日，向某与北京某连锁商店有限责任公司签订劳动合同一份，合同期限自2005年8月5日起至2007年8月5日止，基本工资6810元/月，饭贴190元/月，发薪日为每月的最后一天。关于工作时间，劳动合同约定"乙方每周工作40小时，休息日及上下班时间安排由甲方决定。店铺副店经理以上及写字楼主任级以上员工以完成本职工作为基础，实行不定时工作制"。2006年1月，向某的工资调整为7700元。2006年7月10日，向某因个人原因提出辞职。

向某提交的员工离职结算清单上，由店铺负责人填写的部分，在"工资结欠"项目下"加班"一栏，写有1569小时。在由人事部负责填写的部分，"工资结算"栏目下均为空白。向某本人在上下两部分均签字确认。

北京某连锁商店有限责任公司提交的仓库人员考勤记录汇总表显示，向某的职务为"副经理"，员工的加班情况均有详细记载，向某的加班栏中绝大部分月份均为空白，仅2005年10月加班53、节假日加班10.5；2006年1月节假日加班38；2006年5月节假日加班13.5。自2006年4月至2006年6月的考勤记录汇总表，由向某作为部门负责人签字确认。

根据北京某连锁商店有限责任公司提交的向某的工资单，北京某连锁商店有限责任公司曾于2005年11月30日向向某支付加班工资1317.20元，于2006年3月31日向向某支付加班工资3311.83元。

根据北京某连锁商店有限责任公司提交的员工手册，其中有"超时工作必须经部门主管认可方可生效"的规定。

向某曾就本案诉讼请求申请劳动仲裁。2007年2月28日，北京市朝阳区劳动争议仲裁委员会裁决，驳回向某的申诉请求。

法院经审理认为：

关于加班工资。根据《劳动法》第44条的规定和国家规定，用人单位安排劳动者在日法定标准工作时间以外延长工作时间的、在休息日工作又不能安排补休的、在法定节假日工作的，分别按照不低于劳动合同规定的劳动者本人小时工资标准的150%、200%、300%支付劳动者工资。向某与北京某连锁商店有限责任公司签订的劳动合同虽约定店铺副店经理以上员工以完成本职工作为基础，实行不定时工作制，但北京某连锁商店有限责任公司并未向本院提交证据证明其对管理人员实行的不定时工作制经过了劳动行政部门的批准，因此，对向某仍应按照法定标准工时制对待。向某提出其累计加班1569小时，既未详细说明具体加班时间，也未区分是延时加班、休息日加班还是节假日加班，亦没有举证证明其这些加班是由北京某连锁商店有限责任公司安排其进行的。北京某连锁商店有限责任公司对向某主张的加班时间不予认可，且举出考勤汇总表作为反证，而平时报送的详细记录员工具体工作时间包括加班情况的考勤汇总表中并没有向某所主张的这么多的加班时间，部分考勤汇总表还由向某作为部门负责人予以签字确认。向某仅以离职结算清单上填写的数字经过了店铺负责人的签字确认为由主张其提出的加班时数经过了公司的认可，理由不充分，与其本人签字确认的考勤汇总表矛盾，本院难以采信。况且，人员考勤记录汇总表分别记载了2005年10月、2006年1月、2006年5月向某的加班数据，包括了平时加班和节假日加班，涵盖了向某在北京某连锁商店有限责任公司工作的前、中、后期，这说明，如果是公司安排加班，考勤汇总表中是应该有记录的，特别是2006年4月至6月的考勤汇总表是由向某作为部门负责人签字确认的，更应该予以记载，而2006年5月的加班确实也在考勤表中有反映。因此，向某主张的1569小时的加班时数，依据不足，而人员考勤记录汇总表的记载可以作为北京某连锁商店有限责任公司安排员工加班的凭证，对向某的加班情况，也应据此确定。根据北京某连锁商店有限责任公司提交的向某的工资单，北京某连锁商店有限责任公司曾于2005年11月30日向向某支付加班工资1317.20元，于2006年3月31日向向某支付加班工资3311.83元，应分别对应的是向某2005年10月、2006年1月的两次加班，而2006年5月节假日加班13.5小时，工资单中没有显示支付过相应的加班费，北京某连锁商店有限责任公司应予支付，没有及时支付的，还应加付25%的经济补偿金。除此之外，向某要求的其他加班费，没有事实依据，本院不予支持。

关于解除合同经济补偿金。北京某连锁商店有限责任公司提交的向某的辞职报告可以显示，双方解除合同是由向某提出辞职，并且是个人原因。因此，向某要求北京某连锁商店有限责任公司支付解除合同经济补偿金及额外经济补偿金，缺乏事实和法律依据，本院不予支持。

综上，依照《中华人民共和国劳动法》第 28 条、第 44 条之规定，判决如下：

一、北京某连锁商店有限责任公司于本判决生效之日起七日内向向某支付 2006 年 5 月节假日加班工资 1862.90 元及 25% 的经济补偿金 465.73 元。

二、驳回向某的其他诉讼请求。

【分析评论】

司法实践中，以加班费为主要争议内容的案件，占了劳动争议案件相当大的比重，与解除劳动合同经济补偿金争议一样，是多发、频发的劳动争议。由于工时制度的复杂，加班费争议也不像想的那么简单，既有事实认定上的疑难，又有适用法律上的问题。劳动者索要加班费，既有大量成功的案例，也有不少失利的情况。我们特意选取了一个劳动者的诉讼请求未获全部支持的案例进行剖析，以深入介绍加班费涉及的法律问题。

一、加班与加班费

加班是与法定工作时间相联系的一个概念。狭义上的加班，是指劳动者在法定节假日或休息日进行工作。我们通常所说的加班，是广义的加班，是延长工作时间的统称，包括了狭义的加班和加点两种情况。加点是指劳动者在标准工作日以外延长时间进行工作，即提前上班或推迟下班。

加班问题，说起来很简单，似乎很好理解，但是对实践中存在的各种具体情形是否构成加班，又很难判断。掌握加班问题，首先需要对与工时有关的法律规定有一定的认识。

1. 工时形式

法律规定的工时形式，包括标准工时和非标准工时两类。标准工时，是指法定的在正常情况下普遍适用的，按照正常作息办法安排的工作日和工作周，即标准工作日和标准工作周。标准工时普遍适用于一般职工，以法定最长工时为其时间长度。凡正常情况下，所有用人单位均应实行法定工时或不高于法定工时的工时制度。《劳动法》第36条规定，国家实行劳动者每日工作时间不超过8小时、平均每周工作时间不超过44小时的工时制度；第38条规定，用人单位应当保证劳动者每周至少休息一日。这就是我国对标准工作日和标准工作周的规定。1995年3月25日，国务院又决定修改《关于职工工作时间的规定》，将法定最高工时调整为每日工作8小时、每周工作40小时。

非标准工时，是指法律规定只适用于特殊情形，并且工时长度和作息办法都不同于标准工时制的工时形式。《劳动法》第39条规定，企业因生产特点不能实行本法第36条、第38条规定的（即标准工时制），经劳动行政部门批准，可以实行其他工作和休息办法。原劳动部1995年3月26日公布的《劳动部贯彻〈国务院关于职工工作时间的规定〉的实施办法》第5条进一步具体规定，因工作性质或生产特点的限制，不能实行每日工作8小时、每周工作40小时标准工时制度的，可以实行不定时工作制或综合计算工时工作制等其他工作和休息办法，并按照劳动部《关于企业实行不定时工作制和综合计算工时工作制的审批办法》执行。

不定时工时制，是指法律规定在特殊条件下可以实行的，每日无固定起算结束时点、不固定计算工作日长度的工作日。不定时工作制是针对因生产特点、工作特殊需要或职责范围的关系，无法按标准工作时间衡量或需要机动作业的职工所采用的一种工时制度。1995年1月1日起实施的原劳动部《关于企业实行不定时工作制和综合计算工时工作制的审批办法》第4条规定，企业对符合下列条件之一的职工，可以实行不定时工作制：（一）企业中的高级管理人员、外勤人员、推销人员、部分值班人员和其他因工作无法按标准工作时间衡量的职工；（二）企业中的长途运输人员、出租汽车司机和铁路、港口、仓库的部分装卸人员以及因工作性质特殊，需机动作业的职工；（三）其他因生产特点、工作特殊需要或职责范围的关系，适合实行不定时工作制的职工。

综合计算工时制，是指法律规定在特殊条件下，两个以上工作日连续使用、相邻工作日之前无离岗休息时间的工作日。综合计算工时工作制是针对因工作性质特殊,需连续作业或受季节及自然条件限制的企业的部分职工,采用的以周、月、季、年等为周期综合计算工作时间的一种工时制度,但其平均日工作时间和平均周工作时间应与法定标准工作时间基本相同。《关于企业实行不定时工作制和综合计算工时工作制的审批办法》第 5 条规定,企业对符合下列条件之一的职工,可实行综合计算工时工作制,即分别以周、月、季、年等为周期,综合计算工作时间,但其平均日工作时间和平均周工作时间应与法定标准工作时间基本相同:(一)交通、铁路、邮电、水运、航空、渔业等行业中因工作性质特殊,需连续作业的职工;(二)地质及资源勘探、建筑、制盐、制糖、旅游等受季节和自然条件限制的行业的部分职工;(三)其他适合实行综合计算工时工作制的职工。

特别需要注意的是,实行不定时工时制和综合计算工时制,必须经劳动行政部门审批,未经批准,不得擅自实施。按照《关于企业实行不定时工作制和综合计算工时工作制的审批办法》第 7 条的规定,中央直属企业实行不定时工作制和综合计算工时工作制等其他工作和休息办法的,经国务院行业主管部门审核,报国务院劳动行政部门批准。地方企业实行不定时工作制和综合计算工时工作制,根据各省、自治区、直辖市人民政府劳动行政部门制定的审批办法进行审批。比如,劳动和社会保障部 2002 年 8 月 30 日批复同意中国铁路工程总公司部分工作岗位实行不定时工作制和综合计算工时工作制,根据批复,中国铁路工程总公司具体实施不定时工时制和综合计算工时制的范围是:(一)对以下无法按标准工作时间衡量的部分岗位的工作人员实行不定时工作制:1. 总公司的中、高级管理人员;总公司所属全资子公司、控股子公司、分公司、工厂的高级管理人员(班子成员)及其专职司机和专职秘书;2. 企业因工作需要在驻地外设立的办事机构(指挥部、办事处)中的全部人员;3. 企业经常驻外从事供销、采购人员,企业内有明确任务指标的业务人员;4. 非直接生产的客、货、卧车的驾驶人员,从事长途运输工作的汽车司机、装卸、押运及相关辅助工作的人员；5. 非生产性值班人员、保卫及因工作需要须机动作业的其他人员。(二) 部分因工作性质在一定时期需连续或不间断作业的人员，实行以月为周期综合计算工时工作制。这些工作岗位包括：1. 从事建筑、安装施工、监理的现场管理人员、生产工人和辅助生产工人；2. 从事野外作业的有关勘探、测量、设计人员；3. 铁路工业企业在施工现场从事产品制作、预制、加工、维修、维护人员；4. 从事内航货运作业生产岗位的人员；5. 铁路运输企业劳动者实行轮班工作制的，根据全年月平均工作时间和年度正常工作量的平均每昼夜实际工作时间，按不同岗位的作业特点自主确定不同的劳动班制。劳动和社会保障部在批复中同时要求，对于实行不定时工作制和综合计算工时工作制等工作和休息办法的职工，企业应根据《中华人民共和国劳动法》第一章、第四章有关规定，在保障职工身体健康并充分听取职工意见的基础上，采取适当的工作、休息方式，确保职工的休息休假权利和工作任务的完成。

2. 加班

了解了工时制度后，对于加班问题就容易理解和判断了。

《劳动法》第41条规定，用人单位由于生产经营需要，经与工会和劳动者协商后可以延长工作时间，一般每日不得超过1小时；因特殊原因需要延长工作时间的，在保障劳动者身体健康的条件下延长工作时间每日不得超过3小时，但是每月不得超过36小时。

对于实行标准工时制的劳动者，也就是在每天工作8小时的基础上，可以与劳动者协商每日延长1小时，最多不超过每日3小时并每月不得超过36小时。这些延长的时间，就是加班。对实行计件工作的劳动者，用人单位应当根据法定工时制度合理确定其劳动定额和计件报酬标准；在完成计件定额任务后，由用人单位安排延长工作时间的，这些延长的时间，也是加班。

经劳动行政部门批准实行综合计算工时工作制的，其综合计算工作时间超过法定标准工作时间的部分，应视为延长工作时间，也是加班。对于那些没有经过劳动行政部门批准、擅自实行所谓的综合计算工时制的用人单位，凡超出法定标准工时，用人单位安排工作的，一律应视为加班。

经劳动行政部门批准实行不定时工时工作制的，则不存在加班问题。

另外，需要注意的是，《劳动法》第42条规定，有下列情形之一的，延长工作时间不受第41条规定的最长加班时间的限制：（一）发生自然灾害、事故或者因其他原因，威胁劳动者生命健康和财产安全，需要紧急处理的；（二）生产设备、交通运输线路、公共设施发生故障，影响生产和公众利益，必须及时抢修的；（三）法律、行政法规规定的其他情形。《劳动部贯彻〈国务院关于职工工作时间的规定〉的实施办法》进一步补充了两种情形，包括必须利用法定节日或公休假日的停产期间进行设备检修、保养的；为完成国防紧急任务，或者完成上级在国家计划外安排的其他紧急生产任务，以及商业、供销企业在旺季完成收购、运输、加工农副产品紧急任务的。上述情况下，用人单位安排延长工作时间可以超出每日最多3小时、每周最多36小时的限制，但是应当及时安排劳动者补休，不能安排补休的，则应视为加班。

3. 加班费

加班费，又称加班工资，即用人单位因安排劳动者延长工作时间而向劳动者支付的劳动报酬及补偿。《劳动法》第44条规定，有下列情形之一的，用人单位应当按照下列标准支付高于劳动者正常工作时间工资的工资报酬：（一）安排劳动者延长工作时间的，支付不低于工资的150%的工资报酬；（二）休息日安排劳动者工作又不能安排补休的，支付不低于工资的200%的工资报酬；（三）法定休假日安排劳动者工作的，支付不低于工资的300%的工资报酬。原劳动部在《工资支付暂行规定》第13条中又将《劳动法》上述支付加班费的规定详细解释为：用人单位在劳动者完成劳动定额或规定的工作任务后，根据实际需要安排劳动者在法定标准工作时间以外工作的，应按以下标准支付工资：（一）用人单位依法安排劳动者在日法定标准工作时间以外延长工作时间的，按照不低于劳动合同规定的劳动者本人小时工资标准的150%支付劳动者工资；（二）用人单位依法安排劳动者在休息日工作，而又不能安排补休的，按照不低于劳动合同规定的劳动者本人日或小时工资标准的200%支付劳动者工资；（三）用人单位依法安排劳动者在法定休假节日工作的，按照不低于劳动合同规定的劳动者本人日或小时工资标准的300%支付劳动者工资。

根据上述规定，用人单位向劳动者支付加班费分为三种情况：

第一，工作日加点。支付加班工资的标准为不低于劳动合同规定的劳动者本人小时工资标准的150%。关于劳动者日工资的折算，原劳动部在《对〈工资支付暂行规定〉有关问题的补充规定》中规定，由于劳动定额等劳动标准都与制度工时相联系，因此，劳动者日工资可统一按劳动者本人的月工资标准除以每月制度工作天数进行折算。根据国家关于职工每日工作8小时，每周工作时间40小时的规定，每月制度工时天数为21.5天。2000年3月17日，根据《全国年节及纪念日放假办法》规定，全体公民的节日假期由原来的7天改为10天。据此，职工全年月平均工作天数和工作时间分别调整为20.92天和167.4小时，职工的日工资和小时工资按此进行折算。

第二，休息日加班。实行标准工时的劳动者，每周休息两天。用人单位安排劳动者在这两天休息日加班，按照法律规定，原则上应首先安排补休，不能补休时，则应支付不低于工资的200%的工资报酬。补休时间应等同于加班时间。用人单位虽然安排劳动者在休息日加班，但及时安排了相同时间的补休的，劳动者不能再要求支付加班工资。但补休时间少于加班时间的，少于的部分，用人单位仍应向劳动者支付加班费。

第三，法定节假日加班。根据1999年9月18日修订的《全国年节及纪念日放假办法》规定，新年全体公民放假1天，春节3天，劳动节3天，国庆节3天，另外妇女节妇女放假半天，青年节青年放假半天。用人单位安排劳动者在上述法定节假日加班工作的，应另外支付不低于工资的300%的工资报酬。用人单位不得以安排补休的方式代替支付加班费。也就是说，用人单位安排劳动者在法定节假日加班，即使事后安排了补休，也不能免除其按照劳动者工资标准支付300%的加班费的义务。

对于实行非标准工时制等特殊情况的加班费支付问题：

第一，实行综合计算工时制的。经劳动行政部门批准实行综合计算工时工作制的，其综合计算工作时间超过法定标准工作时间的部分，应视为加班，并应支付加班工资。根据1997年9月10日《劳动部关于职工工作时间有关问题的复函》中的解释，实行综合计算工时工作制的企业，在综合计算周期内，如果劳动者的实际工作时间总数超过该周期的法定标准工作时间总数，超过部分应视为延长工作时间。如果在整个综合计算周期内的实际工作时间总数不超过该周期的法定标准工作时间总数，只是该综合计算周期内的某一具体日（或周、或月、或季）超过法定标准工作时间，其超过部分不应视为延长工作时间。举个例子说，前面我们所说的中国铁路工程总公司，经劳动和社会保障部批准，对该公司中铁路运输企业劳动者实行轮班工作制的，实行以月为周期综合计算工时工作制。

如老李师傅是铁路运输企业中实行轮班工作制的工人，月工作时间应该不超过167.4小时。某一周之内，因工作任务紧张，他连续工作了80小时，大大超过了实行标准工时制的劳动者的每周工作时间，但该月之内，总计劳动时间并没有超过167.4小时，老李师傅不能要求单位支付加班费。

第二，实行不定时工时制的。对于实行不定时工作制的劳动者，企业应当根据标准工时制度合理确定劳动者的劳动定额或其他考核标准，以便安排劳动者休息。其工资由企业按照本单位的工资制度和工资分配办法，根据劳动者的实际工作时间和完成劳动定额情况计发。在劳动定额或考核标准合理的情况下，实行不定时工时制的劳动者不适用上述支付加班费的规定。举同样的例子，前面我们所说的中国铁路工程总公司，经劳动和社会保障部批准，总公司的中、高级管理人员实行不定时工作制。中国铁路工程总公司为其中、高级管理人员合理确定相应的岗位职责及考核标准，在完成工作职责、符合考核标准的情况下，劳动者就可以获得确定的工资。即使由于突发事件，完成这些职责花费了很多额外的时间，也不能要求支付加班费。

第三，对实行计件工作的。《劳动法》第37条规定，对实行计件工作的劳动者，用人单位应当根据法定标准工时制度合理确定其劳动定额和计件报酬标准。《工资支付暂行规定》规定，实行计件工资的劳动者，在完成计件定额任务后，由用人单位安排延长工作时间的，应根据上述规定的原则，分别按照不低于其本人法定工作时间计件单价的150％、200％、300％支付其工资。因此，计件工作的劳动者，是否可以获得加班费，关键是看其是否完成计件定额任务。任务范围内的计件工作，即使超出了标准工作时间，用人单位也没有义务支付加班费。如果定额任务已经完成了，用人单位另外安排劳动者继续完成其他任务，仍应向劳动者支付加班工资，工作日加点的，按照平时计件工资标准的150％支付，休息日加班的，按200％支付，节假日加班的，按300％支付。

在此，我们需要特别提醒劳动者注意的是，劳动者获得加班费的前提必须是"用人单位安排加班"。上述法律、规章的规定中，都包含这个基本要素。《劳动合同法》第31条也重申，用人单位安排加班的，应当按照国家有关规定向劳动者支付加班费。如果由于劳动者没有完成正常的工作任务而不得不延长工作时间，或者计件劳动者出于获得更多报酬的目的而额外工作，都不属于"用人单位安排加班"，劳动者不能获得额外的加班费。当然，实践中有不少用人单位，为劳动者规定了苛刻的、正常工作情况下无法完成的工作任务，变相安排劳动者延长工作时间，这是经济发展的过程中难以避免的一种损害劳动者合法权益的现象，从法理上讲，这种情况也应该构成"用人单位安排加班"，对于延长的工作时间，应向劳动者支付加班费。《劳动合同法》第31条规定，用人单位应当严格执行劳动定额标准，不得强迫或者变相强迫劳动者加班。但这种情况，存在一些判断和举证上的困难，劳动者主张用人单位支付加班费，存在现实上的难度。遇到这种情况，劳动者可通过工会等组织，与用人单位进行协商，改变不合理的工作任务或者劳动定额。

4. 加班的举证责任

劳动者主张用人单位安排自己进行了加班，用人单位予以否认，这是在司法实践中很常见的一幕。那么，加班的举证责任应该由哪一方来承担呢？

有人提出，劳动者向用人单位主张加班费，属于劳动报酬，用人单位拒绝支付，属于因用人单位"减少劳动报酬"而发生的争议，对于是否加班以及是否应支付加班费问题，根据《最高人民法院关于审理劳动争议案件适用法律若干问题的解释》的规定，实行举证责任倒置，应由用人单位承担举证责任。

我们认为，这种观点是不符合法律规定的精神的。司法解释所规定的减少劳动报酬，是指用人单位减少劳动合同约定数额或者规定数额的劳动报酬，是指正常劳动情况下的劳动报酬，而不应该包括加班费。如果用人单位认可安排了劳动者进行加班，而只是主张不支付或减少支付加班费，自然应该由用人单位负举证责任。但对于是否加班，是一个事实问题，应实行"谁主张，谁举证"的原则，用人单位本来就否认安排劳动者进行加班，加班的事实就不存在。根据民事证据原理，否认的一方并没有举证责任，主张某一事实存在的一方应对自己主张的事实承担证明责任。因此，劳动者主张用人单位支付加班费时，应该对存在加班事实承担举证责任，既要证明延长了工作时间，又要证明延长工作时间是由用人单位安排的。否则，诉讼请求会因缺乏事实根据，被司法机关驳回。这就要求遇到用人单位安排加班时，劳动者提高维权意识，注意保留工作记录、客户反馈等能证明用人单位安排自己加班的证据，以便发生加班费纠纷时，立于不败之地。

二、本案评析

本案首先遇到的问题，是双方劳动合同约定："店铺副店经理以上及写字楼主任级以上员工以完成本职工作为基础，实行不定时工作制。"我们前面已经介绍过，如果实行不定时工作制，基本上不存在加班问题。不过，这个问题轻而易举地就越过了，因为实行不定时工时制及综合计算工时制，需要经过劳动行政部门的批准，而北京某连锁商店有限责任公司没有举证证明其实行不定时工作制经过了劳动行政部门的批准。未经批准的不定时工时制及综合计算工时制，没有法律效力，仍然应该按照法定标准工时处理。司法实践中，除了像本案这样合同约定实行不定时工时制或者综合计算工时制外，还有些用人单位在诉讼中主张自己实行的是不定时工时制或者综合计算工时制，但是不能出示经过劳动行政部门批准的任何手续，这种主张是不能成立的。

本案争议的核心，在于是否存在用人单位安排加班的事实以及加班时长问题。由于劳动者举证不力，其所主张的加班时长没有获得法院的认可。

向某作为劳动者一方主张，自己担任仓库副经理后，由于对仓库整改、经历大罢工事件、建立新库移库、三次大盘点、两次总公司审计工作等原因，增加了很多工作量，经部门负责人签字，多次加班，加班工时累计1569小时，加班费用达102965元。劳动者还提出，由于被告长期不支付加班工资，也不安排倒休，致使其长期超负荷劳动，身心疲惫，不得不于2006年7月10日与被告协商解除了劳动合同。向某的工作时间自2005年8月5日至2006年7月10日，不到一年的时间，主张这么长的加班时长及高额的加班费数额，实践中是少见的。对此，向某提供的唯一一份证据是员工离职结算清单，在结算单上，由店铺负责人填写的部分，在"工资结欠"项目下"加班"一栏，写明1569小时。向某认为，离职结算清单上填写的数字经过了店铺负责人的签字确认，可以作为自己加班的证据。

北京某连锁商店有限责任公司作为用人单位一方，则提出公司对于考勤制度和加班管理方法有明确的规定，因工作需要加班的，必须事先经部门经理批准，超时工作必须经部门主管认可方可生效。部门提报每月考勤时，须向人力资源部提交当月由部门经理签批的考勤汇总表及员工当月加班审批表以核对加班情况，人力资源部经确定无误后方可计算员工的加班时数。公司将以补休的方式安排员工休息，对于不能补休的员工，公司将按劳动法之规定支付其加班工资。员工办理离职手续时，按要求填写离职清算单，经部门经理签字确认，再传递至人力资源部，人力资源部对离职员工的考勤及离职清算单加以核准，确定无误后计算该员工离职工资，对于未补休完毕的加班时数按劳动法规定一次性支付加班工资。向某入职以来凡经人力资源部核准的加班公司均已支付加班费，其离职时考勤汇总表中的加班记录为零。向某自报的1569小时的加班，数据来源不明，没有任何依据，没有事先填写加班申请表也未经仓库经理批准，无法界定为工作需要范畴，不予认可。对于向某所提出的离职清算单，北京某连锁商店有限责任公司认为，其中的部门负责人的签批只是对于是否同意员工离职、工作交接完毕与否的情况证明，行使人事权是公司人力资源部的职责，其他部门无人事权，无权办理员工的离职手续。

为了证明向某主张的加班时数不实，北京某连锁商店有限责任公司举出了向某所在部门的考勤记录汇总表。考勤记录汇总表显示，向某的职务为"副经理"，该表中对员工的加班情况均有详细记载，向某的加班栏中绝大部分月份均为空白，仅2005年10月加班53、节假日加班10.5；2006年1月节假日加班38；2006年5月节假日加班13.5（均为加班时数）。自2006年4月至2006年6月的考勤记录汇总表，由向某作为部门负责人签字确认。北京某连锁商店有限责任公司提出，向某作为部门负责人在每月考勤汇总表上签字确认时，他的加班时数为零的情况他本人也签字认可并未提出任何异议。

前面我们已经说过，对于加班的事实问题，应该由劳动者一方举证。向某一方的主要证据就是离职清算单，但是离职清算单存有以下疑点：第一，清算单记载向某累计加班1569小时，时间过长，向某在被告公司工作不到一年的时间，按照向某提出的数额，折算下来平均每个自然日加班近5小时，每个工作日加班近8小时。第二，向某既未详细说明具体加班时间，也未区分是延时加班、休息日加班还是节假日加班。根据法律规定，这三种情况下用人单位支付加班费的比率是不一样的。第三，与考勤汇总表中的数据互相矛盾。考勤汇总表详细记录员工每月具体工作时间，包括加班情况，其中并没有向某所主张的这么多的加班时间。更关键的是，部分考勤汇总表还由向某作为部门负责人予以签字确认。这表明，向某主张的加班时数存在明显的疑点。如果确有加班，应该在平时的考勤汇总表中有记录。第四，离职清算单中的记载，未经被告人事部门确认。这说明，北京某连锁商店有限责任公司一方在办理离职清算时，就不认可其曾经安排向某长时间加班。

因此，单凭离职清算单中的记载，作为存在疑点的孤证，不能作为认定案件事实的依据。但是，法院并没有据此就驳回了向某的诉讼请求，而是从北京某连锁商店有限责任公司提交的考勤汇总表和工资支付记录中发现，向某还是存在一定的加班事实的，北京某连锁商店有限责任公司确实有一部分加班费没有支付。考勤汇总表中记录的向某的加班事实包括三次加班记录：2005年10月加班53、节假日加班10.5；2006年1月节假日加班38；2006年5月节假日加班13.5。根据北京某连锁商店有限责任公司提交的向某的工资单，北京某连锁商店有限责任公司曾于2005年11月30日向向某支付加班工资1317.20元，于2006年3月31日向向某支付加班工资3311.83元，仅有两次加班费支付记录。而2006年5月节假日加班13.5小时，工资单中没有显示支付过相应的加班费，北京某连锁商店有限责任公司也没有举证支付过。因此，法院最终判决北京某连锁商店有限责任公司支付相应的加班费，并加付25%的经济补偿金。对于向某要求的其他加班费，因没有事实依据，法院未予支持。

本案带给我们的启示，主要是劳动者应该提高维权意识，平时注意收集和保存能够证明加班事实存在的证据。试想，如果向某除了离职清算之外，能够举出其他证据证明存在加班事实，本案的结果就是另一种样子了。当然，劳动者主张权利时，也应合理、适度，不宜提出没有事实依据及法律依据的请求。

加班工资应按法定标准另行计算，不包含在正常工资中

【基本案情】

原告：某建设集团有限公司
被告：解某

原告某建设集团有限公司诉称：北京市朝阳区劳动争议仲裁委员会于2005年10月27日作出的我公司与被告解某劳动争议案的裁决书与事实不符，程序违法。解某是本公司聘用的专搞深化图纸的工程师，对专业不熟，不能胜任本职工作，公司领导批评后，不辞而别，难道我公司还用支付补偿金吗？解某的工资按日计算时已将节假日按平时工资日的三倍、双休日按平时工作的两倍计算在内，最后以31日为标准计算每月约5500元的工资数额，解某再要求双休日、节假日加班费，不成了每月40日的无稽之谈了吗？另外，仲裁委在我公司未收到出庭通知书的情况下，就缺席开庭，解某未提供证据，就裁决支付补偿金，裁决书主文与仲裁委认定的部分内容也不一致。现诉至法院要求判决我公司不向解某支付2005年3月至2005年7月节假日和休息日加班工资10289.2元及经济补偿金5500元。

被告解某辩称：我同意仲裁裁决，不同意某建设集团有限公司的诉讼请求。2004年11月21日我到某建设集团有限公司上班，应聘的是电气工程师，没有签订劳动合同，约定月薪5500元，按31天计算，请一天假扣除一天工资。某建设集团有限公司一直拖欠我们3月至7月的工资。2005年7月29日我们写了要求支付工

资的公开信，公司的经理一气之下，说签名的人都要走人，7月31日办完的交接手续，8月3日领走了3月至7月的工资21000元，只签发了三次工资，每次1000元。某建设集团有限公司作为一个企业，对员工的工资和加班费一再拖欠，于情于理都不合适，我坚持申诉请求事项。

法院经审理查明：

解某于2004年10月21日到某建设集团有限公司工作，工作地点为北京市朝阳区芳园西路嘉裕苑项目部，双方未签订劳动合同，解某工资为每月5500元。2005年7月29日解某等联名致信某建设集团有限公司领导，要求在8月1日前发齐3月至7月的工资。解某称公司领导见到此信后要求签名者走人。2005年7月31日解某将嘉裕苑项目的技术资料及图纸移交完毕，某建设集团有限公司接受人签字确认。解某称某建设集团有限公司已于2005年8月3日为其补发了2005年3月至7月的工资，但拖欠节假日及双休日加班工资。2005年8月，解某向北京市朝阳区劳动争议仲裁委员会申诉，要求：1.某建设集团有限公司补发2005年1月1日和5月1日至3日欠发的加班工资1419.20元；2.补发2005年1月至7月份欠发的双休日加班工资8870元；3.支付解除劳动关系经济补偿金5500元。2005年10月28日，北京市朝阳区劳动争议仲裁委员会作出裁决，裁决某建设集团有限公司向解某支付2005年3月至2005年7月的节假日和休息日加班工资差额共计10289.2元、支付解除劳动关系经济补偿金5500元。

法院经审理认为：

劳动者的合法权益受法律保护。解某在某建设集团有限公司劳动期间，某建设集团有限公司安排其在双休日和节假日加班，应支付相应的加班工资。某建设集团有限公司主张其发放的工资中已经包括了相应的节假日加班费，缺乏相应的合同依据和法律依据，本院不予采信。解某在2005年8月某建设集团有限公司补发工资后即就加班工资申诉，并未超过申诉时效。某建设集团有限公司解除与解某的劳动合同，应当向解某支付相应的经济补偿金。某建设集团有限公司主张解某系自动离职，缺乏证据支持，本院不予采信。因此，某建设集团有限公司的诉讼请求无事实依据和法律依据，本院不予支持，某建设集团有限公司应向解某支付加班工资和经济补偿金。

综上，依照《中华人民共和国劳动法》第28条、第51条之规定，判决如下：

一、驳回某建设集团有限公司的诉讼请求。

二、某建设集团有限公司于本判决生效之日起7日内向解某支付加班工资差额共计10289.2元、解除劳动关系经济补偿金5500元。

一审宣判后，双方均未在法定期限内提出上诉，一审判决已经发生法律效力。

【分析评论】

本案中劳动者主张用人单位支付加班工资，用人单位对劳动者主张的加班事实并非否认，而是提出双方约定的月工资5500元，就是按照31天计算，已经包括了所有的加班费，不应该再向劳动者支付加班费，否则就成了按照每月40天计算劳动报酬了。劳动者一方也承认，双方约定月薪5500元，按31天计算，请一天假按照31天计算扣除工资。那么，在劳动法上该如何认识用人单位的这个主张呢？

我们再来重温一下关于工资和加班问题的规定。《劳动法》第50条规定，工资应当以货币形式按月支付给劳动者本人。不得克扣或者无故拖欠劳动者的工资。《工资支付暂行规定》第7条规定，工资必须在用人单位与劳动者约定的日期支付。如遇节假日或休息日，则应提前在最近的工作日支付。工资至少每月支付一次，实行周、日、小时工资制的可按周、日、小时支付工资。《劳动法》第44条和《工资支付暂行规定》第13条规定，用人单位在劳动者完成劳动定额或规定的工作任务后，根据实际需要安排劳动者在法定标准工作时间以外工作的，需向劳动者支付加班工资，分别不同的情况，分别按照不低于劳动合同规定的劳动者本人小时工资标准的 150%、200%、300% 予以支付。根据这些规定来看，用人单位与劳动者约定的工资只能是法定标准工作时间的正常工资。根据法律规定，加班费是要以双方约定的法定标准工作时间的正常工资为基数，区别平时加点、休息日加班、节假日加班三种不同的情况，分别按照不同的比率支付，不可能在还未加班的情况下，就笼统地计算一个数字。尤其是用人单位安排劳动者加班要受每月不超过 36 小时的限制，而 36 小时可能包含平时加点、休息日加班、节假日加班三种不同的情况，加班费的数额是不一样的。因此，加班费不能包含在双方约定的工资之中，必须按照法定标准另行计算。

因此，本案中双方约定的月工资 5500 元，只能理解为法定标准工作时间的正常工资。劳动者所说的请假一天，按照 31 天折算扣减工资，也只能理解为是用人单位考虑劳动者带薪休息的一种算法。否则，按照用人单位所说的去理解的话，那就每月 31 天（有些月还只有 30 天）全都是工作日，完全剥夺了劳动者休息的权利，更是公然违反法律规定的基本原则的。即便是经过批准实行不定时工时工作制或者综合计算工时工作制，也必须保障劳动者休息的权利。何况，本案中的用人单位既没有主张自己实行不定时工时工作制或者综合计算工时工作制，更没有举证证明有劳动行政管理部门对实行不定时工时工作制或者综合计算工时工作制的批准。

综上所述，劳动者主张按照双方约定的月工资标准支付加班费，用人单位又未对加班事实提出异议，所提出的月工资标准已经包含了加班费的主张不能成立，劳动者的诉讼请求能够成立，用人单位应该另外按照劳动者的加班情况，向劳动者支付加班费。

用人单位不得以格式条款要求劳动者承诺放弃劳动报酬

【基本案情】

原告：王某
被告：某信息技术（北京）有限公司

原告王某诉称：我于2002年7月与谢神码（北京）信息技术有限公司（现更名为某信息技术（北京）有限公司）签订了《劳动合同》，某信息技术（北京）有限公司雇佣我为其雇员，从事软件工程工作，合同期限2年，自2002年7月22日起至2004年7月21日止。2004年7月21日劳动合同期满后，双方均未提出解除合同，其后我一直在公司继续工作。由于我在BOCOM项目中工作突出，公司决定发给我奖金16000元（其中包括加班费8400元）。2004年11月2日，我正式向某信息技术（北京）有限公司提出了辞职申请，并经公司同意办理了移交手续。当我向公司索要奖金16000元时，公司答复说财务状况不佳，等财务好转时再发。2005年1月28日与我同时辞职的同事告知他们的奖金已经到达卡上，我即去银行刷卡查询，发现钱未上卡。2005年2月1日，我向公司人力资源部索要奖金时遭到拒绝，之后公司又拒绝给我出具离职证明并扣留了我的人事档案。现诉至法院要求某信息技术（北京）有限公司给付项目奖金和加班费16000元及利息（从2004年12月1日起算至实际给付之日，按照同期银行贷款利率计算）；发还扣留的人事档案；给我出具离职证明；我支出的仲裁费300元、律师代理费2000元和一审诉讼费50元由某信息技术（北京）有限公司承担。

某信息技术（北京）有限公司辩称：关于加班费，王某辞职的时候已经通过签署《免除及放弃索赔》的方式自愿放弃了向我公司要求支付该笔奖金的索赔要求。原告的第二、三项诉讼请求，不属于法院民事案件的受案范围，应向有关主管部门反映解决。仲裁费和诉讼费由法院判决，要求支付律师费没有依据，不同意支付。

法院经审理查明：

2002年7月22日，王某与斯伦贝谢神码（北京）信息技术有限公司签订《劳动合同》一份，合同期限2年，自2002年7月22日起至2004年7月21日止。后某信息技术（北京）有限公司收购了斯伦贝谢神码（北京）信息技术有限公司，王某即至某信息技术（北京）有限公司工作。2004年11月2日，王某向某信息技术（北京）有限公司提出辞职。2004年11月10日，某信息技术（北京）有限公司人事经理向王某发出《项目奖金通知信》，内容为："王某，由你的经理推荐，根据你在BOCOM项目中的努力工作和优秀表现，我很高兴地通知你，你获得如下数额的奖金：人民币16000元，这个奖金将通过报销差旅费和餐费的方式支付。"

2004年11月30日王某在办理辞职手续时签署了一份英文的《免除及放弃索赔》文件，第5条内容为："我承认并声明，我没有针对公司，及其股东、官员、董事、代理人、代表人、雇员、分支机构、附属机构或母公司，因我以前在公司就业中或因结束在公司的就业而发生的任何诉因和冤屈不平。我进一步保证，我将不对公司或签署任何人员和实体，在任何国家的任何法庭，因我以前在公司就业而产生的任何事情，而提起任何诉讼。"

2005年2月1日，王某向某信息技术（北京）有限公司索要16000元奖金被拒绝，随即申请劳动仲裁，要求某信息技术（北京）有限公司发还项目奖金和加班费16000元及利息。2005年5月11日，北京市劳动仲裁委员会作出裁决，认为王某签订《免除及放弃索赔》书面明确承诺免除了对某信息技术（北京）有限公司的任何索赔和诉讼，裁决驳回了王某的申诉请求。

法院经审理认为：

劳动法律关系具有当事人地位不平等的特殊性，劳动法的主要目的在于保护劳动者的合法权利。劳动者付出劳动后，有权获得劳动报酬，向劳动者支付包括奖金、加班费在内的劳动报酬，是用人单位的主要法定义务，获得劳动报酬也是劳动者在劳动法律关系中的主要权利，这项权利受到法律的特殊保护，不允许用人单位克扣或无故拖欠。

某信息技术（北京）有限公司人事经理已经以《项目奖金通知信》书面通知王某获得了16000元的奖金，则该公司即应向王某支付该项劳动报酬，不得克扣或无故拖欠，也不应通过格式条款免除自己的支付劳动报酬的义务。王某离职时签署的《免除及放弃索赔》声明，是某信息技术（北京）有限公司单方拟定的条款，并非双方平等协商的结果，签署该声明是办理离职手续的一部分，带有一定的强迫性，声明中关于放弃索赔的内容中没有明确提及劳动报酬。即使该声明文义可以包含劳动报酬，某信息技术（北京）有限公司拟定的这种免除其支付劳动报酬的义务、排除劳动者主张劳动报酬权利的条款也违反了关于保护劳动者获得劳动报酬权的法律规定和劳动法保护劳动者权利的法律精神，用人单位在劳动者离职时通过格式条款免除该项义务的做法不利于保护劳动者的权利，不应受到鼓励，此类条款在免除用人单位支付劳动报酬的意义上无效，不产生免除效果，不能免除用人单位支付劳动报酬的义务，用人单位仍应依法向劳动者支付劳动报酬。

因此，现王某要求某信息技术（北京）有限公司支付16000元奖金并支付利息，符合法律规定，本院予以支持。

王某要求某信息技术（北京）有限公司发还扣留的原告之人事档案、出具离职证明，不属于人民法院受理民事案件的范围，王某可向有关政府机关申请解决。王某要求某信息技术（北京）有限公司负担仲裁费、律师费，缺乏法律依据，本院不予支持。

综上，依照《中华人民共和国劳动法》第3条、第4条、第

50条,《中华人民共和国合同法》第39条、第40条之规定,判决如下:

一、某信息技术(北京)有限公司于本判决生效之日起七日内向王某支付奖金16000元。

二、驳回王某其他诉讼请求。

一审宣判后,某信息技术(北京)有限公司不服,提起上诉。二审法院经过审理,判决驳回上诉,维持原判。

【分析评论】

本案是一起索要奖金的劳动争议案件。目前在一些企业中,员工离职时要求签署一份事先拟定的放弃索赔声明,从而达到免除公司及其管理人员被起诉的目的。对此种声明的法律效力,不宜一概而论。本案的关键在于这种声明是否可以免除用人单位支付劳动报酬的义务。法院的裁判给予了否定的回答。

一、劳动者的劳动报酬权受特殊保护

劳动法律关系是劳动者与用人单位之间,依据劳动法律规范所形成的实现劳动过程的权利和义务关系。劳动者和用人单位一般通过依法订立劳动合同的方式建立劳动法律关系。通过履行劳动合同,用人单位获得劳动者提供的劳动,劳动者则获得劳动报酬。对劳动者来说,向用人单位提供劳动是其主要义务;而对用人单位来说,向劳动者支付劳动报酬则为其主要义务。对劳动者而言,获得劳动报酬的权利也就成为其在劳动法律关系中的主要权利,是与劳动者的劳动给付义务相对应的一项权利,正因为劳动者有劳动报酬权,劳动才得以成为劳动者的谋生手段。对此,以《劳动法》为主的劳动法律法规给予特别的保护,《劳动法》第3条规定劳动者享有取得劳动报酬的权利等劳动权利,《劳动法》专章规定工资问题,并在第50条特别明确规定"工资应当以货币形式按月支付给劳动者本人。不得克扣或者无故拖欠劳动者的工资"。国家还专门制定了《工资支付暂行规定》、《最低工资规定》等规范性文件予

以特别保障，地方上如北京市也制定了《北京市工资支付规定》等予以特别保障。许多国家的劳动法和国际劳动组织制定的《工资保障公约》中也都有关于工资支付保障的规定。另外，针对实践中用人单位滥用签订劳动合同的权利，在劳动合同中约定，用人单位可以扣除工资、要求劳动者放弃部分工资或者要求劳动者将其工资储蓄或委托用人单位管理工资储蓄等，有些国家的劳动立法中明文禁止在劳动合同中约定此类与工资支付保障精神不符的限制劳动者劳动报酬权的约定。我国劳动立法中虽然没有类似的规定，但通过对《劳动法》第50条的扩大解释，应该可以涵盖上述含义，用人单位不得与劳动者约定与上述保护劳动者劳动报酬权的规定不符的条款。即使作了约定，劳动者也可以主张该条款无效，仍然可以要求用人单位支付劳动报酬。而用人单位利用自己的优势地位，在劳动合同之外，要求劳动者签署一些放弃劳动报酬权的文件，同样受到法律的禁止，类似的约定同样是无效的。

最近一段时间，由于就业市场的严峻形势，在部分特定行业，开始出现"零工资"劳动，即劳动者向用人单位承诺在一定时期内放弃劳动报酬，以换取就业机会。这种做法，本质上是违反法律保护劳动者劳动报酬权的基本原则的，是损害劳动者正当利益的行为。虽然这种约定可能不一定体现在劳动合同中，但不论通过何种方式进行约定，都是无效的。《合同法》第40条规定，提供格式条款一方免除其责任、加重对方责任、排除对方主要权利的，该条款无效。格式条款提供者一般处于强势地位，甚至是垄断地位，并借这种地位损害对方的正当权利。而在劳动关系中，用人单位往往具有这种强势地位，并自觉不自觉地利用自己的这种地位，牟取不正当利益。虽然不一定采用格式条款的形式，但要求劳动者放弃劳动报酬或者使劳动者主动声明放弃劳动报酬的约定，有着与格式条款相同的、排除对方主要权利的效果。不论是按照劳动法的基本原则还是合同法的有关理论，这种条款均应归于无效。

二、本案评析

本案中，某公司已经以《项目奖金通知信》的方式通知王某获得了 16000 元的奖金，王某即获得了该 16000 元奖金的劳动报酬权。根据《工资支付暂行规定》第 9 条的规定，劳动关系双方依法解除劳动合同时，用人单位应在解除劳动合同时一次付清劳动者工资。因此，王某有权要求某公司支付该 16000 元奖金。

双方的争议主要是在于对《免除及放弃索赔》声明的性质如何认识。某公司在答辩时，提出原告辞职的时候已经通过签署《免除及放弃索赔》的方式自愿放弃了要求支付 16000 元奖金的索赔要求。本案中用人单位在劳动者离职时，与劳动者签订了一份内容广泛的《免除及放弃索赔》，目的主要在于对劳动者离职后的竞业禁止等事项进行了安排。其中第 5 条内容为："我承认并声明，我没有针对公司，及其股东、官员、董事、代理人、代表人、雇员、分支机构、附属机构或母公司，因我以前在公司就业中或因结束在公司的就业而发生的任何诉因和冤屈不平。我进一步保证，我将不对公司或签署任何人员和实体，在任何国家的任何法庭，因我以前在公司就业而产生的任何事情，而提起任何诉讼。"应该说，从整个《免除及放弃索赔》的内容看，主要不是劳动权利义务方面的安排。但是就第 5 条的文义来看，又确实涵盖了包括就要求支付劳动报酬起诉在内的权利的放弃。因此，必须从法律上对该《免除及放弃索赔》声明进行分析和认定：

第一，劳动者离职时签署的《免除及放弃索赔》声明是用人单位提供的格式文本。王某离职时签署的《免除及放弃索赔》声明，是某公司单方拟定的条款，并非双方平等协商的结果，签署该声明是办理离职手续的一部分，带有一定的强迫性。该声明并且是用英文书写的。因此，应该根据《合同法》第 40 条关于格式条款效力的规定，结合《劳动法》的有关规定，来判断该格式条款的效力。

第二，该《免除及放弃索赔》声明中关于放弃索赔的内容中没有明确提及劳动报酬。即使该声明文义可以包含劳动报酬，某公司拟定的这种免除其支付劳动报酬的义务、排除劳动者主张劳动报酬权利的条款也违反了关于保护劳动者获得劳动报酬权的法律规定和劳动法保护劳动者权利的法律精神，用人单位在劳动者离职时通过格式条款免除该项义务的做法不利于保护劳动者的权利，不应受到鼓励，此类条款在免除用人单位支付劳动报酬的意义上无效，不产生免除效果，不能免除用人单位支付劳动报酬的义务，用人单位仍应依法向劳动者支付劳动报酬。

本案是从格式条款和劳动报酬权特别保护原则两个方面进行的分析论述。需要注意的是，未采用格式条款，但具有排除劳动者获得劳动报酬权的其他形式的约定，也都应归于无效。

提成款是工资的一部分，受法律保护

【基本案情】

原告：刘某
被告：某建筑装饰设计工程公司

原告刘某诉称：我于 2000 年 9 月 14 日应聘到某建筑装饰设计工程公司第三项目部，先后任业务员、业务部经理。我任职期间，先后为某建筑装饰设计工程公司联系承揽并签订了有关砂岩、GRC、英可瑞项目合同 29 个，合同金额 13694547 元，协助属下业务员签订合同 4 个，合同金额 93 万元。按照某建筑装饰设计工程公司的《关于员工聘用合同的补充说明》规定，公司应支付我提成工资 709709.80 元，至 2004 年 11 月 3 日止，只支付了 201413 元。我要求支付当时已经到账项目应当支付的提成工资 304786.80 元，但公司却一直不按照其制度规定与我结算提成工资。无奈我只得于 2004 年 12 月 13 日以公司不能按时支付工资为由提出解除劳动关系。我辞职后，一直向某建筑装饰设计工程公司主张自己的提成工资权利，但公司不予理睬，我只得于 2005 年 2 月 21 日申请劳动仲裁，并在开庭时追加了仲裁请求。现不服仲裁裁决，要求判令某建筑装饰设计工程公司：1. 支付提成工资 526896.80 元；2. 支付申请仲裁时已经到账应当支付而未按期支付的提成工资 304786.80 元的 25% 的经济补偿金；3. 按照北京市平均工资的三倍为基数为我缴纳 2000 年 9 月至 2004 年 12 月养老、失业、医疗三项基本社会保险金；4. 给付相当于我 4 个月工资的解除劳动关系的经济补偿金及解除劳动关系经济补偿金 50% 的额外经济补偿金。

被告某建筑装饰设计工程公司辩称：我公司与刘某没有签订过合同，刘某出示的合同不是我公司签订的，上面的印章是假的。招用刘某的战娟红，与我公司之间只是一种合作的关系，并不是承包关系，我公司还和很多其他的实体和个人有合作。刘某与我公司没有劳动关系，我公司不同意原告的诉讼请求。

法院经审理查明：

刘某主张与某建筑装饰设计工程公司之间存在劳动关系，出示《员工聘用合同书》一份，该合同书甲方为"北装·欧式装饰工程公司·北装欧式构件及砂岩制品厂"，乙方为刘某，合同未载明有效期，甲方公司负责人处注明为"曹峰、战娟红、姚林"，合同尾部甲方处加盖有"某建筑装饰设计工程公司"字样印章一枚，乙方处未签字，双方均未签署签订日期。刘某另提供《关于员工聘用合同的补充说明》一份，就业务人员的业务提成比例进行了约定，业务人员提成包括：a. 信息费1%（总提成额度为5%，其中信息费为1%）；b. 工程合同价款按报价7.8折（含7.8折）以上签订的提成总额度为5%；c. 工程合同价款按报价7.8折以下签订的提成总额度为4%；d. 砂岩工程提成为工程总价的8%；e. 工程合同价款签订的最低底线为7.3折；f. 报价标准为展开面积120元/平方米；g. 工程合同价款报价原价以上（含原价）签订的提成总额度为6%以上（每增加1成，提成额度增加1%）；h. 业务经理（刘某、李向阳）要在本部门下属业务员所签合同的工程总造价中提取2%的提成作为培训及帮助费用（由公司支付，时间为新业务人员来到公司一年内所签的工程）；i. 质保金收回后，按比例提成；j. 工程竣工交验完毕，工程正式进入保修期，按此项工程已收工程款拨付到公司账上后十日内，填报工程提成申请单交办公室主任，须经部门经理及办公室主任签字认可。自报单日起一个月内公司给予现金支付。《关于员工聘用合同的补充说明》尾部署名为"北装公司·北装欧式装饰工程公司·北装欧式构件厂"，亦加盖有"某建筑装饰设计工程公司"字样印章一枚。经与被告在工商登记

劳动合同的履行和变更

部门备案的印鉴式样及被告印章印迹比对，上述《员工聘用合同书》及《关于员工聘用合同的补充说明》上面的"某建筑装饰设计工程公司"字样印章与被告2000年至2004年工商登记预留印鉴均不相同，印章大小差异较大。

刘某另提供一份中国工商银行某分行监制的《证明》，内容为："兹有刘某同志，系我单位工作人员，任业务部经理职务。其本人月收入为人民币6000元，特此证明。"出具日期为2004年7月1日，在人事（劳资）部门公章处，加盖有"某建筑装饰设计工程公司第三项目经理部"字样印章。该证明并未交银行，仍在刘某手中留存。刘某因贷款交银行的收入证明为另外一份，格式及内容与以上证明基本一致，出具日期为2004年6月28日，但出具单位及签章单位为"北京盛世嘉华建筑装饰材料有限公司"，该证明经银行2004年7月22日向战娟红电话调查，被调查人所述情况与收入证明记载内容一致。

刘某提供工资账目一份，不是规则的工资单，无某建筑装饰设计工程公司签章及表明发工资单位的字样，部分内容有曹峰、战娟红、姚林等《员工聘用合同书》列明的公司负责人签字，刘某领取的项目除基本工资、过节费等之外，还有工程提成、预付工程款提成等，包括富卓苑、玫瑰园、辽城洗浴中心等项目的业务提成。

证人战娟红到庭作证，称其于2000年9月14日至2004年8月以个人名义雇佣刘某为其个人进行工作，并为其发放工资及奖金。自2004年9月至2004年12月，以北京盛世嘉华建筑装饰材料有限公司的名义向其发放工资及奖金，从未与刘某签订过劳动合同，从未用某建筑装饰设计工程公司名义和他签过合同。证人在经营中没有领取过营业执照，曾以北装欧式构件厂的名义承揽业务，与某建筑装饰设计工程公司曾有过合作关系，合同以某建筑装饰设计工程公司的名义签订，某建筑装饰设计工程公司收取管理费。合作不是固定的，和谁合作有利润就和谁合作。和刘某没有提成的约定，只是干得好有奖励。证人认为刘某与某建筑装饰设计工程公司没有任何关系。

刘某为诉讼需要，用"某建筑装饰设计工程公司客户回访单"的形式对自己所做工程进行了客户回访，取得9份客户回访单，回访单除一份注明2005年4月12日外，其余的均未标明客户确认日期，除有一份加盖"北京市第三建筑工程公司第三工程处直属项目部"加盖公章确认外，其余的均只有个人签字。

经北京市第三建筑工程公司第三工程处直属项目部该章确认的客户回访单标明，某建筑装饰设计工程公司与北京建工集团三公司签订的水利部综合办公楼GRC外装工程合同额204440元，决算506586元，已全部结清，施工质量良，业务员刘某表现差，项目经理杨国兴表现差，对开裂的部位没有进行维修。刘某提交一份《水利部综合楼事业部办公楼施工方案》，加盖有某建筑装饰设计工程公司印章，北京市建筑装饰设计工程公司认可其真实性，但认为与刘某没有关系。北京市第三建筑工程公司第三工程处直属项目部作为总包单位与曹峰作为分包单位负责人签字的该工程《结算单》显示，分包单位报结算价585763.95元，经总包单位审核价519940.91元。

经北京市城乡建设第三建筑工程公司经办人签字的客户回访单标明，某建筑装饰设计工程公司与该公司签订的凯旋城A座GRC外装工程合同金额1329886元，已给800000元，业务员刘某的表现优。原告另提供北京市城乡建设第三建筑工程公司与被告签订的凯旋城A座GRC制作、安装工程合同书复印件一份。回访单甲方经办人签字与合同书发包方代表人签字一致。

经北京顺景园房地产开发有限公司经办人签字的客户回访单标明，某建筑装饰设计工程公司与该公司签订的顺景园1#、2#、3#、7#、8#、9#、13#砂岩外装、大平台砂岩外装、地下车库英可瑞地面工程合同总额4915500元，已回款总金额320万元，施工质量良，业务员刘某表现优，项目经理表现优。原告另提供北京顺景园房地产开发有限公司与被告签订的顺景园休闲配套工程大平台燃气管道支撑架及砂岩造型角线、角线内部钢结构工程承包合同书复印件一份。回访单甲方经办人签字与合同书甲方负责人签字一致。

经中国新型建筑总公司二公司经办人签字的客户回访单标明，某建筑装饰设计工程公司与该公司签订的东区国际2#、3#、4# GRC外装及表面真石漆处理工程合同金额2379047元，已给1800000元，施工质量良，业务员刘某表现良，项目经理表现良。刘某未提供相应的合同资料。但诉讼中某建筑装饰设计工程公司持该回访单复印件找到签字的甲方经办人员，甲方经办人员在该回访单复印件加注了"2005年4月至5月间刘某以北装公司名义进行的客户回访单"字样。

其余5份回访单，均仅有甲方经办人的签字，或者刘某未提供相应的合同及结算单，无法判断是否是甲方经办人签字，或者甲方签字人与合同及结算单不符，或者回访单所载项目与合同及结算单项目不同，均无法认定。

刘某于2005年2月21日申请劳动仲裁，要求某建筑装饰设计工程公司支付2000年9月14日至2004年12月30日的业务提成欠款304786.80元、支付2000年9月14日至2004年12月30日在某建筑装饰设计工程公司的业务未回款提成222110元。2005年5月26日北京市朝阳区劳动争议仲裁委员会作出裁决，认为双方存在劳动关系，但刘某提供的证据材料不足以证明其主张，裁决驳回了刘某的申诉请求。刘某不服该裁决，提起本次诉讼。

法院经审理认为：

刘某与某建筑装饰设计工程公司之间是否有劳动合同关系或事实劳动关系以及是否存在关于提成工资的约定，是某建筑装饰设计工程公司应否承担向刘某支付提成工资的前提。

关于刘某与某建筑装饰设计工程公司是否有劳动合同关系。刘某提供的《员工聘用合同书》、《关于员工聘用合同的补充说明》上的用人单位标称为"北装公司·北装欧式装饰工程公司·北装欧式构件厂"，加盖"某建筑装饰设计工程公司"字样印章，但经与某建筑装饰设计工程公司2000年至2004年工商登记预留印鉴式样比对，均不相同，印章大小差异较大，不能确定系某建筑装饰设计工程公司与其所签，且该合同表明的用人单位负责人为"曹峰、战娟红、姚林",也与某建筑装饰设计工程公司的实际不符,因此该两份材料不能作为认定双方存在劳动合同关系的依据。

关于刘某与某建筑装饰设计工程公司是否存有事实劳动关系。根据双方陈述及证人战娟红的证言,可以认定刘某系不具备用工主体资格的战娟红等招用,某建筑装饰设计工程公司作为建筑施工企业,为不具备用工主体资格的战娟红等开展业务提供合同、公章,将部分业务交给战娟红等进行经营,对战娟红招用的刘某,应由某建筑装饰设计工程公司承担用工主体资格。因此,刘某与某建筑装饰设计工程公司之间存在事实劳动关系。

关于刘某与某建筑装饰设计工程公司应否向刘某支付业务提成。《关于员工聘用合同的补充说明》系以战娟红等曾使用的北装欧式装饰工程公司名义作出,其中明确提到了业务经理刘某、李向阳的名字,刘某提供的业务负责人为刘某及李向阳的多份工程提成表格也有曹峰或赵华东等的审核签字,刘某提供的有合同负责人曹峰、战娟红、姚林等签字的领取工资的表格中也有业务提成,因此,刘某主张存在业务提成的约定能够成立,《关于员工聘用合同的补充说明》应为约定的具体内容,某建筑装饰设计工程公司作为用人单位,应按照招用刘某的战娟红、曹峰等与刘某约定的标准和数额向刘某支付业务提成。

关于应支付的业务提成的数额。刘某提供的计算业务提成的依据有工程提成表格若干份、客户回访单9份、合同及结算单等若干份。标明业务负责人为刘某业务提成表格大部分未经确认,经过表格中"办公室主任审核签字"栏签字确认的几份表格存在涂改痕迹,不能作为计算业务提成款的依据。客户回访单中,经北京市第三建筑工程公司第三工程处直属项目部盖章确认的客户回访单可以作为计算业务提成的依据;经北京市城乡建设第三建筑工程公司经办人签字的客户回访单、经北京顺景园房地产开发有限公司经办人签字的客户回访单,回访单所载项目与刘某提供的合同所载一致,甲方负责人签字亦一致,也可以作为计算业务提成的依据;经中国新型建筑总公司二公司经办人签字的客户回访单,虽无相关合同印证，但某建筑装饰设计工程公司核实后，甲方经办人员确认确实是其出具，只不过刘某的回访时间是在2005年4月至5月间，回访时间并不影响客户回访单的证明效力，因此，该回访单也可以作为计算业务提成的依据。其余5份回访单，均仅有甲方经办人的签字，或者刘某未提供相应的合同及结算单，无法判断是否为甲方经办人签字，或者甲方签字人与合同及结算单不符，或者回访单所载项目与合同及结算单项目不同，均无法认定，不能作为计算业务提成的依据。因此，某建筑装饰设计工程公司应支付的业务提成根据以上4份回访单中显示的已付款金额计算。在计算的具体比率上，现有证据不足以表明合同金额是在报价的什么水平上签订的，只能按照《关于员工聘用合同的补充说明》中的最低比率4%计算，刘某自行按照2%计算的项目，本院予以准许。据此计算刘某应得业务提成为226263.44元。现没有证据显示某建筑装饰设计工程公司已经支付过上述款项，刘某要求被告支付上述款项，符合法律规定，本院予以支持。业务提成与工资不同，应按双方约定支付，未支付的不属于克扣或无故拖欠工资，刘某要求被告支付上述款项25%的经济补偿金，缺乏法律依据，本院不予支持。

关于刘某要求某建筑装饰设计工程公司缴纳社会保险及支付解除劳动合同经济补偿金、额外经济补偿金的诉讼请求，未经仲裁裁决，本院不予审理。刘某虽称在仲裁申诉时增加了请求，但仲裁裁决书中并未记载，不能视为经过了仲裁裁决。

综上，依照《中华人民共和国劳动法》第3条、第79条之规定，判决如下：

一、某建筑装饰设计工程公司于本判决生效之日起十五日内向刘某支付业务提成226263.44元。

二、驳回刘某其他诉讼请求。

一审宣判后，某建筑装饰设计工程公司不服，提起上诉。二审法院经过审理，判决驳回上诉，维持原判。

【分析评论】

经济生活中，许多企业中营销人员占有很大比例，保底工资加提成款的方式，作为一种有效的激励方式，得到了广泛使用。而司法实践中，围绕提成款发生的劳动争议，却困扰着很多当事人和司法工作人员，普遍感觉法律没有明确规定，再加上案情复杂，查清事实困难，处理起来无从下手。本案就是比较典型的一例。提成款的法律性质如何？具体的提成数额应由谁承担举证责任？该如何认定提成款的具体数额？下面我们以本案作为样本，对这些问题条分缕析，一一道来。

一、提成款在法律性质上是工资的一部分

1. 提成款的工资性质

工资，又称薪金，也叫劳动报酬，这三个词基本上在同一意义上使用，是指劳动关系中，劳动者因履行劳动义务而获得的、由用人单位以法定方式支付的各种形式的物质补偿。

按照工资构成的部分来说，工资一般由基本工资和辅助工资两部分构成，辅助工资包括奖金、津贴、补贴等。

按照计量劳动和支付工资方式的不同，工资的形式又可以分为计时工资、计件工资、年薪三种。计时工资，即用人单位按照固定的工作时间支付给劳动者工资，除了常用的月工资，还有日工资、小时工资等。只要完成法定的工作时间和劳动定额，劳动者就可以得到计时工资。计件工资，是在一定技术条件下，根据劳动者完成的合格产品数量或工作量，按计件单价支付的劳动报酬。年薪，又称年工资收入，是指以企业财务年度为时间单位所计发的工资收入，一般是用于企业管理者以及高级职员，是一种特殊的工资形式，其本质在于所对应的是一种经营活动。

计件工资根据计量方式的不同，还有一种分法，即分为包工工资和提成工资。包工工资，又称包工计件工资，是把一定数量和质量的生产或工程任务包给劳动者，并预先规定完成任务的期限和可

得工资总额，只要包工者按规定完成任务，就可领取全部预定工资。提成工资，又称提成计件工资，是按用人单位的营业额或纯利润的一定比例提取工资总额，然后根据劳动者的技能水平和实际工作量计发工资。

从以上的介绍中，我们可以很清楚地找到提成款在工资体系中的地位。所谓的提成款，就是提成工资，是计件工资的一种。这在政府的一些文件中也可以找到依据。1990年1月1日国家统计局发布的《关于工资总额组成的规定》第6条规定：计件工资是指对已做工作按计件单价支付的劳动报酬。包括：（1）实行超额累进计件、直接无限计件、限额计件、超定额计件等工资制，按劳动部门或主管部门批准的定额和计件单价支付给个人的工资；（2）按工会任务包干方法支付给个人的工资；（3）按营业额提成或利润提成办法支付给个人的工资。最后一项，就是提成款、提成工资（为表述方便，以下按照习惯叫法，称提成款）。

提成款是企业鼓励业务员付出更多劳动的奖励办法，是用人单位应支付劳动者工资的重要方式。基本工资是固定的，而奖励工资则因人而异。提成款是业务员在完成一定的推销业务的基础上对其超额部分的奖励，属业务员所享有基本工资以外所应得的劳动报酬。

2. 提成规章与提成协议的性质

有些用人单位，提成款是以企业提成规章的形式规定的。也有些用人单位，专门与劳动者签订关于提成款的协议。所谓的提成规章，是指用人单位制定的有关提成款的内部制度。所谓提成协议，是指用人单位与劳动者签订的约定提成款的协议。

《劳动法》第4条规定："用人单位应当依法建立和完善规章制度，保障劳动者享有劳动权利和履行劳动义务。"《劳动合同法》第4条在保留上述规定的基础上，更进一步规定"用人单位在制定、修改或者决定有关劳动报酬、工作时间、休息休假、劳动安全卫生、保险福利、职工培训、劳动纪律以及劳动定额管理等直接涉及劳动者切身利益的规章制度或者重大事项时，应当经职工代表大会或者全体职工讨论，提出方案和意见，与工会或者职工代表平等协商确定。在规章制度和重大事项决定实施过程中，工会或者职工认为不适当的，有权向用人单位提出，通过协商予以修改完善。用人单位应当将直接涉及劳动者切身利益的规章制度和重大事项决定公示，或者告知劳动者"。当用人单位的规章制度违反法律、法规的规定，损害劳动者权益时，劳动者还可以根据《劳动合同法》第38条第1款第（四）项的规定行使即时解除权，并且，可以根据《劳动合同法》第46条第（一）项的规定，获得用人单位支付的解除劳动合同经济补偿。另一方面，最高人民法院《关于审理劳动争议案件适用法律若干问题的解释》第19条规定："用人单位根据《劳动法》第4条之规定，通过民主程序制定的规章制度，不违反国家法律、行政法规及政策规定，并已向劳动者公示的，可以作为人民法院审理劳动争议案件的依据。"

因此，提成规章属于用人单位内部劳动规章的范畴，如果符合法律和司法解释规定的条件，即与劳动合同一样，具有约束力，劳动者和用人单位均应当遵照执行。实际上，很多用人单位和劳动者在签订的劳动合同中，也明确约定包括提成规章在内的企业内部劳动规章为劳动合同的附件或组成部分。

提成协议是指用人单位与劳动者之间在劳动合同之外另行签订有关提成款约定的协议。虽然没有约定在劳动合同中，但从性质上说，提成协议与约定在劳动合同中的提成条款一样，具有劳动合同的法律效力，应该属于劳动合同的附件。

3. 提成款纠纷属于典型的劳动合同纠纷

根据以上对提成款法律性质、提成规章及提成协议法律性质的分析，很显然，在用人单位与劳动者之间发生的提成款争议，属于工资争议的一种，是典型的履行劳动合同过程中发生的纠纷，而不是普通的债权债务纠纷。既然是劳动争议，根据《劳动法》第79条之规定，发生劳动争议后，当事人应当先向劳动争议仲裁委员会申请仲裁，对仲裁裁决不服的，可以向人民法院提起诉讼。也就是说，提成款纠纷应先由劳动仲裁部门进行仲裁，当事人对仲裁裁决不服向人民法院起诉的，人民法院方可受理，人民法院不可以直接受理劳动者与用人单位之间的提成款纠纷。《劳动法》第91条规定，用人单位克扣或者无故拖欠劳动者工资的，由劳动行政部门责令其支付劳动者工资报酬、经济补偿，并可以责令支付赔偿金。劳动部发布的《违反和解除劳动合同的经济补偿办法》中第3条对此作了详细的规定，即用人单位克扣或者无故拖欠劳动者工资的，以及拒不支付劳动者延长工作时间工资报酬的，除在规定的时间内全额支付劳动者工资报酬外，还需加发相当于工资报酬25%的经济补偿金。因此，用人单位克扣或者无故拖欠劳动者提成款的，除在规定的时间内全额支付劳动者提成款外，还需支付相当于提成款25%的经济补偿金。

需要注意的是，拖欠提成款的争议与其他工资争议一样，并非仅有先申请劳动仲裁、再起诉一条路可走，如果符合司法解释或者《劳动合同法》的特别规定，可以直接向人民法院起诉或者申请支付令。2006年10月1日起实施的最高人民法院《关于审理劳动争议案件适用法律若干问题的解释（二）》第3条规定："劳动者以用人单位的工资欠条为证据直接向人民法院起诉，诉讼请求不涉及劳动关系其他争议的，视为拖欠劳动报酬争议，按照普通民事纠纷受理。"因此，如果劳动者持有用人单位出具的提成款欠条，可以直接以拖欠劳动报酬争议，按照普通民事纠纷起诉。《劳动合同法》第30条规定："用人单位应当按照劳动合同约定和国家规定，向劳动者及时足额支付劳动报酬。用人单位拖欠或者未足额支付劳动报酬的，劳动者可以依法向当地人民法院申请支付令，人民法院应当依法发出支付令。"既然提成款也是工资的一种形式，劳动者被拖欠提成款的，在《劳动合同法》生效后，也可以向人民法院申请发出支付令，督促用人单位支付提成款，用人单位收到支付令后，如不在法定期限内提出异议，支付令发生法律效力，劳动者可以申请强制执行。不过，考虑到提成款的争议，不同于普通的工资争议，双方往往存在对提成款的数额的争议，因此，用人单位对支付令提出异议的可能性很大。一旦用人单位提出异议，支付令即丧失法律效力，劳动者仍须按照劳动争议的法定程序解决。我们提醒劳动者，对提成款申请支付令，只宜适用于与用人单位对提成款数额没有争议的情况。

4. 提成款纠纷的举证责任问题

对于提成款的主张存在一个举证责任问题。《民事诉讼法》第64条规定，当事人对自己提出的主张有举证的责任。2001年3月22日起实施的最高人民法院《关于审理劳动争议案件适用法律若干问题的解释》第13条规定，因用人单位作出的开除、除名、辞退、解除劳动合同、减少劳动报酬、计算劳动者工作年限等决定而发生的劳动争议，用人单位负举证责任。2002年4月1日开始实施的最高人民法院《关于民事诉讼证据的若干规定》第6条作出了相同的规定。

有些人认为，用人单位拖欠提成款，属于《关于审理劳动争议案件适用法律若干问题的解释》和《关于民事诉讼证据的若干规定》中的"减少劳动报酬"，应由用人单位承担举证责任。对此，我们认为，仍应对具体问题进行具体分析。

首先，如果用人单位拒绝支付提成款的原因，是否认与劳动者之间存在提成款的约定或者提成款规章，双方之间是否存在关于提成款的约定或者提成款规章，就成为关键问题，而劳动者要求支付提成款的诉讼主张，隐含着双方之间存在关于提成款的约定的事实主张。根据"谁主张，谁举证"的原则，对于是否存在关于提成款的约定或者提成款规章，应由劳动者承担举证责任。如果劳动者不能证明与用人单位存在关于提成款的约定，就谈不上用人单位支付提成款的数额问题。

其次，如果用人单位是因为劳动者要求支付的提成款数额过高与劳动者发生纠纷，应该属于减少劳动报酬争议，应由用人单位一方对其认为合理的数额承担举证责任。如果用人单位一方举证不能，或者未举出充分的证据，是否就一概认可劳动者主张的提成款数额呢？我们认为也仍然要具体问题具体分析，劳动者至少负有说明其主张的数额的计算依据的责任，劳动者主张的提成款数额如果明显不合理、明显没有依据，法院仍应按照可以查明的情况予以酌情考虑。反之，劳动者主张的数额符合常理，用人单位一方仅仅抗辩认为过高，没有充分证据证明高在哪里，就应该支持劳动者主张的提成款数额。当然，用人单位负有举证责任，是一种法定的义务，却并不妨碍劳动者对同一问题也享有举证的权利，在用人单位举出某些证据能够证明劳动者所主张的数额存在一定的不合理因素时，劳动者一方完全可以举出反证予以反驳。

最后，如果用人单位拒绝支付劳动者主张的提成款的原因，是认为自己已经按照约定或者内部规章足额支付了应付的提成款，也应由用人单位一方负举证责任。最高人民法院《关于民事诉讼证据的若干规定》第5条规定，对合同是否履行发生争议的，由负有履行义务的当事人承担举证责任。实际上，这种情况也属于减少劳动报酬的争议，理应由用人单位一方负举证责任。

二、本案评析

按照逻辑顺序，本案涉及以下几个法律问题：第一，刘某与某建筑装饰设计工程公司（以下简称北装公司）之间是否存在劳动关系？第二，刘某与北装公司之间是否存在关于提成款的约定？第三，双方约定的支付提成款的条件是否具备？北装公司应向刘某支付的提成款的数额是多少？

1. 劳动关系问题

没有劳动关系，自然就没有支付工资的义务，也就不存在北装公司向刘某支付提成款的问题。因此，刘某起诉要求北装公司支付提成款，首先隐含的前提事实就是其与北装公司之间存在劳动关系。而北装公司答辩意见的核心也就是否认与刘某之间存在劳动关系，主张自己与刘某没有签订过合同，刘某出示的合同不是该公司签订的，上面的印章是假的，招用刘某的战娟红，与该公司之间只是一种合作的关系，并不是承包关系。劳动关系的认定，就成为本案的第一个核心法律问题。

为了证明与北装公司之间存在劳动关系，刘某向法院提交了一份《员工聘用合同书》，该合同书甲方为"北装·欧式装饰工程公司·北装欧式构件及砂岩制品厂"，乙方为刘某，合同未载明有效期，甲方公司负责人处注明为"曹峰、战娟红、姚林"，合同尾部甲方处加盖有"某建筑装饰设计工程公司"字样印章一枚，乙方处未签字，双方均未签署签订日期。刘某还提供了一份《关于员工聘用合同的补充说明》，就业务人员的业务提成比例进行了约定，尾部署名为"北装公司·北装欧式装饰工程公司·北装欧式构件厂"，亦加盖有"某建筑装饰设计工程公司"字样印章一枚。经与北装公司在工商登记部门备案的印鉴式样及北装公司印章印迹比对，上述《员工聘用合同书》及《关于员工聘用合同的补充说明》上面的"某建筑装饰设计工程公司"字样印章与被告2000年至2004年工商登记预留印鉴均不相同，印章大小差异较大。因此，根据这两份证据，不能证明刘某与北装公司之间存在劳动合同关系。

刘某又提供一份其办理住房贷款时由北装公司出具的收入证明。这份中国工商银行北京市分行监制的《证明》，内容为："兹有刘某同志，系我单位工作人员，任业务部经理职务。其本人月收入为人民币6000元，特此证明。"出具日期为2004年7月1日，在人事（劳资）部门公章处，加盖有"某建筑装饰设计工程公司第三项目经理部"字样印章。该证明并未交银行，仍在原告手中留存。原告因贷款交银行的收入证明为另外一份，格式及内容与以上证明基本一致，出具日期为2004年6月28日，但出具单位及签章单位为"北京盛世嘉华建筑装饰材料有限公司"，该证明经银行2004年7月22日向战娟红电话调查，被调查人所述情况与收入证明记载内容一致。根据这份收入证明，显然，也无法证明刘某与北装公司之间存在劳动关系，并且，刘某交给银行用于办理贷款的是另一份"北京盛世嘉华建筑装饰材料有限公司"，似乎反倒证明刘某与北装公司之间不存在劳动关系。局面对刘某越来越不利。

而且，被告北装公司请到了一位有力的证人战娟红到庭作证，称其于2000年9月14日至2004年8月以个人名义雇佣刘某为其个人进行工作，并为其发放工资及奖金。自2004年9月至2004年12月，战娟红以北京盛世嘉华建筑装饰材料有限公司的名义向刘某发放工资及奖金，从未与原告签订过劳动合同，从未用北装公司名义和刘某签过合同。战娟红认为刘某与北装公司没有任何关系，问题应该由自己解决。刘某也承认确实是直接受战娟红的领导。战娟红的证言似乎更加证明刘某与北装公司之间没有劳动关系。

但是，战娟红接下来的证言，使事情发生了逆转。战娟红表示，其进行经营没有领取过营业执照，曾以北装欧式构件厂的名义承揽业务，与北装公司曾有过合作关系，合同以北装公司的名义签订，北装公司收取管理费。

法院认为，根据刘某与北装公司双方的陈述及证人战娟红的证言，可以认定刘某系不具备用工主体资格的战娟红等招用。但是北装公司作为建筑施工企业，为不具备用工主体资格的战娟红等开展业务提供合同、公章，将部分业务交给战娟红等进行经营，对战娟红招用的劳动者，应由北装公司承担用工主体资格。因此，法院认定，刘某与北装公司之间存在事实劳动关系。

北装公司允许战娟红使用其名义进行经营、向战娟红收取管理费，使北装公司与刘某有了法律上的联系。而且，刘某表示，战娟红等人就是以北装公司的名义招用的自己，对外承接业务时，也是以北装公司名义进行的。法院认定刘某与北装公司之间存在劳动关系，既基于法理，也与2005年5月25日劳动和社会保障部发布的《关于确立劳动关系有关事项的通知》（劳社部发〔2005〕12号）的有关精神一致。该通知提出，建筑施工、矿山企业等用人单位将工程（业务）或经营权发包给不具备用工主体资格的组织或自然人，对该组织或自然人招用的劳动者，由具备用工主体资格的发包方承担用工主体责任。本案就属于比较典型的情况。本案既对类似情况下的劳动者维护自己的合法权益提供了有益的启示，也为存在类似情况的管理混乱的建筑施工、矿山企业等用人单位敲响了警钟。

2. 提成款约定问题

刘某与北装公司之间的劳动关系是一种事实劳动关系，并没有书面的劳动合同，双方之间是否存在关于提成款的约定问题，也就成了一个棘手的问题。北装公司在诉讼中也提出了这一点，而招用、管理刘某的战娟红到庭作证时，也明确否认其与刘某之间存在关于业务提成的约定。

前面我们已经说过，对于是否存在关于提成款的约定，应由提出诉讼请求的劳动者一方举证。刘某要求支付提成款，依据的是前面提到的《关于员工聘用合同的补充说明》，说明中就业务人员的业务提成比例进行了约定。这份《关于员工聘用合同的补充说明》，所加盖的并非北装公司的公章，是以战娟红等曾使用的北装欧式装饰工程公司名义作出的。如前所述，战娟红等人的行为，就应该视为是北装公司的行为，因此，这份约定，也应看做是北装公司与刘某之间的约定。《关于员工聘用合同的补充说明》中明确提到了业务经理刘某、李向阳的名字。刘某为了证实确实存在关于业务提成的约定，还向法院提交了多份工程提成表格，这些表格中写明业务负责人为刘某及李向阳，表格上都有与战娟红等人共同管理刘某的曹峰或赵华东等的审核签字。而刘某从事的这些经营业务，对外签订的合同是以北装公司名义签订的，合同上写的代表人就是曹峰、战娟红、姚林。刘某提供的自己领取工资的表格中也有业务提成一项。因此，法院认定，刘某关于存在业务提成的约定，能够成立，《关于员工聘用合同的补充说明》就是双方约定的具体内容，北装公司作为用人单位，应按照招用刘某的战娟红、曹峰等与刘某约定的标准和数额向原告支付业务提成。

3. 提成款数额问题

提成款数额问题是本案最复杂的问题。前两个问题虽然与事实也有关系，但更多的是法律问题，而提成款数额的认定，很大程度上是事实问题和证据问题。

刘某诉讼请求中要求北装公司支付的提成款高达526896.80元。北装公司只是表示刘某提供的证据不能证明应支付提成款，并没有对提成款数额问题进行举证。刘某表示，自己要求的提成款数额，是根据《关于员工聘用合同的补充说明》中的比率，按照已经收回的工程款的数额进行计算的。本案中，法院没有简单地因为北装公司没有举证，就全部支持刘某要求的数额，而是根据刘某提供的证据，进行了细致的区分和计算。

我们首先看看《关于员工聘用合同的补充说明》约定的提成率。业务人员提成包括：a. 信息费1%（总提成额度为5%，其中信息费为1%）；b. 工程合同价款按报价7.8折（含7.8折）以上签订的提成总额度为5%；c. 工程合同价款按报价7.8折以下签订的提成总额度为4%；d. 砂岩工程提成为工程总价的8%；e. 工程合同价款签订的最低底线为7.3折；f. 报价标准为展开面积120元/平方米；g. 工程合同价款报价原价以上（含原价）签订的提成总额度为6%以上（每增加1成，提成额度增加1%）；h. 业务经理（刘某、李向阳）要在本部门下属业务员所签合同的工程总造价中提取2%的提成作为培训及帮助费用（由公司支付，时间为新业务人员来到公司一年内所签的工程）；i. 质保金收回后，按比例提成；j. 工程竣工交验完毕，工程正式进入保修期，按此项工程已收工程款拨付到公司账上后十日内，填报工程提成申请单交办公室主任，须经部门经理及办公室主任签字认可。自报单日起一个月内公司以现金支付。

可见，根据约定，刘某应得的提成款，需要根据已收工程款的数额进行计算。由于建筑工程市场的实际情况，并不是所有的工程都严格按照合同执行，会发生很多的增减项，工程款拖延支付的情况也比比皆是。按照我们前面的评析，这个问题本来应该由用人单位来举证，但是用人单位对于工程款被拖欠，也很难举证，而且用人单位本来无意支付提成款，肯定会竭力否认收到了工程款。这时，劳动者为了维护自己的合法权益，就应该千方百计地举出反证，证明客户已经向用人单位支付了工程款。发生了劳动争议之后，劳动者要再进入用人单位取得证据是十分困难的。本案中，刘某采用了一种巧妙的方法，利用自己与客户比较熟悉的优势，采用"客户回访单"的方式，请工程的发包方填写对承包方的意见的同时，在回访单上确认其向用人单位已经支付的工程款数额。最终，客户回访单上填写的数额成了法院认定事实的主要依据，刘某用自己的智慧维护了自己的权利。本案中刘某的做法，相信会给很多劳动者带来启示。

刘某提供的计算依据，包括工程提成表格若干份、客户回访单9份、合同及结算单等若干份。但是，标明业务负责人为刘某的业务提成表格，大部分未经确认，经过表格中"办公室主任审核签字"栏签字确认的几份表格存在涂改痕迹，法院认为，不能作为计算业务提成款的依据。因此，法院只能采用客户回访单9份与合同及结算单相互印证的办法，尽可能地对已经收回的工程款进行确认。但是，刘某提供的9份回访单，有不少存在瑕疵，经过甄别，法院最终确认了其中4份回访单，这4份回访单，或者有发包方盖章，或者经办人签字与合同上经办人签字一致，还有一份经过了北装公司核实。其余5份回访单，均仅有发包方经办人的签字，或者原告未提供相应的合同及结算单，无法判断是否是甲方经办人签字，或者甲方签字人与合同及结算单不符，或者回访单所载项目与合同及结算单项目不同，均无法认定，不能作为计算业务提成的依据。因此，北装公司应支付的业务提成根据以上4份回访单中显示的已付款金额计算（具体的事实认定，请参见本案例案情部分）。

接下来又存在一个问题，《关于员工聘用合同的补充说明》约定的提成比率分为几种情况，与签订合同时执行的具体折扣有关，而根据本案的证据，无法查明合同金额是在报价的什么水平上签订的。因此，在计算的具体比率上，法院只能按照《关于员工聘用合同的补充说明》中的最低比率4%计算。对于刘某自行按照2%计算的项目，法院予以准许，仍然按照2%的比率计算。最终，法院判决北装公司向刘某支付提成款226263.44元。只是，法院没有判决北装公司支付25%的经济补偿金，似乎有些不妥。

本案是比较典型的提成款争议，涉及提成款争议各个方面的法律问题，其中的事实认定也十分精当。仔细研读本案，可以对提成款争议案件有全面深入的认识。

劳动者违反竞业限制约定须向用人单位支付违约金

【基本案情】

原告：某环境艺术有限公司
被告：田某

原告某环境艺术有限公司诉称：被告田某于2003年4月入职我公司喷泉部，并签订了劳动合同和保密协议，田某在职期间负责喷泉部的业务，其中涉及公司的商业秘密，为此公司和田某签订了保密协议并按月支付保密费，共计支付保密费29971元。后来了解到田某在我公司工作期间，出资50万元于2006年4月4日与他人合资成立了北京中电韵腾景观科技有限公司，并任监事一职，其所开办的公司业务和我公司一致，都是从事景观照明和喷泉业务。此后，田某于2006年5月26日才提出辞职申请，我公司在不知情的情况下同意其辞职。根据劳动合同和保密协议的约定，田某构成违约，应按照约定向我公司支付违约金并退还保密费。现诉至法院，要求田某退还我公司所发的保密费29971元，赔偿兼职违约金5万元，赔偿违反保密协议违约金10万元。

被告田某辩称：1. 某环境艺术有限公司提供的劳动合同、保密协议交给我签字时都是空白的，签字后立即收回，违反了劳动合同双方各执一份的规定，应认定无效，不能作为审理案件的依据。2. 某环境艺术有限公司认为我违反保密协议约定在外兼职，缺乏相应证据。我向其他公司投资的行为不是兼职行为。某环境艺术有限公司要求退还保密费没有事实根据和合同依据。3. 劳动合同已于 2005 年 4 月 14 日失效，且同一份劳动合同中两次约定违约金，数额高达 15 万元，不符合北京市劳动合同规定第 19 条的规定，关于违约金的约定是无效的。4. 我于 2006 年 5 月 26 日辞职，而某环境艺术有限公司在 2006 年 12 月 4 日才申请仲裁，已经超过 60 天的劳动争议申诉期间，其全部诉讼请求应予驳回。

法院经审理查明：

2003 年 4 月，田某到某环境艺术有限公司工作，双方签订有劳动合同，期限自 2003 年 4 月 11 日至 2004 年 4 月 10 日，田某的工作部门为喷泉部。《劳动合同》第 32 条约定，乙方违反与甲方签订的保密协议的，应支付甲方违约金 10 万元，如给甲方造成的损失超过 10 万元，则按甲方实际所受损失赔偿。《劳动合同》第 37 条约定，乙方在甲方工作期间，未经甲方许可，不得有任何兼职行为，否则乙方将赔偿甲方违约金 5 万元，如因乙方兼职行为给甲方造成损失超过 5 万元，则按甲方实际损失赔偿，如兼职行为违反《保密协议》的，按第 32 条规定处理。《劳动合同》第 39 条约定，甲方的保密协议将作为本合同的附件，与本合同同时生效，与本合同具有同等法律效力。

2003 年 4 月 14 日，某环境艺术有限公司（甲方）与田某（乙方）又签订了《保密协议》一份，约定了保密的内容和范围，约定乙方在职期间，不得将甲方的商业秘密擅自泄露、转让给其他单位和个人，或非法使用；乙方离职后二年内，同样负有不得泄密的义务，并不得到与甲方生产或经营同类产品的单位直接或间接就职，不得自己组织生产、经营与甲方有关的同类产品或业务，在相关单位工作中，不得利用甲方的商业秘密。《保密协议》第 6 条特别约定，为保护甲方的商业秘密，乙方在甲方工作期间，不得另有兼职行为。《保密协议》第 8 条约定，竞业禁止补偿金按月先期发放。

2006 年 5 月 26 日，田某提出辞职，某环境艺术有限公司同意田某辞职。

田某在职期间，某环境艺术有限公司给田某发放的工资中，每月均含有一定数额的保密费，从400元到1200元不等。

2006年3月，田某与孙大健各出资50%，成立北京中电韵腾景观科技有限公司，该公司于2006年4月4日获得登记注册，田某与孙大健各出资50万元，孙大健任执行董事、经理，田某任监事。北京中电韵腾景观科技有限公司的经营范围为：技术推广服务、环境景观设计、组织文化艺术交流、专业承包。

某环境艺术有限公司的经营范围为：安装喷泉设备、喷泉设计、园林景观设计、灯光照明、雕塑工艺美术品设计、可承担单项合同额不超过企业注册资本的5倍的380V及以下的城市广场、道路、公路、建筑外立面、公共绿地等照明工程。

2006年11月28日，某环境艺术有限公司申请劳动仲裁。2007年4月9日，劳动争议仲裁委员会裁决驳回某环境艺术有限公司的申诉请求。

法院经审理认为：

用人单位与劳动者可以在劳动合同中约定保守用人单位商业秘密的有关事项。对负有保守用人单位商业秘密义务的劳动者，用人单位可以在劳动合同或者保密协议中与劳动者约定竞业限制条款，用人单位应当给予劳动者一定数额的经济补偿，劳动者违反竞业限制约定的，应当按照约定向用人单位支付违约金。

某环境艺术有限公司与田某的劳动合同虽于2004年4月10日期满，但期满后，田某仍在某环境艺术有限公司处工作，某环境艺术有限公司未表示异议，依法应视为双方同意以原条件继续履行劳动合同。双方签订的保密协议约定田某承担保密义务的期限为在职期间及离职后二年内。因此，某环境艺术有限公司与田某均应继续受《劳动合同》和《保密协议》相关约定的约束。某环境艺术有限公司根据《保密协议》的约定，已按月向田某支付保密费，即《保密协议》约定按月先期支付的竞业禁止补偿金。田某在某环境艺术有限公司工作期间，出资设立公司，经营与所在公司同类业务，且在所设立的公司担任监事职务，违反了双方在《保密协议》和《劳动合同》中的约定，应承担违约责任，违约责任应按照

《劳动合同》第 32 条的约定承担。某环境艺术有限公司的其他诉讼请求,缺乏依据,本院不予支持。《保密协议》约定的竞业限制期限直至劳动者离职后二年,某环境艺术有限公司在被告辞职后才发现被告违反了保密协议的约定,申请仲裁的期限不能从双方解除劳动合同时起算,田某关于某环境艺术有限公司申请劳动仲裁超过法定时限的抗辩意见,不能成立。

综上,法院依照《中华人民共和国劳动法》第 17 条第 2 款、第 22 条之规定,判决如下:

一、田某于本判决生效之日起十五日内向某环境艺术有限公司支付违约金 10 万元。

二、驳回某环境艺术有限公司的其他诉讼请求。

【分析评论】

一、商业秘密与竞业限制

商业秘密,又称未公开信息、未披露信息。按照《反不正当竞争法》的规定,商业秘密即为"不为公众知悉、能为权利人带来经济利益,具有实用性并经权利人采取保密措施的技术信息和经营信息"。

一般认为,商业秘密包括技术秘密和经营秘密。技术秘密,也称专有技术,即英文中"Know-How"所表示的意义,是指与产品生产和制造有关的秘密信息,如配方、技术诀窍、生产方案、设计图纸、工艺流程、技术情报等。经营秘密,是指与企业的经营管理活动有关的秘密信息,如经营方法、管理方法、产销策略、客户名单、经营情报、标底和标书内容等。

商业秘密有三个基本特征:1. 秘密性,即有关信息不为其所属领域的相关人员普遍知悉和不容易获得。秘密性是商业秘密的最基本属性,一项不为公众所知悉的信息,一旦被披露,成为人人共知的信息,就不可能再作为商业秘密受到保护了。2. 价值性,即有关信息具有现实的或者潜在的商业价值,能为权利人带来竞争优势，亦即能为权利人带来经济利益，具有实用性。3. 保密性，即权利人为了防止有关信息泄露，采取了与其商业价值等具体情况相适应的、足以防止涉密信息泄露的合理保护措施。

对于很多用人单位来说，其所拥有的商业秘密尤其是技术秘密就是其核心竞争力，具有极大的商业价值，是经营、发展的生命线，关键的商业秘密一旦泄密，损失极其惨重，往往致使企业经营陷于困境，严重的甚至会导致用人单位破产、倒闭。其实，一项技术被开发完成后，用人单位是申请专利保护还是采用保密措施作为技术秘密予以保护，都是经过了仔细掂量的。专利权的取得是以公开其技术内容为代价的，需要经过相对烦琐的法律程序，而且有一定的保护期限限制。如果一项技术能够采取保密措施予以保护，相对来说，该项技术就可以具有较长的经济寿命，用人单位也可以获得长期的技术优势。对于本身寿命比较短的技术，申请专利耗时、费力，采用技术秘密的方式予以保护也比较经济便捷。不过，采用商业秘密的方式予以保护，往往面临泄密的危险。而除了偷盗等手段外，最大的泄密风险就来自于与商业秘密有过接触的劳动者。由于劳动者的自由流动是受法律保护的，劳动者只要提前30天通知用人单位解除劳动合同，无须用人单位同意即可解除，这就使用人单位面临很大的保密风险。实践中，甚至会有竞争对手故意安排人员，以劳动者的身份，进入拥有商业秘密的用人单位，想方设法接触、刺探商业秘密，目的达到后，很快就离开用人单位，给用人单位造成严重损失，用人单位对此防不胜防，十分头疼。在发展知识经济的今天，商业秘密的保护越来越重要，用人单位也十分关注泄密问题，希望劳动法在充分保护劳动者权利的同时，也能充分保护用人单位的合法利益。

用人单位保护商业秘密不被劳动者泄露的主要方式就是与劳动者签订保密协议，或者在劳动合同中约定保守用人单位商业秘密的有关事项。《劳动法》中对此有原则性的规定："劳动合同当事人可以在劳动合同中约定保守用人单位商业秘密的有关事项"（第22条）。劳动者在用人单位工作期间，利益与用人单位的利益具有一致性，用人单位也可以采取相应的管理措施以及激励措施约束劳动者，保守用人单位的商业秘密一般没有多大问题。而劳动者离开用人单位后，用人单位已经无法约束劳动者，利益一致性也已经不复存在，如何保证劳动者继续保守用人单位的商业秘密就成为很困难的事情。这就涉及竞业限制的问题。

竞业限制，是指用人单位通过约定限制劳动者到与本单位生产或者经营同类产品、从事同类业务的有竞争关系的其他用人单位，或者自己开业生产或者经营同类产品、从事同类业务。用人单位往往要求劳动者在离职后一段合理的时间内，不得从事与用人单位所经营的事项相同的营业，不得到与用人单位有同业竞争关系的新的用人单位就职。竞业限制的约定对用人单位十分有利，但是对劳动者构成了十分严重的限制，尤其是很多劳动者只掌握一种主要技术或者技能，离开用人单位后，求职、谋生仍然要依靠这种技能，除了进入或者自营与原用人单位相同的行业，没有别的途径就业。用人单位通过保密协议的约定，严重限制了劳动者的求职前景，影响了劳动者的职业发展。作为用人单位，并不愿意主动对此承担补偿的责任，如果没有相应的法律规定，很难在劳动合同或者保密协议中约定用人单位对竞业限制的经济补偿义务。因此，保守商业秘密、竞业限制的法律规范，必须平衡好用人单位与劳动者之间的利益，既能切实保护用人单位的商业秘密，又能切实保护劳动者的合法的再就业权利。而《劳动法》第22条的规定太过原则，没有相应的要求，很容易造成用人单位以保密义务的约定损害劳动者的权益。

为了减轻竞业限制对劳动者再就业的影响，法律规范应该一方面限制劳动者承担竞业限制的最长时间，另一方面要求用人单位必须对劳动者承担竞业限制的期间进行经济补偿。例如，原国家科学技术委员会于1997年7月2日发布的《关于加强科技人员流动中技术秘密管理的若干意见》第7条就明确规定："单位可以在劳动聘用合同、知识产权权利归属协议或者技术保密协议中，与对本单位技术权益和经济利益有重要影响的有关行政管理人员、科技人员和其他相关人员协商,约定竞业限制条款,约定有关人员在离开单位后一定期限内不得在生产同类产品或经营同类业务且有竞争关系或者其他利害关系的其他单位内任职,或者自己生产、经营与原单位有竞争关系的同类产品或业务。凡有这种约定的,单位应向有关人员支付一定数额的补偿费。竞业限制的期限最长不得超过三年。"

《劳动法》颁布实施后,1996年10月31日原劳动部发布的《关于企业职工流动若干问题的通知》中涉及了保守商业秘密与竞业限制及经济补偿的问题。通知中说:"用人单位与掌握商业秘密的职工在劳动合同中约定保守商业秘密有关事项时,可以约定在劳动合同终止前或该职工提出解除劳动合同后的一定时间内(不超过六个月),调整其工作岗位,变更劳动合同中相关内容;用人单位也可规定掌握商业秘密的职工在终止或解除劳动合同后的一定期限内(不超过三年),不得到生产同类产品或经营同类业务且有竞争关系的其他用人单位任职,也不得自己生产与原单位有竞争关系的同类产品或经营同类业务,但用人单位应当给予该职工一定数额的经济补偿。"

上述两个文件就是《劳动合同法》颁布前仅有的涉及竞业限制及经济补偿的文件。显然,层级太低,也算不上规范。《劳动合同法》总结了以往的做法,对竞业限制问题进行了统一规范,做出了全新的规定。《劳动合同法》第23条规定,用人单位与劳动者可以在劳动合同中约定保守用人单位的商业秘密和与知识产权相关的保密事项。对负有保密义务的劳动者,用人单位可以在劳动合同或者保密协议中与劳动者约定竞业限制条款,并约定在解除或者终止劳动合同后,在竞业限制期限内按月给予劳动者经济补偿。劳动者违反竞业限制约定的,应当按照约定向用人单位支付违约金。第24条规定,竞业限制的人员限于用人单位的高级管理人员、高级技术人员和其他负有保密义务的人员。竞业限制的范围、地域、期限由用人单位与劳动者约定,竞业限制的约定不得违反法律、法规的规定。在解除或者终止劳动合同后,前款规定的人员到与本单位生产或者经营同类产品、从事同类业务的有竞争关系的其他用人单位,或者自己开业生产或者经营同类产品、从事同类业务的竞业限制期限,不得超过二年。

下面,我们从几个方面分析《劳动合同法》关于竞业限制的规定:

第一,用人单位与劳动者可以在劳动合同中约定保密事项,包括涉及商业秘密和与知识产权有关的秘密事项。其实,在法律体系中,商业秘密一般也归属于知识产权保护的范畴,而除了商业秘密之外的其他知识产权,包括著作权、专利权、商标权以及商号、地理标志等,一般也涉及保密的问题,如果擅自使用,就构成了侵权。因此,《劳动合同法》的规定,主要涉及的还是商业秘密。虽然《劳动合同法》仅规定可以在劳动合同中约定保密事项,但实践中普遍采用的劳动合同之外签订保密协议的方式,法律也并不禁止,在保密协议中的相应约定,应等同于劳动合同中的约定,同样具有法律效力。

第二,竞业限制的范围仅限于负有保密义务的劳动者。对于没有保密义务的劳动者,亦即既未签订保密协议,劳动合同也没有相应约定的,不能被施以竞业限制的义务。即使用人单位愿意支付经济补偿,也不能要求没有保密义务的劳动者承担竞业限制的义务。

第三,约定竞业限制的,必须同时约定在竞业限制期限内按月给予劳动者经济补偿。法律规定"在劳动合同或者保密协议中与劳动者约定竞业限制条款,并约定在解除或者终止劳动合同后,在竞业限制期限内按月给予劳动者经济补偿",其中使用的"并"字,就是对经济补偿约定的强制要求,以避免用人单位规避经济补偿的义务。也就是说,用人单位可以不与劳动者约定竞业限制,但是如果约定了竞业限制,必须同时约定竞业限制期内,对劳动者按月给予一定数额经济补偿。至于经济补偿的标准,法律没有明确规定,也无法适用《劳动合同法》第47条关于解除和终止劳动合同经济补偿金的规定。由于竞业限制、经济补偿条款属于用人单位与劳动者在劳动合同中的约定,因此,竞业限制的期限、经济补偿的数额也应该由双方协商约定。需要强调的是，如果劳动合同或者保密协议仅约定了竞业限制，而没有约定对劳动者的经济补偿，应属于无效约定，劳动者不因这样的约定而负有竞业限制的义务，除非双方另外达成补充协议，对竞业限制的补偿问题进行了补充约定。

第四，约定的竞业限制期限不得超过二年。这是法律对劳动合同或者保密协议约定竞业限制期限的限制性规定，对于保护劳动者的合法劳动权利十分重要，避免了用人单位要求劳动者承担过长期限的竞业限制义务。关于竞业限制期限的规定，属于法律的强制性规定，如果用人单位与劳动者约定的竞业限制期限超过两年，超出部分，应归于无效，劳动者不必受其约束。

第五，劳动者违反竞业限制约定的，应当按照约定向用人单位支付违约金。竞业限制违约金与服务期违约金，是《劳动合同法》仅有的允许约定的由劳动者承担的违约金。这就意味着，如果用人单位仅与劳动者约定了保密义务，而未约定竞业限制，就不能约定违约金，即使约定，也属无效，劳动者不受这种约定的束缚，因为《劳动合同法》明文禁止约定除了竞业限制违约金和服务期违约金之外的其他由劳动者承担的违约金。即使劳动者违反了保密义务，但没有违反竞业限制义务，也不能要求劳动者支付违约金。当然，如果劳动者违反保密义务，给用人单位造成损失的，用人单位仍然可以依照《劳动合同法》第90条要求劳动者赔偿损失。

第六，竞业限制违约金与竞业限制补偿金的金额问题。《劳动合同法》仅规定用人单位与劳动者可以约定竞业限制违约金及竞业限制补偿金，没有对二者的金额问题进行限制。法律没有限制，当事人就是自由的。因此，理论上讲，用人单位与劳动者既可以约定违约金高于经济补偿，也可以约定经济补偿高于违约金。但是，从《劳动合同法》倾向于保护劳动者合法权益的立法宗旨来看，用人单位与劳动者约定的违约金以不超过约定的经济补偿为宜。

第七，竞业限制违约金与竞业限制损失赔偿的关系。我们注意到，《劳动合同法》在第23条规定劳动者违反竞业限制约定，应向用人单位支付违约金的同时，在第90条又规定，劳动者违反竞业限制，给用人单位造成损失的，应当承担赔偿责任。该如何理解竞业限制违约金与竞业限制损失赔偿的关系呢？我们认为，在合同法上，违约金应视为双方当事人对于违反竞业限制后造成损失的损失赔偿额的约定，如有损失过大或者过小的证据，当事人可以要求人民法院依法予以调整。但《劳动合同法》显然做出了不同的规定。对《劳动合同法》第23条和第90条的规定，应该理解为，如劳动者违反竞业限制，给用人单位造成的损失小于约定的违约金，用人单位可以要求劳动者支付违约金；如果造成的损失大于违约金，用人单位有权在违约金之外，要求劳动者赔偿损失。在劳动者违反竞业限制给用人单位造成损失远远超过约定的违约金的情况下，《劳动合同法》的规定允许违约金与损失赔偿并存。

二、本案的法律适用

本案处理在《劳动合同法》实施之前，不能适用新法的规定，只能按照《劳动法》第17条第2款"劳动合同依法订立即具有法律约束力，当事人必须履行劳动合同规定的义务"的规定，并参照第22条关于劳动合同可以约定保守用人单位商业秘密的规定进行处理。当然，1996年10月31日原劳动部发布的《关于企业职工流动若干问题的通知》中的有关内容，也是参考的依据。下面结合《劳动合同法》的相关规定，对本案涉及的主要法律问题进行分析。

1. 本案中保密协议中约定的竞业限制是否有效

本案中用人单位与劳动者在劳动合同之外签订有保密协议一份，约定了保密的内容和范围，特别约定劳动者在职期间，不得将用人单位的商业秘密擅自泄露、转让给其他单位和个人，或非法使用；劳动者离职后二年内，同样负有不得泄密的义务，并不得到与用人单位生产或经营同类产品的单位直接或间接就职，不得自己组织生产、经营与甲方有关的同类产品或业务，在相关单位工作中，不得利用用人单位的商业秘密。《保密协议》第6条特别约定，为保护甲方商业秘密，乙方在甲方工作期间，不得另有兼职行为。

《保密协议》第 8 条约定,竞业禁止补偿金按月先期发放。

从上述约定的内容看,基本上具有了竞业限制的主要特征。劳动者是负有保密义务的人员,双方明确约定"劳动者离职后二年内,同样负有不得泄密的义务,并不得到与用人单位生产或经营同类产品的单位直接或间接就职,不得自己组织生产、经营与甲方有关的同类产品或业务",这是典型的竞业限制用语。特别是,保密协议还约定"竞业禁止补偿金按月先期发放",这就满足了竞业限制条款的最重要条件,即对负有竞业限制义务的劳动者给予经济补偿。根据法院审理查明的事实,劳动者在职期间,用人单位发放的工资中,特别列明,每月均有一定数额的保密费,从 400 元到 1200 元不等,劳动者领取工资时均签字予以确认。也就是说,用人单位不但与劳动者约定了竞业限制及经济补偿,而且实际履行了给付经济补偿的义务。与《劳动合同法》规定稍微有些不同的是,用人单位是在劳动者在职期间就按月给予了竞业限制经济补偿,而非劳动者离职后,按照竞业限制期间每月给予经济补偿。但是,《劳动合同法》生效之前,并没有法律法规要求经济补偿必须是竞业限制期间按月发给,原劳动部发布的《关于企业职工流动若干问题的通知》也仅要求"用人单位应当给予该职工一定数额的经济补偿"。双方约定在任职期间给予经济补偿也符合当时的法律规定和政策规定。因此,保密协议中约定的竞业限制是有效的,劳动者应当遵守约定。

2. 本案被告的行为是否违反了竞业限制义务

首先,我们需要判断被告田某担任监事的公司是否与某环境艺术有限公司构成同业竞争关系,这是判断田某是否违反了竞业限制义务的前提条件。某环境艺术有限公司的经营范围为:安装喷泉设备、喷泉设计、园林景观设计、灯光照明、雕塑工艺美术品设计、可承担单项合同额不超过企业注册资本的 5 倍的 380V 及以下的城市广场、道路、公路、建筑外立面、公共绿地等照明工程。而田某担任监事的北京中电韵腾景观科技有限公司的经营范围为:技术推广服务、环境景观设计、组织文化艺术交流、专业承包。从两个公司的营业范围可以明显看出，双方在环境景观设计、施工承包两个方面存在直接的同业竞争关系。

其次，我们需要判断田某出资设立同业竞争公司并担任监事的行为是否违反了竞业限制的约定。双方保密协议约定的内容，可以简单地理解为：在职期间不得在同业兼职；离职后二年内不得在同业任职；上述期限内均不得进行同业竞争。田某在某环境艺术有限公司工作期间，出资设立了与某环境艺术有限公司有同业竞争关系的北京中电韵腾景观科技有限公司，经营同类业务，且在该公司担任监事职务，违反了双方在保密协议中约定的竞业限制，应承担违约责任。

3. 本案中劳动者应按何种标准支付违约金

本案中，双方约定竞业限制的保密协议并没有约定竞业限制违约金，而是在劳动合同中约定了多处违约金。双方签订的《劳动合同》第32条约定，乙方违反与甲方签订的保密协议的，应支付甲方违约金10万元，如给甲方造成的损失超过10万元，则按甲方实际所受损失赔偿。《劳动合同》第37条约定，乙方在甲方工作期间，未经甲方许可，不得有任何兼职行为，否则乙方将赔偿甲方违约金5万元，如因乙方兼职行为给甲方造成损失超过5万元，则按甲方实际损失赔偿，如兼职行为违反《保密协议》的，按第32条约定处理。《劳动合同》第39条约定，甲方的保密协议将作为本合同的附件，与本合同同时生效，与本合同具有同等法律效力。

劳动合同的混乱约定，导致了对本案的不同理解。某环境艺术有限公司的诉讼请求中，就既要求田某赔偿兼职违约金5万元，又要求赔偿违反保密协议违约金10万元。田某就对同一份劳动合同中两次就同一事项约定违约金提出了异议。按照《劳动合同法》规定的精神，签订劳动合同时，用人单位处于强势地位，常常提供格式的劳动合同文本，很容易滥用自己的优势地位，约定很多由劳动者承担的违约金，损害劳动者的权益。因此，《劳动合同法》对劳动合同约定由劳动者承担的违约金进行了严格的限制性规定，仅限于服务期违约金及竞业限制违约金两种，除此之外的，一律无效。单纯地违反保密义务并不违反竞业限制，应承担其他法律责任，而不承担违约金责任。实际上，仔细推敲本案保密协议和劳动合同的约定，不论是保密义务还是不得兼职的义务，核心目的都是为了确保劳动者不得与用人单位进行同业竞争，实质上还是一种竞业限制。因此，田某出资设立同业公司并担任监事的行为，是一个违反竞业限制的行为，而不能人为区分为违反保密义务及兼职的两个行为。正是基于这种认识，法院支持了某环境艺术有限公司要求田某按照《劳动合同》第32条约定支付违约金10万元的诉讼请求，而没有判田某另外为其兼职行为再支付5万元违约金。

4. 劳动者违反了竞业限制义务，用人单位能否要求退回已支付的经济补偿

值得注意的是，本案中，用人单位还提出了一项要求劳动者退还所发的保密费29971元的诉讼请求。田某提出，原告要求退还保密费没有事实根据和合同依据。最终，法院以没有依据为由，没有支持某环境艺术有限公司的这项诉讼请求。

其实这是一个很值得探讨的问题。用人单位向劳动者支付竞业限制经济补偿的目的，是因为劳动者承担竞业限制义务，用人单位对其提供一定的补偿对价。如果劳动者违反了竞业限制，则用人单位支付经济补偿的目的完全未能实现。但是，在劳动者违反竞业限制的情况下，用人单位是否可以要求劳动者退回已支付的经济补偿，并没有明确的法律规定。《劳动合同法》也没有涉及这个问题。

我们认为，对这个问题，需要进行具体分析。既然《劳动合同法》仅规定了劳动者违反竞业限制时，需要承担的责任是支付违约金，如果造成的损失过分高于违约金，可能还需要赔偿其他损失，但法律并未规定应退还已收取的经济补偿，从法律解释的角度来讲，即使违反了竞业限制，劳动者也没有义务退还已收取的经济补偿，用人单位要求退回经济补偿，也没有法律依据。当然，从公平原则出发，劳动者一旦违反竞业限制，用人单位也不用再继续支付经济补偿，即使约定的支付竞业限制经济补偿的期限尚未届满。

但是，法律同时也未禁止用人单位与劳动者就此问题进行约

定,如果用人单位与劳动者在劳动合同或者保密协议中约定,劳动者违反竞业限制,支付违约金的同时需退还已领取的竞业限制补偿金,这样的约定并不违反法律规定,也应认定有效。在这种情况下,用人单位可以根据双方的约定要求违反竞业限制的劳动者退还已领取的经济补偿。

本案中,法院正是基于上述认识,认为某环境艺术有限公司要求退还保密费,既没有法律依据,也没有合同依据,未予支持。

被派遣劳动者的合法权益受法律保护

【基本案情】

原告：宿某
被告：某人力资源服务有限公司
被告：德国某有限公司北京代表处

原告宿某诉称：2005年4月21日，我由某人力资源服务有限公司派遣至德国某有限公司北京代表处工作，任销售经理。2005年5月1日，某人力资源服务有限公司和我签订了劳动合同书，德国某有限公司北京代表处和我签订了聘用合同，合同期分别为2005年5月1日至2005年12月31日及2005年4月21日至2005年12月31日，工资为每月4000元。合同到期后，我继续在德国某有限公司北京代表处工作，工资等待遇没有变化，但没有和我签订书面合同。2006年7月至2006年10月，德国某有限公司北京代表处无故克扣我工资4000元，2006年10月31日，德国某有限公司北京代表处以我无法完成销售任务为由口头通知我被解聘。为此，我申请劳动仲裁，但仲裁裁决事实不清，裁决错误。现诉至法院，要求某人力资源服务有限公司与德国某有限公司北京代表处承担共同责任：1. 支付解除劳动合同经济补偿金8000元、额外经济补偿金4000元；2. 支付2006年7月至2006年10月克扣的工资4000元、经济补偿金1000元；3. 支付未提前30日以书面形式通知解除劳动合同的经济补偿金5380元。

被告某人力资源服务有限公司辩称：1. 宿某直接为德国某有限公司北京代表处提供劳动服务，双方具有事实上的劳动关系，我公司不是实际用工主体，对于德国某有限公司北京代表处解除与宿某的劳动合同的具体情况也不知情。宿某认为德国某有限公司北京代表处解除劳动合同违法，应直接向德国某有限公司北京代表处主张补偿或赔偿，我公司不应承担任何补偿或赔偿责任。我公司并没有解除双方的形式劳动关系，不存在支付经济补偿金和额外经济补偿金的问题。宿某主动到我公司提取人事档案，应视为其自动离职，我公司与其劳动关系已经解除。德国某有限公司北京代表处是因为严重违纪解除与宿某的合同的，我公司不应向宿某支付经济补偿金。2. 我公司对于宿某的工资发放情况不了解，宿某的工资由德国某有限公司北京代表处自行掌握和发放，在此问题上我公司不存在任何过错，不应承担相应的责任，宿某部分请求已经超过申诉时效。3. 宿某要求支付未提前通知解除劳动合同的经济赔偿金缺乏事实与法律依据。恳请法院驳回宿某的诉讼请求。

被告德国某有限公司北京代表处辩称：1. 宿某签订的劳务协议是2005年4月21日至2005年12月31日，2006年1月1日起双方没有任何的协议，但宿某仍在我代表处工作，工资待遇没有变化。2. 宿某离职以后我们曾经通过许多渠道协商赔偿事宜，我代表处要求宿某提供在工作中得到的信息及联系方式，但宿某不能提供，我代表处不能给予其补偿。3. 因宿某不能完成任务，公司每月扣除原告效益工资1000元，从2006年7月至10月，共计4000元。

法院经审理查明：

2005年5月1日，宿某与某人力资源服务有限公司签订劳动合同书，期限自2005年5月1日至2005年12月31日，约定某人力资源服务有限公司派遣宿某到德国某有限公司北京代表处工作，宿某的具体工作岗位和职责由外聘单位决定，宿某自行与外聘单位协商确定其在外聘单位工作期间的劳动报酬，并由外聘单位直接支付。

2005年5月19日，德国某有限公司北京代表处作为甲方、某人力资源服务有限公司作为乙方签订聘用员工劳务合同一份，期限自2005年3月1日至2006年2月28日，合同到期时，双方无异议，合同自动延长1年。

宿某在德国某有限公司北京代表处担任销售经理，月工资4000元，包括3000元基本工资及1000元岗位工资。2005年12月31日劳动合同到期后，宿某仍在德国某有限公司北京代表处继续工作，工资没有变化，某人力资源服务有限公司继续为宿某缴纳社会保险。2006年10月31日，德国某有限公司北京代表处通知宿某因无法完成销售任务被解聘。

另查，德国某有限公司北京代表处于2006年7月至10月，以未完成销售任务为由每月扣除宿某工资1000元。

法院经审理认为：

宿某与某人力资源服务有限公司签订有劳动合同，并被派往德国某有限公司北京代表处工作。根据劳动合同的约定，宿某的工资由其与聘用单位协商确定，聘用单位直接发放。德国某有限公司北京代表处与宿某约定的月工资是4000元，并一直直接发放给宿某。劳动合同到期后，德国某有限公司北京代表处、某人力资源服务有限公司均未提前书面通知宿某续签或不续签的意向，而继续以原条件聘用宿某，宿某与某人力资源服务有限公司之间形成事实劳动关系。既然继续聘用宿某，依法应由某人力资源服务有限公司与宿某续订书面劳动合同，某人力资源服务有限公司未及时签订劳动合同，不免除其在解除劳动合同时支付经济补偿金的法律义务。德国某有限公司北京代表处作为聘用单位，通知宿某被解聘，应视为用人单位提出与宿某解除合同。宿某要求二被告共同支付解除合同经济补偿金，符合法律规定，本院予以支持。德国某有限公司北京代表处主张其是以宿某严重违纪为由解除合同，依据不足，本院不予采信。宿某每月工资4000元，德国某有限公司北京代表处于2006年7月至10月，以未完成销售任务为由每月扣除宿某工资1000元，但宿某不予认可，德国某公司北京代表处也未提供证据，其扣除工资的理由不能成立，宿某要求其支付工资及经济补偿金，符合法律规定，本院予以支持。根据劳动合同，宿某的工资由其与聘用单位协商确定，聘用单位直接发放，因此，补发工资的责任应由德国某有限公司北京代表处承担，宿某要求某人力资源服务有限公司对此承担连带责任，本院不予支持。德国某有限公司北京代表处并非依法解除劳动合同，宿某要求支付未提前30日以书面形式通知解除劳动合同的经济补偿金，没有法律依据，本院不予支持。

综上，依照《中华人民共和国劳动法》第28条、第50条，《最高人民法院关于审理劳动争议案件适用法律若干问题的解释（二）》第10条之规定，判决如下：

一、某人力资源服务有限公司与德国某有限公司北京代表处于本判决生效之日起七日内共同向宿某支付解除劳动合同经济补偿金8000元及额外经济补偿金4000元。

二、德国某有限公司北京代表处于本判决生效之日起七日内向宿某支付2006年7月至10月未足额支付的工资4000元及25%的经济补偿金1000元。

三、驳回宿某其他诉讼请求。

【分析评论】

一、劳务派遣中的三方关系

劳务派遣，是派遣单位根据接受单位的用工要求，将与派遣单位签订劳动合同的劳动者派往接收单位，劳动者在接受单位的管理下提供劳动，接受单位向派遣单位支付劳务费用的一种特殊用工形式。

《劳动合同法》第五章特别规定中，专节对劳务派遣中的三方关系进行了规范。但在此之前，《劳动法》并没有关于劳务派遣的任何规定。法律层面之外，我们也没有查到国家级别的主要规范劳务派遣中的劳动关系的规范性文件。但是，实践中，劳务派遣却非常普遍。最初是在20世纪60年代，首先在外国驻华使领馆、国外新闻机构中出现了劳务派遣，这些机构不是独立法人，不便直接与劳动者本人签订合同，但又需要劳动力。后来，外国企业驻华代表机构也出现了类似的问题。为此，我国成了外企服务公司，由驻华使领馆、国外新闻单位驻华机构、外国企业驻华代表机构等与外企服务公司签订劳务派遣合同，由外企服务公司根据它们的要求，招用劳动者后，派遣至外国驻华机构提供劳动，外国驻华机构向外企服务公司支付劳务费用。这种做法后来得到一定的规范和保障。1980年10月30日，国务院颁布《中华人民共和国国务院关于管理外国企业常驻代表机构的暂行规定》，其中第11条规定，常驻代表机构租用房屋、聘请工作人员，应当委托当地外事服务单位或者中国政府指定的其他单位办理。1996年5月14日，北京市人民政府发布《北京市人民政府关于外国企业常驻代表机构聘用中国雇员的管理规定》，规定外国企业常驻代表机构招聘中国雇员，必须委托外事服务单位办理，不得私自或者委托其他单位、个人招聘中国雇员；中国公民必须通过外事服务单位向外国企业常驻代表机构求职应聘，不得私自或者通过其他单位、个人到外国企业常驻代表机构求职应聘；未经批准，任何单位和个人均不得从事向外国企业常驻代表机构提供中国雇员的业务。1997年9月24日，天津市人民政府发布《天津市外国企业常驻代表机构聘用中国雇员管理规定》，作出了与北京市类似的规定（该规定后于2002年1月22日废止）。1999年11月28日，安徽省人民政府颁布《外国企业常驻代表机构聘用中国雇员的暂行管理规定》，规定外企机构聘用中国雇员，应委托省政府批准的有资质的外企服务单位办理，外企机构不得自行直接聘用或委托其他任何单位、个人聘用中国雇员。2000年1月4日，广东省人民政府颁布《广东省外国企业常驻代表机构聘用中国雇员管理规定》，外国企业常驻代表机构聘用中国雇员，必须委托涉外就业服务单位办理，不得私自或者委托其他单位、个人招聘中国雇员；中国雇员必须通过涉外就业服务单位向外国企业常驻代表机构求职应聘。

随着改革开放和社会发展，劳务派遣逐渐从外国驻华机构扩大到国内，目前，保安公司、物业公司等单位广泛地采用劳务派遣的方式。除此之外，向境外雇主派遣劳务人员，在对外劳务合作中广泛存在，主要集中在外企、外事、外航三大领域。目前，经商务部批准的对外劳务合作企业共有434家，可以直接为境外雇主提供劳务人员，据2005年统计，我国向海外输出劳务1.2万人。

在当前劳动力市场处于买方市场的情况下，劳务派遣公司有着广泛的市场，由于规范劳务派遣的法律法规不健全和监管不到位，劳动力派遣市场处于无序竞争的状态，劳务派遣企业参差不齐，被派遣劳动者的合法权利得不到有效保护。目前，全国有劳务派遣公司26158家，仅北京市就有劳务外派公司1000多家，而26158家劳务派遣公司中，经劳动部门经办或审批的仅为18010个。

对于用工企业来讲，劳务派遣是一种灵活的用人方式，委托专门从事劳动力派遣的单位招聘和培训劳动者，可以降低本企业的招聘和用人成本；对于劳动者来讲，劳务派遣也增加了获得工作的机会，有助于解决就业问题。因此，劳务派遣在实践中获得空前的发展。在某些领域、某些用人单位，甚至出现了"逆向派遣"的现象，用人单位实际使用了劳动者，却偏偏不与劳动者签订劳动合同，而是找一家劳务派遣公司与劳动者签订劳动力派遣合同，劳动者只能以被派遣员工的名义从事劳动。用工单位通过这种方式，将法律责任转嫁给派遣单位，实际使用劳动者的单位，反倒变成了与劳动者没有劳动关系的第三方。劳动者甚至连派遣单位的地址都不知道。这种借劳务派遣名义、逃避法律责任的"逆向派遣"，其实就是假派遣。"逆向派遣"往往导致劳动者与接受单位职工同工不同酬，合法的劳动权利得不到保护。比如著名的山东农民工徐延格与北京肯德基有限公司劳动纠纷案。1995年，山东农民工徐延格来到北京肯德基公司从事仓储搬运工作，10年来始终没有签订劳动合同。2004年6月，徐延格根据北京肯德基公司的安排，与时代桥公司签订了劳动合同，他才知道自己成为了时代桥公司派往北京肯德基公司的派遣工。2005年10月12日，徐延格在一次配货过程中因过度劳累，忘记贴标签，北京肯德基公司便以"违反配货操作规程"为由，将其退回时代桥公司。同日，时代桥公司解除了与徐延格的劳动合同。徐延格诉至法院，认为自己在肯德基连续工作了11年，应当属于肯德基的职工，即使解除劳动合同，肯德基也应按相关法律规定支付其11年工作年限的经济补偿金2万余元。2006年6月12日，一审法院作出判决，认定徐延格与肯德基未形成事实劳动关系。2006年6月26日，徐延格提出上诉，同时申请劳动仲裁，要求确认自己与时代桥公司的劳动合同系受胁迫所签，属无效劳动合同。在二审过程中，双方达成庭外和解，徐延格因此撤回上诉。2006年8月8日，肯德基召开新闻发布会宣布，自即日起，停止使用劳务派遣形式录用新员工，承认派遣员工的年资，原配送中心的派遣员工将转为肯德基直接聘用员工。最终，受此案影响，北京肯德基公司的用工制度回到了正轨。

但是，劳务派遣作为一种灵活的用工形式，以其灵活的方式服务于经济建设和社会发展，还是会大量存在，短期内不可能消亡。因此，对劳务派遣进行规范，确保劳动者的合法权利就成为当务之急。《劳动合同法》立法过程中，对这个问题十分重视，用相当的篇幅专门规定劳务派遣问题，多次向有关部门征求意见，经过多次调整，最终形成了《劳动合同法》第57条至第67条共十一个条文对劳务派遣问题的规定。

劳务派遣与普通劳动关系的最大不同，就是存在着派遣单位、用工单位（接受派遣单位）、劳动者之间的三方关系。劳动者与派遣单位之间签订劳动合同，双方之间建立劳动关系，派遣单位属于劳动法意义上的用人单位。派遣单位与用工单位之间签订劳务派遣协议，双方之间建立劳务派遣关系，这种关系，通常被理解为是一种劳务关系或者服务关系，受《民法通则》、《合同法》等基本民事法律的调整。而劳动者与用工单位之间，并没有直接的法律上的关系，但用工单位实际使用劳动者，劳动者实际接受用工单位的管理，可能有的劳务派遣协议和劳动合同还约定，劳动者的工资由用工单位直接与劳动者协商确定、直接向劳动者支付。在理解上，以前也有人主张，劳动者与用工单位之间是一种事实上的劳务关系，有的人则认为劳务关系是存在于派遣单位和用工单位之间，而劳动者与用工单位并没有法律上的关系。

正是基于上述对劳务派遣三方关系的认识，以往的诉讼实践中，劳动者起诉派遣单位的，一般将用工单位列为第三人参加诉讼；如果根据约定，由用工单位直接向劳动者支付相应的工资报酬，劳动者起诉用工单位的，一般也将派遣单位列为第三人参加诉讼。2006年10月1日起实施的最高人民法院《关于审理劳动争议案件适用法律若干问题的解释（二）》改变了这种做法，也改变了原来人们对于劳务派遣三方关系的认识。该司法解释第10条规定，劳动者因履行劳动力派遣合同产生劳动争议而起诉，以派遣单位为被告；争议内容涉及接受单位的，以派遣单位和接受单位为共同被告。这是《劳动合同法》颁布前，关于劳务派遣的法律关系问题的唯一规定。司法解释的这条规定，实际上把这种三方关系看做是因劳动力派遣而在派遣单位、用工单位与劳动者之间形成了一种特殊的劳动关系，派遣单位、用工单位同时作为用人单位，承担劳动法规定的用人单位的法律义务。这条规定，突破了合同相对性原则，在坚持以派遣单位作为主要用人单位的同时，从诉讼程序上，在争议内容涉及接受单位时，将用工单位也变成了特定意义上的用人单位。实践中，很少有劳动者与派遣单位的劳动争议不涉及用工单位，因此，司法解释颁布后，劳务派遣劳动争议案件中，劳动者普遍将派遣单位和用工单位作为共同被告起诉。

《劳动合同法》对劳务派遣建立的新规范，主要包含以下几个方面：

1. 派遣单位应当与劳动者订立二年以上的固定期限劳动合同，按月支付劳动报酬；

2. 劳动者在无工作期间，劳务派遣单位应当按照所在地人民政府规定的最低工资标准，向其按月支付报酬；

3. 跨地区派遣劳动者的，被派遣劳动者享有的劳动报酬和劳动条件，按照用工单位所在地的标准执行；

4. 被派遣劳动者享有与用工单位的劳动者同工同酬的权利。用工单位无同类岗位劳动者的，参照用工单位所在地相同或者相近岗位劳动者的劳动报酬确定；

5. 劳务派遣一般在临时性、辅助性或者替代性的工作岗位上实施。

此外，还有一些关于对劳务派遣单位进行管理的规范。从《劳动合同法》制定的过程来看，最初的草案中对劳务派遣的规定，还要激进很多，比如草案中参照国际上的做法，将劳务派遣期限规定为1年，超过1年的，用工单位必须与劳动者签订劳动合同，从而使劳动者成为用工单位的正式职工。但在征求意见过程中，很多部门反映这些规定，在实践中执行十分困难，将极大地限制劳务派遣的发展，对促进就业工作不利。最终，《劳动合同法》修改了这些规定，对现实作了一定程度的妥协，尽量不去改变劳务派遣的现行做法，而是着眼于对其进行规范，使法律规范能与现阶段的劳务派遣的实际情况相适应。这样做，会使法律执行起来更容易，但也减弱了对劳动者的保护力度。

比较令人费解的是，《劳动合同法》第65条规定，被派遣劳动者可以依照本法第36条（协商一致解除）、第38条的规定（劳动者即时解除权）与劳务派遣单位解除劳动合同。这条规定没有规定劳动者可以依照第37条的规定解除劳动合同，而第37条规定的通知解除权，又称劳动者的辞职权，是劳动合同中劳动者的一项重要权利，劳动者无须任何理由，只要提前30日书面通知用人单位，即可解除劳动合同。《劳动合同法》第65条的规定，难道是限制劳务派遣合同中劳动者的辞职权？我们认为，劳动者的辞职权，除受法定条件下服务期约定的限制外，不应受到任何限制。《劳动合同法》第65条的规定，可能是立法技术上的疏忽，或者仅仅是为了强调劳动者的即时解除权，而不能被理解为取消了劳务派遣中劳动者的辞职权。

二、本案评析

本案是司法实践中典型的劳务派遣劳动争议案件。劳动者宿某与专事劳务派遣的用人单位某人力资源服务有限公司签订劳动合同，根据劳动合同的约定，宿某被派往德国某有限公司北京代表处工作。按照我们前面介绍的劳务派遣中的三方关系，宿某与某人力资源服务有限公司之间是劳动关系，某人力资源服务有限公司与德国某有限公司北京代表处之间是劳务合同关系。宿某在德国某有限公司北京代表处的劳动行为，是履行其与某人力资源服务有限公司的劳动合同的行为，某人力资源服务有限公司是用人单位，应该履行法律规定的用人单位的义务，德国某有限公司北京代表处属于用工单位，拥有使用劳动者的权利，同时负有按照其与用人单位之间的协议约定，向用人单位支付费用的义务。

2006年10月31日，德国某有限公司北京代表处通知宿某因无法完成销售任务被解聘，宿某因工资、经济补偿金等问题与用人单位、用工单位发生劳动争议。按照最高人民法院《关于审理劳动争议案件适用法律若干问题的解释（二）》的规定，宿某因本案发生的劳动争议的争议内容涉及用工单位，因此，宿某在起诉时，直接将用人单位、用工单位列为共同被告。

首先来看宿某主张的解除劳动合同经济补偿金。按照《劳动法》的规定，符合法律规定的条件，用人单位解除劳动合同时，负有向劳动者支付经济补偿金的义务。宿某提出，德国某有限公司北京代表处通知自己被解聘，等同于用人单位某人力资源服务有限公司解除劳动合同，应依法按照工作年限支付经济补偿。用人单位某人力资源服务有限公司则提出，宿某直接为德国某有限公司北京代表处提供劳动服务，双方具有事实上的劳动关系，该公司对于德国某有限公司北京代表处解除与宿某的劳动合同的具体情况也不知情。宿某认为德国某有限公司北京代表处解除劳动合同违法，应直接向德国某有限公司北京代表处主张补偿或赔偿，该公司不应承担任何补偿或赔偿责任。该公司并没有解除双方的形式劳动关系，不存在支付经济补偿金和额外经济补偿金的问题。宿某主动到该公司提取人事档案，应视为其自动离职，该公司与其劳动关系已经解除。

可见，用人单位一方竭力推卸自己的法律义务。某人力资源服务有限公司认为宿某与德国某公司北京代表处之间存在事实上的劳动关系的说法，显然不符合劳务派遣中三方关系的法律规定；相反，劳动关系是存在于某人力资源服务有限公司与宿某之间的，某人力资源服务有限公司作为用人单位，不能逃避法律规定的用人单位的义务。既然法律规定支付解除劳动合同经济补偿是用人单位的义务，宿某自然要向作为用人单位的某人力资源服务有限公司主张，该公司要求宿某直接向德国某公司北京代表处主张，是完全不符合法律规定的。某人力资源服务有限公司在得知宿某被用工单位解聘后，应当立即与用工单位交涉，要求其按照双方签订的协议支付应向宿某支付的经济补偿金，然后再由自己直接向宿某支付，这样才是该公司作为用人单位、派遣单位维护劳动者合法权益应该做的事情。宿某被德国某公司北京代表处解聘后，某人力资源服务有限公司不但不维护自己派遣的劳动者的合法权益，反而以宿某自己申请提取档案为由，主张宿某是自动离职，不必向其支付经济补偿，这是典型的逃避法律义务的做法。既然都知道劳动者来提取人事档案了，还主张自己对用工单位解聘一事毫不知情，完全是自相矛盾的。由于劳务派遣中劳动关系的特殊性，用工单位解聘劳动者，其效果等同于用人单位解除与劳动者之间的劳动合同。因此，某人力资源服务有限公司的说法都是站不住脚的，该公司作为用人单位，应当按照《劳动法》和国家有关规定向宿某支付解除劳动合同经济补偿金。另一方面，某人力资源服务有限公司应当向宿某支付的经济补偿，按照约定是应该由用工单位德国某公司北京代表处承担并先行支付给某人力资源服务有限公司的，因此，对宿某主张的经济补偿金，德国某公司北京代表处应与某人力资源服务有限公司承担连带责任。

不过，《劳动合同法》生效后，用工单位解除与劳动者的聘用关系，并不自然等同于用人单位解除与劳动者之间的劳动关系。《劳动合同法》第58条第2款规定，劳务派遣单位应当与被派遣劳动者订立二年以上的固定期限劳动合同，按月支付劳动报酬；被派遣劳动者在无工作期间，劳务派遣单位应当按照所在地人民政府规定的最低工资标准，向其按月支付报酬。因此，在用工单位解除与劳动者的聘用关系后，很可能仍然在用人单位与劳动者签订的劳动合同期间内，在此期间，根据法律规定，劳务派遣单位应当按照所在地人民政府规定的最低工资标准，向其按月支付报酬。但这并不等于说劳动者不能获得经济补偿了。由于《劳动合同法》规定，除用人单位维持或者提高劳动合同约定条件续订劳动合同，劳动者不同意续订的情形外，劳动合同期满终止固定期限劳动合同的，用人单位也应向劳动者支付经济补偿。因此，劳动者仍然可以获得经济补偿，不过，时间延至了劳动合同期限届满后。

然后再来看宿某主张的工资。宿某每月工资4000元，德国某有限公司北京代表处于2006年7月至10月，以未完成销售任务为由每月扣除宿某工资1000元。按照劳动合同的约定以及用人单位与用工单位之间的协议，宿某的工资由其与用工单位协商确定，用工单位直接发放，因此，在发放工资的问题上，用工单位的行为等同于用人单位的行为。根据法律规定，用人单位应当按照劳动合同约定及时足额向劳动者支付工资，不得无故拖欠或者克扣。德国某公司北京代表处扣除宿某工资4000元，理由是未完成销售任务，对此，宿某不予认可。德国某公司北京代表处就应当提供双方关于销售任务的约定，并提供宿某没有完成销售任务的证据，否则便不能成立，属于无故克扣工资，要承担相应的法律责任。德国某公司北京代表处并未提供任何证据证明其扣除工资的合法性和合理性，宿某要求其支付工资及经济补偿金，符合法律规定，当然能够成立。由于劳动合同中约定，补发工资的责任应由德国某有限公司北京代表处承担，宿某要求某人力资源服务有限公司对此承担连带责任，法院没有予以支持。但这种情况在《劳动合同法》生效之后，可能也会发生改变。《劳动合同法》要求工资由用人单位直接向劳动者支付，用工单位负责支付加班费、绩效奖金。因此，《劳动合同法》生效之后，拖欠及克扣工资的法律责任，应由用人单位承担，只有拖欠或者克扣的是加班费、绩效奖金的，才由用工单位承担责任。

派遣单位是劳动法意义上的用人单位

【基本案情】

原告：宋某
被告：北京市某社区经济管理中心
第三人：北京外交人员人事服务公司

原告宋某诉称：我自1981年被北京市某社区经济管理中心（原名称为北京市某街道办事处劳动服务公司）招工录用，后经培训被派往北京外交人员人事服务公司，北京外交人员人事服务公司先后将我分配在喀麦隆、刚果、赞比亚、索马里、马来西亚、巴西等国驻中国大使馆工作，达17年之久。2002年6月18日，北京市某社区经济管理中心没有给我下达任何解除劳动合同的通知，便不安排工作，我为此一直找北京市某社区经济管理中心及北京外交人员人事服务公司解决工资及保险福利待遇。北京外交人员人事服务公司称我不是他们的正式职工，说我是北京市某社区经济管理中心的职工，北京市某社区经济管理中心也拒不承认我是其单位的职工。现诉至法院，要求确认我与北京市某社区经济管理中心之间存在事实劳动关系，判令北京市某社区经济管理中心支付拖欠的2002年至2006年12月30日工资18000元，补缴养老、医疗、工伤等社会保险。

被告北京市某社区经济管理中心辩称：2000年进行机构改革时，原街道办事处劳动服务公司的经济职能划入我中心。改革过程中，涉及本案宋某的资料无法查找，宋某提供的资料说是外交人员人事服务公司招聘的，起诉状中又说是劳动服务公司招聘的，自相矛盾，这个事情与我中心没有关系，不同意宋某的诉讼请求。

北京外交人员人事服务公司辩称：宋某系北京市某社区经济管理中心根据与我公司签订的劳务协议派遣到我公司服务的临时服务人员，与我公司之间既不存在劳动合同关系，也不存在事实劳动关系。1981年，根据国家外交服务需要，我公司与北京市青年服务社合作，由北京市青年服务社招收录用一批人员，派遣到我公司提供临时服务，我公司每月根据派遣人员数量向北京市青年服务社拨款并向派遣人员支付外事津贴。派遣人员的行政关系隶属北京青年服务社，并由服务社负责发放派遣人员的工资。1988年，某街道办事处劳动服务公司将上述派遣人员接收，我公司与劳服公司签订协议，约定劳服公司向我公司提供临时服务人员，上述人员隶属劳服公司，劳服公司负责上述人员的工资及福利待遇。临时服务人员在我公司服务期间，我公司每月按约定向劳服公司拨款。宋某等三人就是劳服公司根据上述协议派遣到我公司服务的临时服务人员。后因达到法定退休年龄，按照协议约定，宋某等三人返回原单位。后来，宋某有意继续为外国驻华外交代表机构提供服务，驻华外交代表机构也有此需求，我公司又与宋某等人签订了返聘协议书，返聘他们继续在驻华外交代表机构提供服务。返聘期间，人事公司停止了向劳服公司的拨款，并提高了向宋某等人支付的外事津贴。后因宋某等人年龄、身体及外宾要求等原因从岗上下来，双方的返聘协议终止。北京市某社区经济管理中心作为劳服公司撤销后的权利义务承受人，应对宋某等承担劳动保障相关责任。返聘时，离退休人员与返聘单位之间形成的是劳务关系，而非劳动关系。宋某等三人在达到法定退休年龄后，从未向我公司提出过任何支付工资或保险问题，直到2006年11月，宋某等三人听说国家出台了一个新政策，可以申请超龄退休，才一起向我公司要求办理退休手续，我公司认为，早已超过了法律规定的仲裁或诉讼时效。综上，宋某对我公司的诉讼请求应予驳回。

法院经审理查明：

1988年11月29日，北京市某街道办事处劳动服务公司作为甲方、北京外交人员人事服务公司作为乙方，就甲方向乙方临时提供外交服务人员一事签订协议书，约定甲方按照乙方要求提供临时服务人员，行政编制仍隶属甲方，甲方负责所提供人员的工资以及随工资一起的各项福利待遇，乙方按照有关规定将外事补贴直接发给本人；甲方所提供的人员在乙方工作期间，乙方每月向甲方拨款；甲方所提供的服务人员的年龄，凡达到国家规定的退休年龄时，即应返回原单位。1988年12月15日，北京市某街道办事处劳动服务公司向北京外交人员人事服务公司出具信函，表示同意接收八位同志为合同工，包括宋某、李素梅、宋纪花。1989年11月1日、1990年10月25日、1991年9月20日、1993年1月5日、1996年1月10日，北京市某街道办事处劳动服务公司与北京外交人员人事服务公司多次续签了协议，1996年1月10日签订的协议自1996年1月1日起生效，有效期三年。北京外交人员人事服务公司根据协议约定，履行了付款义务。

1995年4月13日，北京外交人员人事服务公司作为甲方、宋某作为乙方，签订返聘协议书，就宋某返聘在人事服务公司作外事服务工作进行了约定，其中约定，甲方按乙方对外劳务费的35%支付乙方在岗期间的外事补贴，甲方停止向乙方单位拨款，乙方的公费医疗仍在原单位，返聘期间，因公负伤致残、死亡按国家有关规定处理。

法院经审理认为：

劳动者的合法权益受法律保护。宋某为北京市某街道办事处劳动服务公司同意接收的合同工，并根据其与北京外交人员人事服务公司的协议，派遣至北京外交人员人事服务公司处，又由北京外交人员人事服务公司安排为外国驻华外交机构提供服务。因此，宋某与北京市某街道办事处劳动服务公司之间存在劳动关系。在国家实行社会保险缴费制度后，北京市某街道办事处劳动服务公司作为用人单位，应按照国家规定为原告缴纳各项社会保险。机构改革中，北京市某街道办事处劳动服务公司的经济职能划归北京市某社区经济管理中心，其民事权利义务应由北京市某社区经济管理中心承继。现宋某要求北京市某社区经济管理中心补缴社会保险费用，其达到法定退休年龄前的部分，符合法律规定，本院予以支持。达到法定退休年龄后，不能继续缴纳社会保险，如符合规定条件，宋某可享受退休待遇。宋某达到退休年龄后，与北京外交人员人事服务公司签订返聘协议，接受返聘，宋某与北京外交人员人事服务公司之间形成劳务关系。劳务关系存续期间，北京外交人员人事服务公司向宋某支付劳务费用，北京市某社区经济管理中心没有向宋某支付工资的义务。返聘终止后，宋某如符合规定条件，可享受退休待遇。因此，宋某要求北京市某社区经济管理中心支付2002年至2006年拖欠的工资的诉讼请求，没有事实及法律依据，本院不予支持。

综上，依照《中华人民共和国劳动法》第72条、第73条之规定，判决如下：

一、宋某与北京市某社区经济管理中心存在劳动关系。

二、北京市某社区经济管理中心于本判决生效之日起30日内为宋某补缴养老、失业、医疗保险费用，补缴期间自国家实行社会保险缴费制度时起至原告宋某达到法定退休年龄之月止，具体缴费数额由社会保险经办机构核定，劳动者个人应缴纳的费用，由宋某自行负担。

三、驳回宋某的其他诉讼请求。

一审宣判后，北京市某社区经济管理中心不服，提起上诉。二审法院经审理，判决驳回上诉，维持原判。

【分析评论】

本案中的劳务派遣，发生在劳务派遣这种用工形式形成的初期，明显带有早期劳务派遣的不成熟的特征。宋某被招用后派遣，她自己主张最早是在1981年，现在有证据可以证明的最早的时间是1988年，还在《劳动法》实施之前，当时虽然已经有了劳动合同的概念，但劳动合同制度还很不规范、很不完善，更别说劳务派遣制度了。

本案的发生，有着现实的背景。宋某等人，通过各种途径长期为外国驻华使领馆提供服务，年龄较大后，逐渐不能再从事劳动，但也未能享受到养老待遇。2005年8月17日，北京市劳动和社会保障局印发《关于超过国家规定劳动年龄的本市城镇人员社会保险有关问题的处理办法》（京劳社养发〔2005〕111号），为解决本市开始实行基本养老保险个人缴费制度之前，曾在本市国有企业、城镇集体企业、外商投资企业或国家机关、事业单位工作，且具有较长时间符合国家规定的连续工龄，但没有缴纳过基本养老保险费和基本医疗保险费，现已超过国家规定的劳动年龄的本市城镇人员（"超龄人员"）的养老和医疗问题，经研究并经市政府同意，允许超龄人员自愿提出申请，经劳动保障行政部门核准符合条件的，一次性补缴基本养老保险费和基本医疗保险费后，享受相应的待遇。这个政策规定，在国家规定的劳动年龄内具有本市城镇户籍，在本市实行基本养老保险个人缴费制度前，被本市企业或国家机关、事业单位招收录用，具有符合国家规定满十年以上的连续工龄或工作年限，但实行个人缴费制度后未缴纳过社会保险费，在2005年9月30日前已超过国家规定的劳动年龄、不能享受基本养老保险待遇的超龄人员，可以申请补缴基本养老保险费和基本医疗保险费。

宋某等人知道这个政策后，才开始想起来自己的用人单位，因为只有有了明确的用人单位，才可能符合超龄人员退休政策的条件。在她们的意识中，自己的用人单位应该是把自己派到外国驻华使领馆从事劳动的北京外交人员人事服务公司，毕竟自己受其管理、派遣。她们找到了北京外交人员人事服务公司，但该公司说她们不是该公司的正式职工，而是北京市某社区经济管理中心的职工。她们又找到了北京市某社区经济管理中心，该中心历经多次改革，早已查找不到相关资料，也不承认她们是该单位的职工。无奈，她们只好走向了劳动仲裁、诉讼之路，要求确认自己的劳动关系并解决相关待遇问题。

北京市某社区经济管理中心表示查找不到关于宋某的任何资

料，宋某请求的事项与该中心无关。但该中心承认机构改革中，北京市某街道办事处劳动服务公司的经济职能划归该中心承担。而北京外交人员人事服务公司提供的相应证据，为本案的最终定案起到了关键作用。北京外交人员人事服务公司提交了一份1988年11月29日的协议，这份协议是由北京市某街道办事处劳动服务公司作为甲方、北京外交人员人事服务公司作为乙方签订的，约定甲方按照乙方要求提供临时服务人员，行政编制仍隶属甲方，甲方负责所提供人员的工资以及随工资一起的各项福利待遇，乙方按照有关规定将外事补贴直接发给本人；甲方所提供的人员在乙方工作期间，乙方每月向甲方拨款；甲方所提供的服务人员的年龄，凡达到国家规定的退休年龄时，即应返回原单位。这份协议说明，在劳动服务公司和北京外交人员人事服务公司之间存在着劳务派遣合同关系。1989年11月1日、1990年10月25日、1991年9月20日、1993年1月5日、1996年1月10日，劳动服务公司与北京外交人员人事服务公司多次续签了协议，1996年1月10日签订的协议自1996年1月1日起生效，有效期三年。那么，按照劳务派遣三方关系的原理，被派遣的人员就应该与劳动服务公司之间存在着劳动关系。现在只需要确认宋某是不是协议约定的被派遣人员就可以了。

北京外交人员人事服务公司又提供了一份1988年12月15日北京市某街道办事处劳动服务公司出具的信函，信函中，劳动服务公司表示同意接收八位同志为合同工，其中就包括宋某。至此，我们可以确信，宋某与北京市某街道办事处劳动服务公司之间存在着劳动关系。而在机构改革中，北京市某街道办事处劳动服务公司被撤销，其经济职能划入北京市某社区经济管理中心，就应该由北京市某社区经济管理中心承担用人单位的法律义务了。

既然北京外交人员人事服务公司本身也是符合规定的用人单位，也是有招工权的用工主体，有没有可能北京外交人员人事服务公司直接招用宋某为该单位自己的劳动者呢？也就是说，宋某与劳动服务公司之间的劳动关系在后来履行过程中有没有变化呢？由于劳务派遣关系的不稳定性，这种可能还是存在的。北京外交人员人事服务公司虽然与某街道办事处劳动服务公司签订了协议,如果没有实际履行协议,未向劳动服务公司支付协议约定的费用,而是由自己直接向劳动者发放,这种劳务派遣劳动关系是可能转化为直接的事实劳动关系的。不过,北京外交人员人事服务公司后来提供证据证明其一直履行了派遣协议约定的各项费用,这就消除了这种转化的可能。

本案中还出现了一份返聘协议书。1995年4月13日,北京外交人员人事服务公司作为甲方、宋某作为乙方,签订返聘协议书,就宋某返聘在人事服务公司作外事服务工作进行了约定,其中约定,甲方按乙方对外劳务费的35%支付乙方在岗期间的外事补贴,甲方停止向乙方单位拨款,乙方的公费医疗仍在原单位,返聘期间,因公负伤致残、死亡按国家有关规定处理。如何认识这份返聘协议呢?法院认为,宋某达到退休年龄后,与北京外交人员人事服务公司签订的返聘协议,形成的是一种劳务关系。我国劳动法律,目前不承认劳动者退休后再建立劳动关系。因此,法院的认定是正确的。宋某达到退休年龄后,应当与其所属的用人单位之间办理退休手续,按照国家规定享受相应的退休待遇,不论其是否符合条件、能否享受到退休待遇,如果宋某再到其他单位劳动,也不能建立劳动关系,而只能是一种民事法律上的劳务关系。

既然确定了宋某与北京市某社区经济管理中心之间存在劳动关系,北京市某社区经济管理中心就应当履行用人单位的法律义务。宋某的劳动是从1988年开始的,此后国家从1992年开始建立了社会保险缴费制度,用人单位就有义务按照规定为劳动者交纳社会保险费用,一直到劳动者达到退休年龄为止。劳动者达到退休年龄时,如果缴费年限和连续缴费年限符合规定的条件,就可以享受养老保险待遇。即使当时不完全符合条件,也可能符合北京市后来出台的超龄人员政策,从而通过一次性补交相关费用而获得养老保险待遇和医疗保险待遇。

用工单位应履行与劳动者之间的赔偿协议

【基本案情】

原告：邱某

被告：某智力合作公司（简称中智公司）

被告：瑞士某电子股份公司北京办事处（简称某公司北京办事处）

原告邱某诉称：我于2006年9月27日到某公司北京办事处工作，并于11月16日通过中智公司签订了劳动合同。11月23日，某公司北京办事处向我发出了辞退通知，并经和我协商，签订了辞退员工补偿协议，要求我工作到12月底，同时承诺在11月底发放11月工资时支付3个月工资作为补偿金。11月27日，某公司北京办事处将首席代表康庆文解雇，同时将办公室上锁，剥夺我继续工作的权利，至今也没有给我支付11月份工资和3个月的补偿金。现诉至法院，要求某公司北京办事处按照协议支付我补偿金15000元及额外补偿金7500元、2006年11月工资5000元及补偿金1250元、交接期工资5000元及补偿金1250元，要求中智公司补交我2006年11月至今的生活保障费及社会保险金。

被告中智公司辩称：我公司与邱某于2006年11月16日签订了为期一年的劳动合同，邱某由我公司派遣至某公司北京办事处工作，根据劳动合同的约定，邱某的工资由某公司北京办事处直接支付，我公司从未向邱某发出任何解除劳动合同的通知书，邱某要求我公司支付经济补偿金及额外经济补偿金的要求于法无据。某公司北京办事处在发给我公司的通知中称，由于某公司北京办事处变故，导致员工无法正常上班，但员工仍享有相关工作待遇，包括薪水，一旦恢复正常，将尽早通知员工回办公室上班。某公司北京办事处已完全恢复正常运转，邱某应按劳动合同约定返回工作岗位上班。社会保险费不属于人民法院受案范围。

被告某公司北京办事处辩称：我公司同意支付邱某2006年11月工资，但邱某未领到11月份工资，其原因不在于我公司拒绝发放，而在于邱某离职时未办理交接手续，并把高额赔偿作为协商条件，导致无法达成协议，未领到工资的责任在于邱某，因此，我公司不同意承担所谓的拖欠工资补偿金。辞退员工赔偿协议为倒签协议，涉嫌违法。邱某自2006年11月29日后，未再工作，也未办理工作交接手续，我公司不承担向其支付所谓工作交接期工资。邱某依据劳动合同提出的诉讼请求，与我公司无关。

法院经审理查明：

2006年11月16日，邱某与中智公司签订了劳动合同，期限一年，劳动合同约定，中智公司将邱某派遣到某公司北京办事处工作，岗位为行政人员，派遣至工作单位执行劳务合同期间，工作单位是邱某工资、社会保险、住房公积金即根据劳动法及相关法律法规规定的一切福利待遇的支付义务人，邱某的工资由邱某与工作单位协商确定，由工作单位直接支付。劳动合同约定，邱某与工作单位达成解除工作关系的协议的，劳动合同自动终止。

2004年1月1日，中智公司作为甲方、某公司北京办事处作为乙方签订合同，约定甲方根据乙方愿望，向乙方派遣中国雇员，并就具体事宜进行了约定。合同约定，派遣人员在乙方工作期间，由乙方按月直接付给工资；乙方应提前30天将派遣人员的变动情况书面通知甲方，若派遣人员属非过失被动离职时，乙方根据其在乙方的工作年限通过甲方支付离职费，每满一年支付相当于该员工一个月的工资，不满一年的按一年计算，最高不超过十二个月，此工资指派遣人员被解聘前十二个月的月平均工资，派遣人员严重违反乙方规定被解聘，经中国劳动行政管理部门裁定派遣人员确实构成严重违规，乙方可按规定不支付离职费。合同有效期2年，期满前一个月，甲乙双方均未提出异议，有效期自行延长1年。

2006年11月1日，某公司北京办事处向邱某出具"聘用员工待遇说明"，确认邱某作为经理助理，在2006年至2007年工作期间，除享受国家相关法规规定的福利外（通过中智公司办理），某公司北京办事处将在每月最后一天发放当月工资，邱某的月基本工资为5000元。

2006年11月23日，某公司北京办事处向邱某发出辞退通知，通知邱某，由于公司业务变更，对邱某作出辞退处理，要求邱某接到通知之后一个月内，同公司进行工作交接。

2006年11月23日，某公司北京办事处（甲方）与邱某（乙方）经协商达成"辞退员工赔偿协议"，约定甲方赔偿乙方三个月的工资作为辞退补偿金，在本月底发放工资时同时支付给乙方。

某公司北京办事处至今没有向邱某支付2006年11月工资，亦未履行上述赔偿协议。中智公司未为原告缴纳2006年11月份社会保险费用。

本案起诉前，邱某申请劳动仲裁，北京市朝阳区劳动争议仲裁委员会于2007年4月作出裁决，裁定某公司北京办事处向邱某支付2006年11月工资5000元及25%的经济补偿金1250元，驳回邱某其他申诉请求。

法院经审理认为：

邱某与中智公司签订有劳动合同，双方之间存在劳动关系。根据劳动合同及中智公司与某公司北京办事处的派遣合同，中智公司将邱某派往某公司北京办事处工作，工资由邱某与某公司北京办事处协商并由某公司北京办事处直接支付。2006年11月23日，某公司北京办事处由于业务变更，将邱某辞退，并与邱某就补偿问题达成协议。根据邱某与中智公司签订的劳动合同的约定，双方的劳动合同因邱某与某公司北京办事处达成了解除工作关系的协议而自动终止。邱某与某公司北京办事处就辞退补偿问题达成的协议，不违反法律规定，双方应按照协议履行。某公司北京办事处提出该协议系倒签，没有依据，也不影响协议有效。关于邱某的工资标准，邱某持有"聘用员工待遇说明"为凭，某公司北京办事处提出异议，但所举证据不足以证明邱某的工资标准，也不能否定邱某持有的"聘用员工待遇说明"。现邱某要求某公司北京办事处支付2006年11月工资及拖欠工资的经济补偿金、按照双方约定支付辞退补偿金，符合法律规定及双方约定，本院予以支持。辞退补偿金系邱某与某公司北京办事处协商约定，与依法支付的解除劳动合同经济补偿金并不完全相同，邱某要求支付额外经济补偿金，本院不予支持。中智公司作为用人单位，应为邱某缴纳劳动关系存续期间的社会保险费用，邱某要求中智公司补缴社会保险费用，符合法律规定，本院予以支持。2006年11月29日后邱某未继续工作，邱某要求支付交接期工资，缺乏事实依据，本院不予支持。邱某与中智公司签订的劳动合同已因邱某与某公司北京办事处达成了解除工作关系的协议而自动终止，邱某要求中智公司支付解除合同后至今的生活保障费用及保险金，缺乏依据，本院不予支持。

综上，依照《中华人民共和国劳动法》第17条、第50条之规定，判决如下：

一、瑞士某电子股份公司北京办事处于本判决生效之日起7日内向邱某支付2006年11月份工资5000元及25%的经济补偿金1250元。

二、瑞士某电子股份公司北京办事处于本判决生效之日起7日内向邱某支付辞退补偿金15000元。

三、中智公司于本判决生效之日起30日内为原告邱某补缴2006年11月份的养老、失业、医疗保险费用，具体缴费数额由社会保险经办机构核定，个人应缴纳的费用由邱某本人负担。

四、驳回邱某的其他诉讼请求。

【分析评论】

本案是最高人民法院《关于审理劳动争议案件适用法律若干问题的解释（二）》实施之后、《劳动合同法》实施之前发生的案件，争议的内容同时涉及派遣单位和用工单位，实践中比较典型，但是在实际处理上，与《劳动合同法》的规定相比，还是有一定的差异。

1. 用工单位应履行与劳动者达成的赔偿协议

邱某在诉讼请求中要求某公司北京办事处与中智公司连带支付辞退补偿金15000元及额外补偿金7500元，要求中智公司补交其2006年11月至今的生活保障费及社会保险金。对此，某公司北京办事处认为辞退员工赔偿协议为倒签协议，涉嫌违法，但提出邱某肯定不能回公司继续工作，而中智公司则辩称，从未向邱某发出任何解除劳动合同的通知书，邱某要求支付经济补偿金及额外经济补偿金的要求于法无据。

但是，根据法院查明的事实，2006年11月23日，某公司北京办事处向邱某发出辞退通知，通知邱某，由于公司业务变更，对其作出辞退处理；2006年11月23日，某公司北京办事处又与邱某经协商达成"辞退员工赔偿协议"，同意赔偿邱某三个月的工资作为辞退补偿金。某公司北京办事处主张协议违法，并没有依据。根据邱某与中智公司签订的劳动合同，邱某与工作单位达成解除工作关系的协议的，劳动合同自动终止。因此，中智公司否认双方的劳动合同终止，也没有依据。这种情况，实际上就属于用人单位提出解除劳动合同，与劳动者协商一致解除，用人单位应向劳动者支付解除劳动合同经济补偿金，这份经济补偿金，应由派遣单位和用工单位承担连带支付责任。但因为邱某与某公司北京办事处已经达成协议，由某公司北京办事处向邱某支付三个月工资作为辞退补偿，已经超过并代替了应依法支付的解除劳动合同经济补偿金。邱某与某公司北京办事处签订的辞退补偿协议，并不违反法律规定，是有法律效力的，某公司北京办事处应按照约定，向邱某支付相应的辞退补偿。不过，由于这笔辞退补偿，属于双方的约定，并非是法定的解除合同经济补偿金，邱某要求再支付50%的额外经济补偿金，法院未予支持。另外，由于邱某与某公司北京办事处达成解除工作关系的协议，导致其与中智公司签订的劳动合同终止，双方之间已经不存在劳动关系，邱某要求中智公司支付合同终止之后的生活费，没有依据，法院未予支持。

需要介绍的是,《劳动合同法》中对派遣单位和用工单位解除劳动合同作出了不同的规定。《劳动合同法》第 65 条规定,被派遣劳动者有本法第 39 条(用人单位即时解除权)和第 40 条第一项、第二项规定情形(用人单位通知解除权)的,用工单位可以将劳动者退回劳务派遣单位,劳务派遣单位依照本法有关规定,可以与劳动者解除劳动合同。可见,一般情况下,用工单位将劳动者退回派遣单位,并不必然导致劳动者与派遣单位之间劳动合同的解除,在这种情况下,派遣单位如果要解除劳动合同,必须履行解除劳动合同的手续,承担相应的法律义务。当然,《劳动合同法》也没有排除派遣单位与劳动者像本案这样,在劳动合同中约定用工单位退回的,劳动合同终止。因此,即使《劳动合同法》实施之后,这种约定仍然是有效的,只是在属于用人单位通知解除的情况下,派遣单位仍然需要根据法律的相应规定,承担支付经济补偿金的义务。

2. 用工单位应根据约定向劳动者支付工资

邱某与派遣单位中智公司签订了为期一年的劳动合同,劳动合同约定,中智公司将邱某派遣到某公司北京办事处工作,岗位为行政人员,派遣至工作单位执行劳务合同期间,原告的工资由原告与工作单位协商确定,由工作单位直接支付。中智公司与某公司北京办事处签订的劳务派遣协议中,也约定,派遣人员在某公司北京办事处工作期间,由某公司北京办事处按月直接付给工资。在实际执行中,在工资问题上,三方也是按照劳动合同和劳务派遣合同的约定执行的。因此,根据三方约定,对于工资问题,实际用工单位某公司北京办事处承担着劳动法上用人单位的支付工资义务。如用工单位没有按照约定的期限按月向劳动者支付工资,还应该按照国家规定,支付拖欠工资的经济补偿金。原告邱某索要工资的诉讼请求,也是针对某公司北京办事处提出的。因此,法院判决,某公司北京办事处向邱某支付拖欠的 2006 年 11 月份工资并加付 25% 的经济补偿金。

需要介绍的是,《劳动合同法》颁布之前,对劳务派遣中的工资支付并没有明确规定，因此，三方通过协议的方式约定由用工单位向劳动者支付工资，是没有问题的。《劳动合同法》第58条对此作出了不同的规定，要求由劳务派遣单位向劳动者按月支付劳动报酬；第60条规定，劳务派遣单位不得克扣用工单位按照劳务派遣协议支付给被派遣劳动者的劳动报酬。根据这些规定，《劳动合同法》实施之后，被派遣劳动者的工资均应由作为用人单位的派遣单位支付，而不应由实际使用劳动者的用工单位支付。这样规定的理由，可能是为了增强劳动者与派遣单位的联系，避免实践中出现的"逆向派遣"现象。而支付劳动报酬，作为用人单位的一项主要义务，应该由派遣单位来完成。而且，劳动者的工资水平，与社会保险待遇等其他应当由派遣单位履行的法律义务紧密相关，由派遣单位向劳动者支付工资，也有利于派遣单位按照劳动者的实际收入数额缴纳相应的社会保险费用，以减少派遣单位以不了解劳动者的工资收入数额而少缴纳社会保险费的现象，有利于维护劳动者的合法权益。《劳动合同法》关于工资由派遣单位支付的规定，属于派遣单位"应当"履行的义务，法律实施后，将不允许派遣单位再以约定的形式将支付工资义务转移给用工单位。即使劳动合同和劳务派遣协议有同样的约定，也会因违反了法律规定而不发生法律效力，派遣单位仍然应承担工资支付义务。

不过，对于加班费、绩效奖金，《劳动合同法》第62条又规定，应由用工单位负责支付。

3. 派遣单位应依法为劳动者缴纳社会保险费用

本案中，法院判决派遣单位中智公司为邱某补缴2006年11月份的养老、失业、医疗保险费用。劳务派遣关系中，派遣单位是用人单位，依法负有为被派遣的劳动者缴纳社会保险费用的义务，而且，这项义务依法不得转移，也不得约定由劳动者自行缴纳。如派遣单位未依法为劳动者缴纳社会保险费，劳动者可以根据《劳动合同法》第38条第1款第（三）项和第65条第1款的规定，随时解除劳动合同，并可以根据第46条第（一）项的规定，要求派遣单位支付经济补偿。

用人单位可以依法对劳动者进行纪律处分

【基本案情】

原告：曹某

被告：中国农业银行北京市某区支行

原告曹某诉称：我是中国农业银行北京市某区支行的职工，工作岗位是朝外大街分理处出纳柜员。2002年12月10日上午9：15分理处领导安排正管库员施建军去押运并让他把金库钥匙交给我，但领导没有安排办理交接手续。在10：00—10：40之间我同另一名正管库员赵若川因收款进过金库3—4次，10：40左右施建军回来后我把钥匙又交给了他。2002年12月12日管库员下班结账时，发现短款4万美元，报案后侦查没有结果。就此中国农业银行北京市某区支行于2003年8月25日对我予以记大过和赔偿2万元的处理决定。我认为2002年12月12日的短款与我2002年12月10日的违规没有任何关系，中国农业银行北京市某区支行对我的处理决定事实认定不清、适用条款不准，也超过了《企业职工奖惩条例》第20条规定的处分时效。我曾两次提起劳动仲裁，现不服仲裁裁决，诉至法院要求撤销中国农业银行北京市某区支行对我作出的记大过及赔款2万元的处理决定，并返还已扣工资。

中国农业银行北京市某区支行辩称：1.记大过的处分不应属于法院审理民事案件的范围。2.曹某存在违规操作的客观事实，该违规行为造成了丢失美金无法追回的严重后果，我行依据《中国农业银行员工违反规章制度处理暂行办法》的规定对曹某进行的处分符合程序要求，因而合法成立，曹某"没有偷窃就不应赔偿"的理由不能成立。我行的扣款行为也符合《企业职工奖惩条例》第17条的规定，合法正确。请求法院驳回曹某的诉讼请求。

法院经审理查明：

曹某于1986年12月到中国农业银行北京市某区支行工作，2002年6月30日，双方签订有无固定期限的《劳动合同书》。曹某在中国农业银行北京市某区支行朝外大街分理处担任出纳柜员，并兼任副管库员，主要职责是负责支行大厅临柜及正管库不在时顶替其工作，即金库中现金和有价证券的清点、结账工作。中国农业银行内部制度《中国农业银行出纳制度》第3条规定：（一）钱账分管，当日核对账款；（二）双人临柜，双人管库，双人守库，双人押运；（三）现金收、付，换人复核；（四）离岗必须交接和查库。

2002年12月10日上午，朝外大街分理处正管库员施建军因去发行库，将金库钥匙交与曹某，未履行交接查库手续；后施建军归来后曹某将钥匙交还施建军，仍未履行交接查库手续，其间曹某因收款与另一名正管库员赵若川曾进入金库。同日下午及次日下午，施建军又分别因去发行库将钥匙交与曹某各一次，施建军返回后，曹某将钥匙归还，四次交还钥匙均未履行交接查库手续。

2002年12月12日下午，朝外大街分理处下班后管库员盘库时，发现金库中短少4万美元现金。次日中国农业银行北京市某区支行报案，经公安机关侦查，至今尚无结论。

经上报中国农业银行北京市分行同意，中国农业银行北京市某区支行于2003年8月25日作出朝农银发〔2003〕100号文件《关于给予赵若川等六名同志纪律处分的决定》，认为这是一起因严重违反规章制度、违规操作造成的重大责任事故，认定赵若川、施建军、曹某、石磊负有直接责任，张武、刘宪军负有管理责任，为严肃纪律，决定对上述六人进行纪律处分。其中认定曹某作为副管库员在交接金库钥匙时未按规定清点库存、办理钥匙交接手续且在此期间发生短款4万美元，造成重大损失，应负直接责任，按照《中国农业银行员工违反规章制度处理暂行办法》第三章第85条第14款：会计出纳人员离岗离职不按规定办理交接手续的，应给予有关责任人员罚款处理或警告至记过处分；第二章第19条第2款，因违规行为造成事故、案件、经济纠纷、经营风险或经济损失、信誉损害的应当在第三章的具体违规行为处罚档次基础上从重或加重处理。根据以上条款决定：给予曹某行政记大过处分，赔偿人民币2万元。

曹某不服该决定申诉，中国农业银行北京分行监察室于2003年9月28日作出《关于曹某同志申请复审的复核决定书》，认为某区支行的处分决定，事实清楚，证据充分，适用条款准确，责任量度恰当，程序符合规定，决定维持原处理决定。

曹某仍不服，向北京市某区劳动仲裁委员会申请仲裁，要求撤销中国农业银行北京市某区支行作出的处分决定，撤销工作调岗决定，赔偿医疗费、精神损失费等。2003年12月30日，北京市某区劳动仲裁委员会作出裁决，认为企业有权依据自身制定的不与国家法律、法规相抵触的规章制度处分违纪职工，中国农业银行北京市某区支行对曹某"行政记大过"处分，属于企业内部的管理行为，不属于劳动争议仲裁委员会的审理范围。中国农业银行北京市某区支行作出的曹某"赔偿人民币2万元"的决定，并未实际执行，曹某并未因此造成利益上的实际损失，曹某请求撤销不属于劳动争议审理范围，对其请求不予支持。仲裁裁决驳回了曹某的申诉。

2004年12月28日，中国农业银行北京市某区支行向曹某发出《扣款通知》，根据朝农银发〔2003〕100号文件《关于给予赵若川等六名同志纪律处分的决定》，自2004年12月开始每月扣发曹某当月工资收入的20%，扣至赔偿完毕。

曹某再次申请劳动仲裁，要求撤销中国农业银行北京市某区支行作出的赔款2万元的处分决定，返还已经扣除的工资，支付误工工资。北京市某区劳动争议仲裁委员会于2005年5月23日作出裁决，认为企业制定的不与国家法律、法规相抵触的规章制度应得到落实，严格执行企业规章制度是杜绝事故发生的重要措施。曹某在承担管库职责办理钥匙交接手续时，未按规定清点库存，违反了中国农业银行北京市某区支行的相关规定，实际造成作为金库的安全管理体系的重要环节失效，形成了事故隐患。中国农业银行北京市某区支行认定曹某应承担直接责任，进行处理并无不妥，曹某要求返还已扣工资的请求不予支持。关于撤销赔款2万元处分的请求，已在京朝劳仲字〔2003〕第1285号裁决书中作出处理，不再审理。

法院经审理认为：

企业因经营需要有权在法律法规规定的范围内制定内部劳动规则和劳动纪律，并根据制定的规则对违反劳动规则和纪律的职工进行处分惩戒。中国农业银行制定的《中国农业银行出纳制度》、《中国农业银行员工违反规章制度处理暂行办法》不违反有关法律规定，已向职工发放，曹某应当遵守。在曹某担任副管库员期间，在交接金库钥匙时未按规定清点库存、办理钥匙交接手续，违反了中国农业银行的内部规定，中国农业银行北京市某区支行根据规定对曹某给予行政记大过处分并无不当。因为曹某等的违规行为，导致违规期间所发生的短款4万美元事件侦查范围过大，丢失现金无法追回，使企业遭受损失，中国农业银行北京市某区支行根据曹某的责任决定由曹某赔偿2万元损失，每月扣款不超过本人工资的20%，不违反法律法规的规定，亦无不当。中国农业银行北京市某区支行在事发之后，经过半年多时间查找未果，报市公安局立案侦查没有结论后才确定应由曹某等负责，并作出处理决定，并没有超过处分时限。曹某的诉讼请求，缺乏法律依据，本院不予支持。

综上，依照《中华人民共和国劳动法》第56条之规定，判决如下：

驳回曹某的诉讼请求。

一审宣判后，法定期间内双方均未上诉，一审判决已经发生法律效力。

【分析评论】

一、劳动纪律与用人单位惩戒权

劳动纪律，是指用人单位依法制定的、全体职工在劳动过程中必须遵守的行为规则。劳动纪律是社会化大生产的必要条件，没有劳动纪律，便没有社会化大生产。

《劳动法》第4条规定，用人单位应当依法建立和完善规章制度，保障劳动者享有劳动权利和履行劳动义务。这条规定，在解释上，应该包括用人单位制定劳动纪律的权利。目前，关于劳动纪律的规范性文件，仅有一份1982年4月10日国务院发布并实施的《企业职工奖惩条例》。条例是计划经济体制下的立法产物，仅适用于全民所有制企业和城镇集体所有制企业的全体职工，在社会主义市场经济体制下，条例规定严重限制国有企业的用工自主权，使国有企业与非国有企业的法律适用人为分割，已经显现出严重的不适应性。但在目前条件下，这仍然是一部有效的规定，国有企业对职工进行纪律处分，仍应按照条例的规定来执行。但从建立市场经济条件下统一的劳动法律制度的角度来看，应当废止《企业职工奖惩条例》，就企业惩戒违纪违章劳动者制定一项专门的、统一适用于各种企业的法规，为企业行使惩戒权提供法律依据，又可以防范企业滥用惩戒权，保护劳动者的合法权益。

劳动纪律的内容，一般包括时间纪律、组织纪律、岗位纪律、协作纪律、安全卫生纪律等方面。时间纪律是指劳动者在作息时间、考勤、请假方面的规则，是几乎所有用人单位都必备的基本规则。组织纪律，即劳动者在服从人事调配、听从指挥、保守秘密、接受监督方面的规则。岗位纪律，即劳动者在完成劳动任务、履行岗位职责、遵循操作规程、遵守职业道德方面的规则。协作纪律，即劳动者在工种之间、工序之间、岗位之间、上下层级之间的连接和配合方面的规则。安全卫生纪律，即劳动者在劳动安全卫生、环境保护等方面的规则。

用人单位制定劳动纪律，应当遵守以下两个基本原则：第一，合法性。用人单位制定的劳动纪律，只能在法律允许的范围和程度内约束劳动者的行为，不得逾越法律的界限，非法限制和剥夺职工依法享有的权利和自由，对违纪职工不得采用超过法定限制的惩罚措施。合法性是用人单位制定劳动纪律的首要原则。第二，公平性。用人单位应该对各种岗位的职工都制定相应的劳动纪律，全面约束劳动过程中的各种劳动行为。同时，对各种职工的劳动纪律在宽严程度上应当采用一致的标准，而不能对有的劳动者采用严厉的纪律，对其他的劳动者又采用宽松的纪律。纪律的公平性，是纪律得到遵守和实施的最基本条件。不公平的纪律，本身就是对纪律的权威性的破坏，也不可能得到普遍的遵守。

既然有劳动纪律，对违反劳动纪律的劳动者，用人单位就有实施纪律处分的权利，这种权利，就被称为惩戒权，又称惩处权、惩罚权。惩戒权是与劳动纪律密切相关的，有了劳动纪律就必须有惩戒权，否则就无人会遵守劳动纪律。因此，惩戒权对于维护劳动秩序、实现经营目的，具有十分重要的意义。但是，另一方面，用人单位的惩戒权，对劳动者的利益有重大影响，用人单位天然地有滥用惩戒权的趋势，如不进行必要限制，必然会损害劳动者的合法权益，不利于构建稳定和谐的劳动关系。

对惩戒权的限制，包括实体和程序两个方面。

实体方面，以惩戒的事由和措施为重点。比如，《企业职工奖惩条例》第11条规定，对于有下列行为之一的职工，经批评教育不改的，应当分别情况给予行政处分或者经济处罚：（一）违反劳动纪律，经常迟到、早退、旷工，消极怠工，没有完成生产任务或者工作任务的；（二）无正当理由不服从工作分配和调动、指挥，或者无理取闹，聚众闹事，打架斗殴，影响生产秩序、工作秩序和社会秩序的；（三）玩忽职守，违反技术操作规程和安全规程，或者违章指挥，造成事故，使人民生命、财产遭受损失的；（四）工作不负责任，经常产生废品，损坏设备工具，浪费原材料、能源，造成经济损失的，等等，就是从惩戒事由上对国有企业的惩戒行为进行限制。在措施上的限制,《企业职工奖惩条例》第 12 条规定,对职工的行政处分分为:警告,记过,记大过,降级,撤职,留用察看,开除。在给予上述行政处分的同时,可以给予一次性罚款。也就是说,国有企业对劳动者进行纪律处分,仅能采取上述措施,而不能采取其他措施。《企业职工奖惩条例》不适用于非国有企业,但非国有企业在制定劳动纪律时,也应明确规定违反劳动纪律时的惩戒措施,避免处分的随意性和忽轻忽重。至于具体措施,企业可以在不违反法律规定的原则下,自主确定。

程序方面,主要是要求用人单位对劳动者进行纪律处分,必须遵守一定的程序。《企业职工奖惩条例》第 13 条规定,对职工给予开除处分,须经厂长(经理)提出,由职工代表大会或职工大会讨论决定,并报告企业主管部门和企业所在地的劳动或者人事部门备案。但条例对其他处分的程序并没有作出规定。根据我国的实践,纪律处分程序中应包括以下几个环节:第一,调查取证,取得证明违纪事实存在的证据。第二,进行批评教育,并给予一定的要求其改正违纪行为的预警期,比如留用察看期、辞退警告期等。第三,经过纪律机关正式讨论,作出违纪事实的认定和纪律处分的初步决定。第四,征求工会的意见,工会认为纪律处分不适当的,有权要求重新处理。第五,听取本人对违纪事实认定和纪律处分决定的申辩意见。这是一项重要的民主程序。《法国劳动法典》第 122 - 41 条规定,雇主要惩罚雇员时,除非是警告等对雇员的报酬、职业生涯没有影响的,对于其他形式的惩戒措施,雇主都应当以书面的方式提前通知该雇员进行谈话,在通知书中要写明谈话的目的和时间、地点,并告知雇员可以找一位员工陪同他参加谈话,在谈话过程中,雇主要说明惩罚雇员的理由,并听取雇员的解释。上述规定可供我国企业借鉴。第六,对特定的纪律处分或者对有特定要求的劳动者(职工代表、工会干部等)的纪律处分,应当报请有关机构或者组织审查批准。第七,送达书面纪律处分决定,以便劳动者不服纪律处分时申请复议或者寻求法律救济。

除了实体方面和程序方面的限制外,用人单位对劳动者进行纪律处分,还应当遵循一定的原则。第一,无明文规定不处分原则。劳动者受处分的行为,必须在内部劳动纪律规则上有明确规定,无规定的,不应予以处分。第二,平等待遇原则。不同的劳动者,同等程度违反同一规定时,处分必须是同一程度和同一类型。平等待遇原则体现着纪律处分的公平性。第三,相当性原则。即处分的内容与违纪的类型、程度和情节相适应,否则可能会被法院认定为惩戒权的滥用而予以撤销。

二、本案评析

我们根据上面的介绍,来研究一下本案中用人单位对劳动者的纪律处分。

首先,用人单位制定了劳动纪律。与本案相关的就是中国农业银行内部制度《中国农业银行出纳制度》,其第3条规定了出纳工作的基本原则:(一)钱账分管,当日核对账款;(二)双人临柜,双人管库,双人守库,双人押运;(三)现金收、付,换人复核;(四)离岗必须交接和查库。这其实属于岗位纪律。

其次,劳动者有违反劳动纪律的行为。2002年12月10日上午,中国农业银行朝外大街分理处正管库员施建军因去发行库,将金库钥匙交当时的副管库员曹某,二人未履行岗位职责规定的交接查库手续;后施建军归来时曹某将钥匙交还施建军,二人仍未履行交接查库手续,其间曹某因收款与另一名正管库员赵若川曾进入金库。同日下午及次日下午,施建军又分别因去发行库将钥匙交与曹某各一次,施建军返回后,曹某将钥匙归还,四次交还钥匙均未履行交接查库手续。

再次,用人单位对劳动者进行纪律处分履行了相应的程序要求。中国农业银行某区支行进行处分前,对相关人员逐一谈话,询问有关事实,并等待公安机关的侦查结果。但由于有关人员没有履行查库手续,导致侦查范围扩大,侦查没有结果。经上报中国农业银行北京市分行同意,中国农业银行北京市某区支行才于2003年8月25日做出《关于给予赵若川等六名同志纪律处分的决定》,依据《中国农业银行员工违反规章制度处理暂行办法》的明文规定，对有关责任人的责任分别进行了认定，分别适用不同的条文，作出了处罚决定。作出决定之后，书面通知了劳动者，并在执行处罚措施时，再次进行了书面通知。

再其次，用人单位的纪律处分行为符合相当性原则。中国农业银行北京市某区支行作出的《关于给予赵若川等六名同志纪律处分的决定》，认为这是一起因严重违反规章制度、违规操作造成的重大责任事故，认定赵若川、施建军、曹某、石磊负有直接责任，张武、刘宪军负有管理责任，其中认定曹某作为副管库员在交接金库钥匙时未按规定清点库存、办理钥匙交接手续且在此期间发生短款 4 万美元，造成重大损失，应负直接责任，给予曹某行政记大过处分，决定由其赔偿人民币 2 万元。处分决定中，区分了不同人员的不同责任，并给予了不同的处罚，决定的赔偿数额也并非全额赔偿，符合相当性原则。

最后，用人单位采取的惩戒措施，符合法律法规的要求。除了给予记大过处分之外，中国农业银行北京市某区支行还决定由劳动者赔偿 2 万元，是采取每月扣款不超过本人工资的 20% 的方式执行的，这符合《工资支付暂行规定》第 16 条规定的"经济损失的赔偿，可从劳动者本人的工资中扣除，但每月扣除的部分不得超过劳动者当月工资的 20%"的要求。

总的来看，本案中用人单位采取的惩戒措施，无论在实体上还是程序上，都比较规范，因此，最终获得了法院的支持。

另外，《企业职工奖惩条例》第 20 条规定，审批职工处分的时间，从证实职工犯错误之日起，开除处分不得超过五个月，其他处分不得超过三个月。曹某提出，中国农业银行北京市某区支行的处分行为超过了《企业职工奖惩条例》的处分时效。中国农业银行北京市某区支行在事发之后，经过半年多时间查找未果，报市公安局立案侦查没有结论后才确定应由曹某等负责，并作出处理决定，是一种审慎的做法，并没有超过处分时限。

Part 3
劳动合同的解除和终止

用人单位解除劳动合同应支付经济补偿

【基本案情】

原告：郭某
被告：北京某水务投资有限公司

原告郭某诉称：我于 2003 年 9 月 10 日与被告北京某水务投资有限公司签订劳动合同，合同期限续签至 2006 年 9 月 9 日终止。我在北京某水务投资有限公司任副总裁，从事技术、工程、综合等业务管理工作，税前月薪 8500 元，并根据公司《车辆配置管理办法》享受车辆私车公用补贴（每月根据行驶公里数计算）。北京某水务投资有限公司自 2004 年 9 月起因经营不善开始拖欠工资及以上费用，2005 年 4 月 14 日北京某水务投资有限公司以无法开展正常经营活动为由，将我解聘，至今未支付我 2004 年 9 月至 2005 年 4 月的工资、相应补贴以及解约补偿金。现诉至法院要求北京某水务投资有限公司：1. 支付我 2004 年 9 月至 2005 年 4 月拖欠的工资 57813 元及 25% 的经济补偿金；2. 支付我解除劳动合同的经济补偿金 16908 元及 50% 的额外经济补偿金 8454 元；3. 支付我 2003 年 9 月至 2004 年 12 月车辆补助 56651 元；4. 支付我个人垫付的社保费用 3624 元、招待费 1810 元、不锈钢架费用 300 元。

北京某水务投资有限公司经法院传票传唤，未到庭应诉，亦未发表答辩意见。

法院经审理查明：

郭某原系北京某水务投资有限公司员工。2005 年 4 月 11 日，北京某水务投资有限公司作出某〔2005〕经办（文）字第 04 号

《关于解聘公司部分人员的决定》，表示因公司生产经营完全停滞，银行账户被法院冻结，无法支付员工工资、社保费用、工程款项及其他项目经营费用，无缓解迹象，根据公司2004年12月30日股东会议精神和相关决议，除保留必要运营人员、财务人员外，决定解除包括郭某在内的其他所有人员。解聘人员于2005年4月15日前办理解聘手续。依据劳动法的相关规定，公司将对解聘人员给予经济补偿，人力资源部将对解聘人员在本公司的工作年限进行确认，待公司危机解除后再支付。解聘人员的社会保险费截至2005年4月前，因公司现无力交付已欠的保险费，需办理保险转移手续的人员，暂由职员个人垫付，公司做好相关确认手续，记入其账务结算单中。

根据北京某水务投资有限公司财务部门核算的《欠付员工工资明细表》，公司共拖欠郭某2004年9月至2005年4月工资57813元，应支付郭某经济补偿金为16908元。根据北京某水务投资有限公司的规定和财务部门的核算，公司应向原告支付2003年9月至2004年12月车辆补贴56651元。郭某另为北京某水务投资有限公司垫付社会保险费用3624元。2004年8月3日，郭某垫付不锈钢架费用300元。

2005年9月1日，郭某就上述诉讼请求的项目申请劳动仲裁，北京市朝阳区劳动争议仲裁委员会于2005年9月1日作出不予受理通知书，以超过申诉时效为由，决定不予受理。

法院经审理认为：

用人单位不得拖欠劳动者工资。拖欠工资的，应支付25%的经济补偿金。用人单位解除劳动合同的，需按国家规定向劳动者支付经济补偿金。未按规定进行补偿的，需另支付50%的额外经济补偿金。

北京某水务投资有限公司拖欠郭某工资并决定解聘郭某，应支付拖欠的工资及25%的经济补偿金、解除合同经济补偿金及额外经济补偿金。根据北京某水务投资有限公司的规定和核算，还应结清应付郭某的车辆补贴。现郭某要求北京某水务投资有限公司支付拖欠的工资及25%的经济补偿金、解除合同经济补偿金及额外经济补偿金、车辆补贴、垫付的各项费用，符合法律规定，本院予以支持。但郭某请求的招待费1810元，未提供发票，证据不足，本院不予支持。北京某水务投资有限公司的《关于解聘公司部分人员的决定》表示各项费用"待公司危机解除后再支付"，因此郭某申请劳动仲裁时并未超过申诉时效。北京某水务投资有限公司经本院传票传唤，未到庭应诉，本院依法缺席判决。

综上，依照《中华人民共和国劳动法》第28条、第50条，《中华人民共和国民事诉讼法》第130条之规定，判决如下：

一、北京某水务投资有限公司于本判决生效之日起15日内向郭某支付2004年9月至2005年4月工资57813元及拖欠工资的经济补偿金14453.25元。

二、北京某水务投资有限公司于本判决生效之日起15日内向郭某支付解除劳动合同经济补偿金16908元及额外经济补偿金8454元。

三、北京某水务投资有限公司于本判决生效之日起15日内向郭某支付车辆补贴56651元。

四、北京某水务投资有限公司于本判决生效之日起15日内向郭某支付垫付的社会保险费用3624元、不锈钢架费300元。

五、驳回郭某其他诉讼请求。

【分析评论】

因解除劳动合同及相应的经济补偿发生的争议是实践中最常见的劳动争议类型之一。《劳动合同法》生效之前，关于解除劳动合同的法律规则，以《劳动法》的规定和原劳动部《违反和解除劳动合同的经济补偿办法》为主，其余的规则散见于最高人民法院和劳动行政主管部门的一些解释、通知、答复中，零乱不成体系，不易熟悉和掌握。特别是关于经济补偿的规定，立法层级很低，也十分不完善，实践中存在着各种各样的理解，导致解除劳动合同争议案件处理结果五花八门。而经济补偿问题是劳动法中一个比较特殊的制度，涉及劳动者和用人单位的重大利益，与其他民事案件有较大区别。《劳动合同法》设立专章对劳动合同的解除问题进行了专门的梳理和创新，尤其是在法律层面明确了经济补偿的条件和标准，有望建立统一的劳动合同解除与经济补偿规则。

一、劳动合同的解除与经济补偿

劳动合同的解除，即合同当事人依法提前终止劳动合同的法律效力。

关于劳动合同的解除的种类，依据提出解除方及解除事由的不同，可以分为几种不同的情况。《劳动法》第24条、第25条、第26条、第27条、第31条、第32条分别规定了双方协商一致解除、用人单位即时解除、用人单位通知解除、用人单位裁员解除、劳动者通知解除、劳动者即时解除六种情况。《劳动合同法》基本沿袭了《劳动法》的体系，分别在第36条、第37条、第38条、第39条、第40条、第41条规定了双方协商一致解除、劳动者通知解除、劳动者即时解除、用人单位即时解除、用人单位通知解除、用人单位裁员解除六种情况。虽然在体系上没有特别大的变化，但《劳动合同法》把劳动者的单方解除规定在前，把用人单位的单方解除规定在后，并且对单方解除的具体事由进行了较大的调整。一方面，在维护劳动者辞职权的同时，增加了劳动者即时解除劳动合同的事由，使劳动者可以解除劳动合同的情形大大增加；另一方面，严格限制用人单位的单方解除，增加了用人单位不得通知解除、裁员解除的事由，使用人单位单方解除劳动合同更加困难。应该说，《劳动合同法》关于劳动合同的解除的规定，很好地体现了适当向保护劳动者合法权益倾斜的立法取向。

第一，双方协商一致解除劳动合同。

用人单位与劳动者协商一致，可以解除劳动合同。劳动合同虽然受法律的严格限制和国家意志的干预，但毕竟是用人单位与劳动者双方意思表示一致的结果。当情况发生变化时，双方理所当然可以协商一致，决定解除合同。

不过，需要特别注意的是，协商一致解除劳动合同，总有一方首先提出，提出方的不同，会导致法律后果的极大差别。如果是劳动者提出解除劳动合同，并与用人单位协商一致，最终解除了劳动合同，则用人单位没有支付经济补偿金的义务。如果是用人单位一方提出解除劳动合同，并与劳动者协商一致，最终解除了劳动合同，用人单位需要向劳动者支付解除劳动合同经济补偿金。

第二，劳动者通知解除。

《劳动合同法》第37条规定："劳动者提前三十日以书面形式通知用人单位，可以解除劳动合同。劳动者在试用期内提前三日通知用人单位，可以解除劳动合同。"这就是关于劳动者通知解除权的规定。劳动者的通知解除权，又称辞职权，是法律赋予劳动者无须任何法定事由，只要提前30日书面通知，即可解除劳动合同的权利。在现代市场经济社会中，都保障劳动者的辞职权，只有劳动者享有了辞职权，才能不被死死限制在一个用人单位，劳动力可以自由流动，从而发挥市场机制在资源配置中的作用，使劳动力要素自由流动到最能发挥其功用和价值的领域，而自动淘汰那些落后的、没有效率的产业，劳动者也可以通过自由流动实现人尽其才、才尽其用。《劳动法》中只有关于提前30日书面通知解除劳动合同的内容，《劳动合同法》除保留相应内容外，还明确了劳动者在试用期内的通知解除，这是法律规则的细小调整。在《劳动法》中，试用期内，劳动者拥有即时解除权，无须事先通知；《劳动合同法》生效后，试用期内，劳动者需提前3日通知用人单位，方可解除劳动合同。

第三，劳动者即时解除。

劳动者即时解除，即存在法定情形时，劳动者可以无须事先通知，立即告知用人单位解除劳动合同，并立即导致劳动合同解除。《劳动合同法》第38条对《劳动法》第32条规定的劳动者即时解除的情形进行大规模重构，大大增加了劳动者可以即时解除劳动合同的情形，包括：（一）未按照劳动合同约定提供劳动保护或者劳动条件的；（二）未及时足额支付劳动报酬的；（三）未依法为劳动者缴纳社会保险费的；（四）用人单位的规章制度违反法律、法规的规定，损害劳动者权益的；（五）因用人单位以欺诈、胁迫的手段或乘人之危，使劳动者在违背真实意思的情况下订立劳动合同，致使劳动合同无效的；（六）法律、行政法规规定劳动者可以解除劳动合同的其他情形。另外，用人单位以暴力、威胁或者非法限制人身自由的手段强迫劳动者劳动的，或者用人单位违章指挥、强令冒险作业危及劳动者人身安全的，劳动者可以立即解除劳动合同，不需事先告知用人单位。

《劳动合同法》规定的这些情形，都是劳动者的基本劳动权利甚至人身权利受到严重侵害的情形，用人单位不提供劳动条件、不支付劳动报酬、不缴纳社会保险费，甚至以暴力、威胁或非法限制人身自由的手段强迫劳动者劳动，或者用人单位违章指挥、强令冒险作业危及劳动者人身安全，都是严重地侵犯劳动者劳动权利的行为，劳动者可以立即通知用人单位解除劳动合同。

不过，令人费解的是，《劳动合同法》规定用人单位以欺诈、胁迫的手段或乘人之危，使劳动者在违背真实意思的情况下订立劳动合同，致使劳动合同无效时，劳动者可以解除劳动合同，似在逻辑上有自相矛盾之嫌，从法理上讲，无效的劳动合同自始没有法律效力，劳动者根本不受其约束，无效的劳动合同自然也不存在解除的问题。

第四，用人单位即时解除。

与劳动者的即时解除权相对应，在劳动者存在严重过错的情形，用人单位也有即时解除的权利，根据《劳动合同法》第39条的规定，具体包括：（一）在试用期间被证明不符合录用条件的；（二）严重违反用人单位的规章制度的；（三）严重失职，营私舞弊，给用人单位造成重大损害的；（四）劳动者同时与其他用人单位建立劳动关系，对完成本单位的工作任务造成严重影响，或者经用人单位提出，拒不改正的；（五）因劳动者以欺诈、胁迫的手段或乘人之危，使用人单位在违背真实意思的情况下订立劳动合同，致使劳动合同无效的；（六）被依法追究刑事责任的。

《劳动法》第25条有类似的规定。由于用人单位行使即时解除权的情形，均为劳动者有重大过错的情形，因此，用人单位即时解除劳动合同，不用向劳动者支付经济补偿。在司法实践中，因解除劳动合同引发的争议，用人单位一方往往提出是依据《劳动法》第25条与劳动者解除劳动合同的，特别是提出劳动者有"严重违反用人单位的规章制度"及"严重失职，营私舞弊，给用人单位造成重大损害"的情形，来逃避支付经济补偿金的义务，本案就是十分典型的案例。需要提醒用人单位的是，援引这两款理由作为与劳动者解除劳动合同的依据，必须注意到劳动者的违纪情形达到"严重"的程度，用人单位必须有充分的证据予以证明，并且必须在解除劳动合同的书面通知中明确援引相应的法定事由。如果解除劳动合同决定是以其他事由作出的，发生纠纷后才主张劳动者严重违纪，是很难成立的。用人单位以劳动者严重违纪为由解除劳动合同，极易发生纠纷，在仲裁或者诉讼中，如果用人单位没有足够的证据证明劳动者存在严重违纪的情形，其解除劳动合同的决定就会被司法裁决撤销。

第五，用人单位通知解除。

如因劳动者不能胜任工作或者客观情况发生重大变化导致劳动合同无法履行时，用人单位提前30日通知或者支付相当于一个月工资的代通知金后可以解除劳动合同，具体情形包括：（一）劳动者患病或者非因工负伤，在规定的医疗期满后不能从事原工作，也不能从事由用人单位另行安排的工作的；（二）劳动者不能胜任工作，经过培训或者调整工作岗位，仍不能胜任工作的；（三）劳动合同订立时所依据的客观情况发生重大变化，致使劳动合同无法履行，经用人单位与劳动者协商，未能就变更劳动合同内容达成协议的。

第六，用人单位裁员解除。

用人单位的情况千差万别，经常会有用人单位陷于经营困难。用人单位可以根据具体情况，依照法定程序，进行裁员，以降低成本、提高效率，避免陷于破产的境地。《劳动法》和《劳动合同法》也都规定了一定情形下,用人单位可以裁减人员,《劳动合同法》规定的具体情形包括:(一)依照破产法规定进行重整的;(二)生产经营发生严重困难的;(三)企业转产、重大技术革新或者经营方式调整,经变更劳动合同后,仍需裁减人员的;(四)其他因劳动合同订立时所依据的客观经济情况发生重大变化,致使劳动合同无法履行的。

裁员解除劳动合同时,需听取工会的意见,并向劳动行政部门报告,但法律并未要求提前30日通知被裁减人员。裁减人员时,根据公平原则,应当优先留用下列人员:(一)与本单位订立较长期限的固定期限劳动合同的;(二)与本单位订立无固定期限劳动合同的;(三)家庭无其他就业人员,有需要扶养的老人或者未成年人的。并且,用人单位如果在六个月内重新招用人员的,应当通知被裁减的人员,并在同等条件下优先招用被裁减的人员。

对于用人单位单方解除劳动合同的通知解除和裁员解除,《劳动法》和《劳动合同法》都限定了特定的不得解除条件,在具备这些特殊的不得解除条件时,即使用人单位具备通知解除和裁员解除的情形,也不得单方解除劳动合同。这些不得解除的条件包括:(一)从事接触职业病危害作业的劳动者未进行离岗前职业健康检查,或者疑似职业病病人在诊断或者医学观察期间的;(二)在本单位患职业病或者因工负伤并被确认丧失或者部分丧失劳动能力的;(三)患病或者非因工负伤,在规定的医疗期内的;(四)女职工在孕期、产期、哺乳期的;(五)在本单位连续工作满十五年,且距法定退休年龄不足五年的;(六)法律、行政法规规定的其他情形。只要具备上述不得解除条件之一,用人单位即不得行使其通知解除权及裁员解除权。

解除或终止劳动合同的经济补偿,有人通俗地称为离职费或者遣散费,是指符合法定的劳动合同解除或者终止条件时,用人单位按照法定的标准向劳动者支付的一次性金钱补偿。理论上说,这种金钱补偿属于劳动贡献的积累补偿,是对劳动者在劳动关系存续期间为用人单位已作贡献的积累所给予的经济补偿,数额一般应当与劳动者在用人单位的工作年限挂钩。

从前面关于解除劳动合同的各种情形，我们可以看到，《劳动合同法》基本沿袭了《劳动法》的体系，仅在具体规则上进行了细微调整。如果说，在解除合同问题上，《劳动合同法》是与《劳动法》一脉相承的话，那么，在经济补偿问题上，《劳动合同法》就对《劳动法》有了重大突破。

《劳动法》关于经济补偿的规定十分原则，仅有一句话："用人单位依据本法第24条、第26条、第27条的规定解除劳动合同的，应当依照国家有关规定给予经济补偿"（《劳动法》第28条）。因此，在《劳动法》的时代，经济补偿首先是与解除劳动合同相联系的，终止劳动合同无须支付经济补偿。经济补偿的情形也十分有限，限于用人单位提出、双方协商一致解除劳动合同，以及通知解除、裁员解除三种情况。而且，《劳动法》本身没有规定经济补偿的标准，标准问题留给了"国家有关规定"。这个"国家有关规定"就是原劳动部颁布的《违反和解除劳动合同的经济补偿办法》。

《劳动合同法》在经济补偿问题上的突破体现在以下几个方面：

第一，有三种终止劳动合同的情形，用人单位亦需要支付经济补偿，包括劳动合同到期用人单位不再续签的、用人单位被依法宣告破产终止劳动合同的、用人单位被吊销营业执照、责令关闭、撤销或者用人单位决定提前解散终止劳动合同的。因此，今后经济补偿将不仅仅与解除劳动合同相联系，而且与终止劳动合同联系了起来，终止劳动合同不支付经济补偿的不合理时代一去不复返了。同时，《劳动合同法》也维持了《劳动法》中用人单位提出、双方协商一致解除劳动合同，以及通知解除、裁员解除三种解除劳动合同情形下，用人单位支付经济补偿的义务。这样，概括起来理解，《劳动合同法》第46条规定的经济补偿情形，除了最后一项兜底条款外，就是上述三种用人单位解除劳动合同的情形和三种终止劳动合同的情形，以及下面谈到的劳动者即时解除的情形。

第二，用人单位存在严重过错、劳动者行使即时解除权时，用人单位亦需要支付经济补偿。具体包括：（一）未按照劳动合同约定提供劳动保护或者劳动条件的；（二）未及时足额支付劳动报酬的；（三）未依法为劳动者缴纳社会保险费的；（四）用人单位的规章制度违反法律、法规的规定，损害劳动者权益的；（五）因用人单位以欺诈、胁迫的手段或乘人之危，使劳动者在违背真实意思的情况下订立劳动合同，致使劳动合同无效的；（六）用人单位以暴力、威胁或者非法限制人身自由的手段强迫劳动者劳动的，或者用人单位违章指挥、强令冒险作业危及劳动者人身安全的。这在《劳动法》中是没有相应规定的，《劳动合同法》的这个突破，很好地解决了实践中由于用人单位的过错，劳动者无奈辞职而无法获得经济补偿的问题。

第三，《劳动合同法》将经济补偿的具体标准上升到法律层面。如前所述，《劳动法》中仅仅规定了经济补偿的原则，并没有规定经济补偿的具体标准，将具体标准留给了"国家有关规定"。实践中，具体标准是由原劳动部以部门规章的形式作出规定的，法律层级太低，司法机关直接适用存在障碍。《劳动合同法》第47条明确规定了经济补偿的具体标准：经济补偿按劳动者在本单位工作的年限，每满一年支付一个月工资的标准向劳动者支付。六个月以上不满一年的，按一年计算；不满六个月的，向劳动者支付半个月工资的经济补偿。

第四，《劳动合同法》对高收入劳动者可以获得的经济补偿进行了数额和年限两方面的限制。经济补偿，本意在于对劳动者在用人单位工作期间的劳动力折旧进行一定的补偿。高收入者，尤其是企业高级经营管理人员的经济补偿，往往成为用人单位的沉重负担，国际上大型企业的高管人员遣散费用多者高达上亿美元，随着我国经济的发展，动辄上百万元的经济补偿也已经在实践中出现。因此，在现阶段，《劳动合同法》立法限制高收入劳动者可以获得的经济补偿数额，有一定的现实性。但不同的劳动者，劳动力的价值本身是不一样的，高收入劳动者本身创造了比较大的劳动价值，获得高额的遣散费也有其本身的合理性。《劳动合同法》规定，普通劳动者完全按照年限获得经济补偿，而高收入者则不但限定补偿标准为职工月平均工资的三倍，而且限定补偿年限最高不超过12年，似乎失之于严苛。

二、本案评析

本案发生在《劳动合同法》实施之前，应该适用《劳动法》的规定进行处理。《劳动法》第27条规定，用人单位濒临破产进行法定整顿期间或者生产经营状况发生严重困难，确需裁减人员的，应当提前30日向工会或者全体职工说明情况，听取工会或者职工的意见，经向劳动行政部门报告后，可以裁减人员。本案中，北京某水务投资有限公司就是以公司生产经营状况发生严重困难为由解除与劳动者的劳动合同的，该公司表示公司生产经营完全停滞，银行账户被法院冻结，无法支付员工工资、社保费用、工程款项及其他项目经营费用，无缓解迹象，故决定裁员。依照《劳动法》的上述规定，此种裁员应提前30日向工会或者全体职工说明情况，听取工会或者职工的意见。本案中，北京某水务投资有限公司经法院传票传唤，未到庭应诉，根据劳动者一方的单方陈述，无法查明北京某水务投资有限公司是否履行了这一程序。但该公司陷入了经营困难确定无疑，劳动者对此也没有意见。因此，该公司解除与劳动者的劳动合同，可以看做是《劳动法》第27条规定的裁员解除。

《劳动法》第28条规定，用人单位依据本法第27条的规定解除劳动合同的，应当依照国家有关规定给予经济补偿。所谓的国家规定，就是原劳动部发布的《违反和解除劳动合同的经济补偿办法》，该办法第9条规定，用人单位濒临破产进行法定整顿期间或者生产经营状况发生严重困难，必须裁减人员的，用人单位按被裁减人员在本单位工作的年限支付经济补偿金。在本单位工作的时间每满一年，发给相当于一个月工资的经济补偿金。北京某水务投资有限公司作出的《关于解聘公司部分人员的决定》中也表示，依据劳动法的相关规定，公司将对解聘人员给予经济补偿，人力资源部将对解聘人员在本公司的工作年限进行确认，待公司危机解除后再支付。但该公司后来仍然一直没有支付，劳动者才申请劳动仲裁，然后诉至人民法院要求解决。否则，公司进入破产程序，劳动者的权利不能获得确认的话，很难得到最终的保护。《违反和解除劳动合同的经济补偿办法》第10条规定，用人单位解除劳动合同后，未按规定给予劳动者经济补偿的，除全额发给经济补偿金外，还须按该经济补偿金数额的50%支付额外经济补偿金。因此，依照上述规定，法院判决北京某水务投资有限公司向郭某支付解除劳动合同经济补偿金及50%的额外经济补偿金。

用人单位违法解除劳动合同需按经济补偿标准进行双倍赔偿

【基本案情】

原告：刘某（反诉被告）
被告：北京某电视传媒有限公司（反诉原告）

刘某与北京某电视传媒有限公司（以下简称某公司）发生劳动争议，刘某于2005年11月17日申请劳动仲裁，2006年9月6日，北京市朝阳区劳动争议仲裁委员会作出裁决。刘某与某公司均不服该裁决，刘某于2006年9月20日提起诉讼，某公司于2006年9月21日提起诉讼。法院受理后，依法将两案合并审理，刘某列为原告（反诉被告），北京某电视传媒有限公司列为被告（反诉原告）。

刘某起诉并答辩称：我与某公司于2005年1月1日签订劳动合同，期限3年，我担任制作经理一职，月薪2万元。任职期间，对于公司指派、安排的工作尽职尽责、勤勤恳恳、加班加点，工作能力、工作成绩在公司上下有目共睹。然而，2005年11月2日下午，某公司突然向我递交解除劳动合同通知书，将劳动合同的期限由三年改为两年，无中生有地捏造我所谓违反合同约定及公司规定的行为，单方面宣布解除劳动合同。另外，在支付10月份工资时，克扣我工资为10449元。我深感意外和愤慨，一方面表示可以解除劳动合同，另一方面要求某公司必须依法、依约承担相应的责任。现诉至法院要求某公司：1. 支付解除劳动合同的经济补偿金2万元、额外经济补偿金1万元；2. 赔偿工资收入2万元，加付5000

元的赔偿费用；3. 支付克扣的 10 月份工资 10449 元，并支付经济补偿金 2612 元；4. 支付 10 天年假折薪 9090.91 元。

某公司起诉并答辩称：2005 年 1 月 1 日，我公司与刘某签订了劳动合同，聘任刘某担任制作经理。在劳动合同期限内，刘某存在失职行为，我公司及时进行指正，刘某也表示积极改正。但在 2005 年 10 月 17 日至 21 日，刘某却无故旷工五天，严重影响了公司的工作安排。我公司依据劳动合同第 8.6 条的约定和《劳动法》第 25 条的规定，于 2005 年 11 月 2 日，解除了与刘某的劳动合同。其后，刘某申请劳动仲裁，2006 年 9 月 6 日，北京市朝阳区劳动争议仲裁委员会裁决我公司支付刘某工资 5685.53 元、年假折薪 9090.91 元。我公司不服该裁决，理由如下：1. 刘某在未办理完工作交接和财务结算手续的情况下，我公司不应向其支付年假折薪。2. 刘某未向我公司提交出差报销票据的情况下，不应向其支付抵销工资 5685.53 元。仲裁根据错误认定的事实进行的裁决是错误的，请求法院将裁决书第一项改判为：刘某在判决生效后 7 日内向我公司提交出差报销票据 5685.53 元，经我公司核对无误后，按照核对数额进行报销；将裁决书第二项改判为：刘某在判决生效后 7 日内与我公司办理完工作交接和财务结算手续后，我公司向其支付年假折薪 9090.91 元；维持仲裁裁决第三项。

法院经审理查明：

2005 年 1 月 1 日，刘某与某公司签订劳动合同，期限 3 年，自 2005 年 1 月 1 日至 2007 年 12 月 31 日，其中试用期三个月，合同期限内，刘某在某公司担任制作经理一职，税前月薪为 2 万元，每月 5 日前支付上月工资。工作时间为每周一至周五上午 9 点到下午 6 点，其中午饭时间 1 小时，每周工作 40 小时，刘某享受法定节日、年休和病假等假期。劳动合同第 8.6 条约定：乙方（即刘某）有下列情形之一的，甲方（即某公司）可随时解除本合同而无须向乙方给予任何赔偿或负任何责任，除非有关公布及可公开获悉的法律及法规有另外明确规定及必须要求外：8.6.1 在试用期间被证明不符合录用条件；8.6.2 未能通过甲方规定的入职体格检查；8.6.3 严重违反劳动纪律或者甲方规章制度的；8.6.4 严重失职，营私舞弊，对甲方利益造成重大损害的；8.6.5 依法被追究刑事责任的；8.6.6 法律、法规规定的其他情形；8.6.7 严重违反本合同规定。

2005 年 11 月 1 日，某公司向刘某送达解除劳动合同通知书，通知书提出刘某在合同期限内存在如下违反合同约定及公司规定的行为：1. 在未经甲方明确允许的前提下，允许外来人员同公司拍摄组一同前往拍摄；2. 在张伟平采访过程中，未能执行公司指令，使公司失去一个非常可贵的机会；3. 在拍摄华谊兄弟过程中发现拍摄错误不及时纠正，在工作岗位中玩忽职守；4. 在本岗位不能按时完成甲方的工作任务，给甲方造成一定的经济损失；5. 未经甲方允许，私自旷工，致使公司的正常工作无法进行。为此，本公司根据双方签订的劳动合同第 8.6 条之约定通知你：1. 从即日起解除双方签订的劳动合同；2. 劳动合同解除后请你在 1 日内办理完工作交接和财务结算手续；3. 在办完 1、2 项后，公司另支付您 10 天年假折成工资 9090.91 元；4. 本公司将在 11 月不再为你交纳社保费用，请你及时办理社保交纳的变更手续；5. 以上任何条款均应遵守《保密协议》。

2005 年 10 月 17 日至 21 日，刘某未到某公司上班。根据刘某提供的中国人民解放军海军总医院门诊医疗手册、处方、病人费用清单，其曾于 2005 年 10 月 19 日因咳嗽、咳痰半月余就诊，经查咽部充血，双肺听诊未见异常，医生诊断为：急性气管—支气管炎。

某公司提交的员工手册第 4.2.3 条关于病假规定：病假除尽早口头通知外，上班后必须尽快填写公司的《请假单》，一天以上的病假必须提交医院的相关就诊凭证，经主管/部门经理批准，交人力资源部审核批准后方可生效。病假的最小申请单位为 1 小时。因急病未能事先请假而缺勤者，在恢复上班后 2 天内还未办妥补假手续的，作事假处理。第 4.2.4 条关于事假规定，员工在工作时间有私事必须亲自处理时，可以申请事假，所有员工每年可申请最多 6

个工作日即 48 小时的无薪事假。服务未满本年度，按当年实际服务月数所占比例折算，事假申请超过公司规定的，将影响年终奖金的分配。员工手册第 6.3.1 条规定，严重的不规范行为可能会导致被辞退，包括第 6.3.1.9 条规定连续三天或一年内累计 6 天旷工者。

证人李某到庭证明，其是某公司行政财务经理，刘某没有请假就不上班，没有补办休假手续。员工手册在员工入职时发到员工的邮箱中。证人孙某到庭证明，其是某公司项目经理，刘某有几天没有到公司上班，入职的第一个月，公司将员工手册发到邮箱并给了一个打印版的。

刘某曾于 2005 年 7 月 15 日给公司黄华麒总裁发送电子邮件，就 7 月 12 日向其发出警告信一事进行答复，表示感到非常抱歉，一是 6 月底，在跟随《半边天之摩梭》拍摄组期间，允许韩国人跟随拍摄组可能对公司造成影响和损失，使公司不必要承受了潜在的压力；二是在北京采访张伟平的事情上，轻易放弃原订计划。对这件事情愿意承担自己的责任，诚恳地接受批评，并好好吸取教训。2005 年 7 月 19 日，刘某还曾提交一份有关拍摄王中军访问的问题的检讨报告，对于导致画面晃动的情况，其本人应紧急叫停要求重新拍摄而未履行，刘某愿负主要责任，进行深刻检讨，防止再出现类似情况。

2005 年 11 月 8 日，某公司向刘某支付 10 月份工资 5444.84 元。某公司表示其中扣除旷工 5 天的工资 4780.11 元，扣除养老保险费 566.96 元、失业保险费 33.45 元、医疗保险费 289.48 元、住房公积金 1202 元、个人所得税 2013.84 元，并扣除刘某从公司借款余额 5685.53 元。某公司表示扣除以上项目后，应支付刘某的工资为 5444.84 元。

2005 年 11 月 3 日，刘某经海军总医院诊断为窦性心动过速，刘某当日将诊断证明书快递给某公司。

2005 年 11 月 17 日刘某向北京市朝阳区劳动争议仲裁委员会申请仲裁，申诉请求除请求数额有所差别外，与本案诉讼请求大致相同。2006年9月6日，北京市朝阳区劳动争议仲裁委员会作出裁决：1. 某公司支付刘某工资5685.53元；2. 某公司支付刘某年假折薪9090.91元；3. 驳回刘某其他申诉请求。

法院认为：

刘某与某公司签订的劳动合同合法有效，双方均应认真遵守。某公司提出解决劳动合同，需要提出符合法律规定及劳动合同约定的事由，并有事实依据，否则应依法承担法律责任。

第一，关于某公司提出解除劳动合同是否符合法律规定及合同约定，是否应支付解除劳动合同经济补偿金。

某公司解除劳动合同通知书中援引的解除劳动合同的依据是劳动合同第8.6条的约定。从其列举的刘某在合同期限内存在的5项违反合同约定及公司规定的行为来看，其主要依据是劳动合同第8.6.3条关于"严重违反劳动纪律或者甲方规章制度"以及第8.6.4条"严重失职，营私舞弊，对甲方利益造成重大损害"的约定。对于解除劳动合同通知书中所提出的前三点："1. 在未经甲方明确允许的前提下，允许外来人员同公司拍摄组一同前往拍摄；2. 在张伟平采访过程中，未能执行公司指令，使公司失去一个非常可贵的机会；3. 在拍摄华谊兄弟过程中发现拍摄错误不及时纠正，在工作岗位中玩忽职守"，刘某也在给公司总裁的信件及检讨书中承认发生失误。但工作中存在失误是难以绝对避免的，这三件事情，没有证据表明达到了劳动合同第8.6.4条"严重失职，营私舞弊，对甲方利益造成重大损害"的程度，某公司凭该三点事由，单方解除合同，不能成立。解除劳动合同通知书中提到的"4. 在本岗位不能按时完成甲方的工作任务，给甲方造成一定的经济损失"，对此某公司没有提供证据证明，因此，也没有事实依据。

解除劳动合同通知书中主张的"5. 未经甲方允许，私自旷工、致使公司的正常工作无法进行"是本案双方当事人争议的主要问题所在。2005年10月17日至21日，刘某有5天时间未到公司上班。刘某主张自己因病请假，某公司称刘某并未请假，是无故旷工，并认为构成劳动合同第8.6.3条"严重违反劳动纪律或者甲方规章制度"。根据刘某提供的中国人民解放军海军总医院门诊医疗手册、处方、病人费用清单，其曾于2005年10月19日因咳嗽、咳痰半月余就诊，经查咽部充血，双肺听诊未见异常，医生诊断为：急性气管—支气管炎，因此，刘某存在因病请假的基础事实。对于刘某是否请假，双方各执一词。考虑到刘某即使办理了请假手续，相应的手续也保存在某公司，刘某手中也不存在相应的书面凭证，刘某难以举证证明自己办理过请假手续。在确实生病的情况下，认定刘某不向公司请假而是故意旷工也是不符合情理的。在刘某主张5天未上班是因为休病假并可以提出相关就诊凭证的情况下，某公司仅以其没有办理请假手续而认定其私自旷工，不能成立。刘某是否知道员工手册关于请病假的规定，对此没有影响。即使按照员工手册的规定，病假在恢复上班后2天内还未办妥补假手续的，也是作假处理，并非按照旷工处理，而员工手册规定所有员工每年可申请最多6个工作日即48小时的无薪事假。因此，某公司认定刘某5天未上班属于旷工并主张构成"严重违反劳动纪律或者甲方规章制度"，提出解除劳动合同并不给予经济补偿，不能成立。

综上所述，某公司提出解除劳动合同，不符合法律规定及合同约定的不进行补偿的情形。现刘某同意解除劳动合同，应视为由用人单位提出、双方一致同意解除劳动合同，某公司应按《违反和解除劳动合同的经济补偿办法》的规定向刘某支付解除劳动合同的经济补偿金，即相当于刘某一个月工资的经济补偿金2万元。因某公司与刘某对解除劳动合同的性质和依据存有争议，正通过法定程序解决，不属于未按规定给予经济补偿，刘某要求支付额外经济补偿金，没有依据，本院不予支持。

双方解除劳动合同，并不属于依据劳动合同第8.4条约定的情形或者《劳动法》第26条规定的情形，刘某以未提前30天通知为由要求某公司赔偿工资收入2万元并加付5000元，没有依据，本院不予支持。

第二，关于工资及年假折薪。

如前所述，刘某具有休病假的条件，但是否办理了请假手续双方各执一词，如果办理了病假手续，则某公司扣除其5天的工资自然没有依据，但如果未及时补办病假手续，按照员工手册的规定，应按照无薪事假对待，某公司扣除其5天的工资并无不当。根据本案的情况，刘某5天未上班，虽不能认为是旷工，但认定其办理了病假手续，也没有证据支持，因此，刘某要求某公司支付其被扣除的5天工资，本院不予支持。

关于某公司支付工资时扣除的借款。双方对存在借款的事实并无争议，分歧在于刘某是否提交了报销借款的票据。刘某离职时主张报销的票据已经放在了其本人的办公桌上，某公司在仲裁时承认了此事实，票据实际已由某公司掌握；某公司否认曾承认过，并认为将票据放在办公桌上不能视为报销。本院认为，报销的票据应由刘某提交给某公司财务部门履行报销手续，即使刘某将票据放在自己的办公桌上，也不能视为是履行了报销手续，票据灭失的责任应该由刘某承担。刘某离职时，双方应进行结算，某公司从10月份工资中扣除刘某未提交票据部分的借款，并无不当，刘某不能提供相应票据，却要其支付该部分工资，没有事实依据，本院不予支持。

关于年假折薪。在解除劳动合同通知书中，某公司已经承诺向刘某支付相当于10天工资的年假折薪9090.91元。通知书中虽然提出在办理完工作交接和财务结算后才支付此款项，但本院认为，这项承诺与工作交接和财务结算是相互独立的，年假折薪本质上与工作交接及财务结算并无必然联系。某公司在向刘某支付2005年10月的工资中，已经扣除了借款，进行了相应的结算。某公司与刘某如因是否办理了工作交接手续及其他结算问题存在争议，可以通过法律途径另行解决，本案不予处理。因此，某公司应向刘某支付年假折薪。

综上，法院依照《中华人民共和国劳动法》第24条、第25条、第26条、第28条之规定，判决如下：

一、北京某电视传媒有限公司于本判决生效之日起7日内向刘某支付经济补偿金2万元。

二、北京某电视传媒有限公司于本判决生效之日起7日内向刘某支付年假折薪9090.91元。

三、驳回刘某其他诉讼请求。

四、驳回北京某电视传媒有限公司其他反诉请求。

判决后，刘某、北京某电视传媒有限公司均不服一审判决，提起上诉。二审经审理，判决驳回上诉，维持原判。

【分析评论】

一、劳动合同的违法解除与双倍赔偿

通常所说解除劳动合同，是指合法解除劳动合同，即不论是用人单位解除劳动合同，还是劳动者解除劳动合同，均完全符合法律规定的条件和程序。这只能是一种理想状态，实践中，大量的单方解除合同不符合法律规定，才引发了大量的劳动争议。因此，讨论违法解除劳动合同的法律后果问题，具有很强的现实意义。

《劳动法》中关于违法解除劳动合同的法律后果，规定在"法律责任"一章中。用人单位违反劳动法规定的条件解除劳动合同，由劳动行政部门责令改正，对劳动者造成损害的，应当承担赔偿责任（《劳动法》第98条）。劳动者违反劳动法规定的条件解除劳动合同，对用人单位造成经济损失的，应当依法承担赔偿责任（《劳动法》第102条）。应当说，《劳动法》中关于用人单位违法解除劳动合同的法律后果的规定过于简单，操作性不强，法律后果过轻。用人单位违法解除劳动合同时，劳动者因为种种原因，并不一定去寻求行政救济，劳动行政部门也难以发现并纠正大量的违法解除劳动合同的情形。司法实践中，劳动者往往直接请求司法机关进行救济，要求撤销用人单位的解除合同决定或者要求用人单位支付经济补偿金。劳动仲裁委员会、人民法院的司法实践中，都有大量的此类案件。根据劳动者的请求，有的裁决撤销了用人单位的解除合同决定，有的则视为用人单位提出与劳动者解除劳动合同并经双方协商一致解除，并按照合法解除劳动合同的情况裁决用人单位向劳动者支付经济补偿金。而严格说来，这种情况并不是用人单位提出解除劳动合同并与劳动者协商一致，而是由于用人单位的违法行为导致劳动合同事实上解除，不符合法定的支付经济补偿金的条件，这只是在法律规定无法变更的情况下，司法机关为了追求公平的结果，而不得已进行的一种牵强的解释。这样的做法已经极大地突破了《劳动法》的规定，也推动着《劳动合同法》作出全新的规定。

对劳动者违法解除劳动合同的法律后果，《劳动合同法》维持《劳动法》的规定未变（《劳动合同法》第90条）。对用人单位违法解除劳动合同的法律后果，《劳动合同法》则确立了"劳动者选择"与"双倍赔偿"的全新规则。《劳动合同法》第48条规定："用人单位违反本法规定解除或者终止劳动合同，劳动者要求继续履行劳动合同的，用人单位应当继续履行；劳动者不要求继续履行劳动合同或者劳动合同已经不能继续履行的，用人单位应当依照本法第八十七条的规定支付赔偿金。"第87条规定："用人单位违反本法规定解除或者终止劳动合同的，应当依照本法第四十七条规定的经济补偿标准的二倍向劳动者支付赔偿金。"虽然规定在不同的章节、不同的条文中，但我们概括一下，用人单位违法解除或者终止劳动合同的法律后果，核心规则就是两条：劳动者可以选择要求继续履行劳动合同（"劳动者选择"）；也可以选择不要求继续履行劳动合同，而要求用人单位按照经济补偿标准的二倍支付赔偿金（"双倍赔偿"）。需要注意的是，此时用人单位支付的不再是补偿金，而是赔偿金，只不过赔偿金的标准是按照合法解除劳动合同时经济补偿的标准的二倍计算而已。

二、本案评析

1. 劳动合同解除问题

本案中，某公司解除与刘某的劳动合同，所提出的事由就是刘某严重违纪，构成了《劳动法》第25条的用人单位即时解除合同事由。刘某对此不服，提出自己工作尽职尽责、勤勤恳恳、加班加点，工作能力、工作成绩在公司上下有目共睹，是某公司无中生有地捏造所谓违反合同约定及公司规定的行为，单方面宣布解除劳动合同。但是，刘某并没有要求继续履行劳动合同，而是要求支付解除劳动合同的经济补偿金2万元、额外经济补偿金1万元，赔偿工资收入2万元，加付5000元的赔偿费用。根据笔者在司法实践中的观察，劳动者遭遇用人单位违法解除劳动合同后，要求继续履行劳动合同的寥寥无几，毕竟劳动合同不同于普通的民商事合同，一定程度上是以信任关系为基础和前提的，用人单位决意不用，劳动的环境已经破坏，劳动者即使通过司法机关的裁决，能够继续履行劳动合同，恐怕也很难充分发挥自己的价值了。而且，司法程序漫长，后果难料，劳动者被违法解除劳动合同后，苦苦等待复职，可能会遭受更大的损失。因此，一旦被违法解除劳动合同，马上去寻找一份新的工作，同时通过法律程序维护自己的合法权益，是劳动者的明智选择。

用人单位即时解除是否符合法定条件，是本案双方当事人争议的核心。如果某公司向刘某送达的解除劳动合同通知书，提出刘某在合同期限内存在如下违反合同约定及公司规定的行为：1.在未经甲方明确允许的前提下，允许外来人员同公司拍摄组一同前往拍摄；2.在张伟平采访过程中，未能执行公司指令，使公司失去一个非常可贵的机会；3.在拍摄华谊兄弟过程中发现拍摄错误不及时纠正，在工作岗位中玩忽职守；4.在本岗位不能按时完成甲方的工作任务，给甲方造成一定的经济损失；5.未经甲方允许，私自旷工，致使公司的正常工作无法进行。

我们看到，某公司与刘某签订的劳动合同第8.6.3条"严重违反劳动纪律或者甲方规章制度的"以及第8.6.4条"严重失职，营私舞弊，对甲方利益造成重大损害的"，约定劳动者存在这两种情况，用人单位可以即时解除劳动合同，而无须向乙方给予任何赔偿或负任何责任。这两款约定的事由与《劳动法》第25条及《劳动合同法》第39条规定的严重违纪情形是一致的。如果某公司提出的刘某的行为足以达到"严重"的程度,并且有充分的证据证明,其作出的解除劳动合同决定就是合法的、有效的;否则,解除合同通知书中列举的行为达不到"严重"违纪的程度,或者某公司没有证据予以证明,则某公司作出的解除劳动合同决定就属于违法解除劳动合同,该行为就不能成立。

应该说,劳动者的劳动过程难免会发生失误,而解除劳动合同,是一种严重的法律后果,如果出现点失误,用人单位就可以行使即时解除权,是不公平的、不适当的,不利于劳动关系的稳定。所以,《劳动法》第25条和《劳动合同法》第39条规定的即时解除劳动合同,必须是劳动者的过失达到了"严重违纪"或"严重失职"的程度。本案中,某公司提出的5项过失行为的前三点,刘某也在给公司总裁的邮件及检讨书中承认发生失误。但这三件事情,根据普通人的常识判断,都没有达到"严重"的程度,某公司凭该三点事由,单方解除合同,自然不能成立。某公司提出的第4项,"在本岗位不能按时完成甲方的工作任务,给甲方造成一定经济损失",没有任何证据证明,没有事实依据,法院不予采信,因此,据此主张行使即时解除权,也不能成立。

倒是某公司提出的第5项,刘某存在旷工行为,如果属实,可能会构成"严重违纪"。这个问题,也是双方当事人具体争议的一个问题。经法院查明,2005年10月17日至21日,刘某确实有5天时间未到公司上班,对这一事实,双方并无异议。但对于未上班的原因和性质,刘某主张自己系因病请假,某公司则认为刘某并未请假,是无故旷工。刘某向法院提供的医院的门诊医疗手册、处方、病人费用清单,证明其曾于2005年10月19日因咳嗽、咳痰半月余就诊,经查咽部充血,双肺听诊未见异常,医生诊断为:急性气管—支气管炎,因此,刘某存在因病请假的基础事实。法院考虑到刘某即使办理了请假手续,相应的手续也保存在某公司,刘某手中也不存在相应的书面凭证,刘某难以举证证明自己办理过请假手续。在确实生病的情况下,认定刘某不向公司请假而是故意旷工也是不符合情理的。因此,法院认为,在刘某主张5天未上班是因为休病假并可以提出相关就诊凭证的情况下，某公司仅以其没有办理请假手续而认定其私自旷工，不能成立。即使按照员工手册的规定，病假在恢复上班后2天内还未办妥补假手续的，也是作事假处理，并非按照旷工处理，而员工手册规定所有员工每年可申请最多6个工作日即48小时的无薪事假。即便是刘某未履行请假手续，算做5天事假，也尚未超过6天的无薪事假期间，某公司认定刘某5天未上班属于旷工并主张构成"严重违反劳动纪律或者甲方规章制度"，行使即时解除权，明显不能成立。

  前面我们反复强调，用人单位行使即时解除权要十分慎重，必须有过硬的理由和充分的证据。经过仔细的分析，某公司以严重违纪、严重失职为由行使即时解除权，或者没有达到"严重"的程度，理由不足；或者没有证据支持其所提出的行为，缺乏事实依据。因此，本案中某公司解除劳动合同的行为，属于违法解除劳动合同，某公司必须承担相应的法律后果。如果刘某请求撤销某公司解除劳动合同的决定、要求继续履行劳动合同，法院会判决予以撤销。但是，刘某直接请求某公司支付经济补偿金，表明刘某同意解除劳动合同，应视为由用人单位提出、双方一致同意解除劳动合同，某公司应按《违反和解除劳动合同的经济补偿办法》的规定向刘某支付解除劳动合同的经济补偿金，即相当于刘某一个月工资的经济补偿金2万元。《违反和解除劳动合同的经济补偿办法》规定经济补偿金的同时，还规定用人单位未按规定支付解除合同经济补偿金的，还应加付50%的额外经济补偿金。由于某公司与刘某对解除劳动合同的性质和依据存有争议，正通过法定程序解决，法院最终才认定其解除劳动合同的性质，因此，某公司不属于未按规定给予经济补偿，刘某要求支付额外经济补偿金，没有依据，法院未予支持。需要说明的是，《劳动合同法》并没有规定50%的额外经济补偿。

  如果本案发生在《劳动合同法》实施之后，处理结果将有很大差别。由于某公司主张的行使即时解除权不符合法律规定的条件，属于《劳动合同法》第48条规定的违法解除劳动合同，刘某如不要求继续履行劳动合同,可以要求某公司按照《劳动合同法》第87条的规定承担法律责任,某公司应按照合法解除劳动合同时应支付的经济补偿标准的二倍向刘某支付赔偿金。

2. 工资问题

除了劳动合同解除问题之外,本案涉及的工资支付问题也比较复杂,值得认真分析。

双方关于工资问题的争议,主要包括三个方面的内容:一是扣除的5天工资;二是支付工资时扣除的借款;三是是否应支付年假折薪。

第一个方面,关于扣除的5天的工资。刘某确实有5天时间没有到岗工作,如前所述,刘某具有休病假的条件,但是否办理了请假手续双方各执一词,如果办理了病假手续,则某公司扣除其5天的工资自然没有依据;但如果未及时补办病假手续,按照员工手册的规定,应按照无薪事假对待,某公司扣除其5天的工资并无不当。根据现有证据,既不能认为是旷工,但无法认定刘某办理了病假手续,因此,对某公司扣除刘某5天工资的行为,不能断定其完全没有依据,而刘某又毕竟存在5天未到岗工作的事实,法院最终没有判决某公司退还这5天的工资。

第二个方面,关于某公司支付工资时扣除的借款。双方对存在借款的事实并无争议,分歧在于刘某是否提交了报销借款的票据。刘某离职时主张报销的票据已经放在了其本人的办公桌上,某公司认为将票据放在办公桌上不能视为报销。按照通常的财务制度,报销的票据应由刘某提交给某公司财务部门履行报销手续,即使刘某将票据放在自己的办公桌上,也不能视为是履行了报销手续。刘某离职时,某公司对其工资进行结算,从应付工资中扣除刘某未提交票据部分的借款,也是合理的行为。诉讼中,刘某不能提供相应票据,却要其支付该部分工资,法院未予支持。

第三个方面,关于年假折薪。司法实践中,关于劳动者未休年假的补偿问题发生的争议越来越普遍,由于法律规定不明确,很多人觉得这个问题很难处理。《劳动法》第45条规定:"国家实行带薪年休假制度。劳动者连续工作一年以上的，享受带薪年休假。具体办法由国务院规定。"但是，到目前为止，国务院也没有规定带薪年休假的具体办法。1995年4月22日，原劳动部在《〈国务院关于职工工作时间的规定〉问题解答》中提出，"在国务院没有发布企业职工年休假规定以前，1991年6月15日中共中央、国务院共同发出的《关于职工休假问题的通知》应继续贯彻执行。"《关于职工休假问题的通知》中提出，"确定职工休假天数时，要根据工作任务和各类人员的资历、岗位等不同情况，有所区别，最多不得超过两周"、"企业职工休假，由企业根据具体条件和实际情况，参照上述精神自行确定"。这就是到目前为止，国家关于休假的问题的规定。实践中，很多企业都建立了自己的带薪年休假制度，但是对于职工因工作原因未能实际休假的，是否支付年假折薪，至今尚无统一的规定，有些企业规定，不论任何原因没有休假的，自行作废，没有补偿；有些企业规定，因工作原因没有休假的，按照劳动者的具体工资标准给予相应的工资补偿。从上面梳理的关于带薪年假的法律规定来看，在现阶段，劳动者可以根据法律规定的精神和企业的制度休带薪年假，但如果用人单位未规定年假折薪，即使因工作原因未休年假，劳动者要求支付年假折薪也是没有法律依据的。

在解除劳动合同通知书中，某公司已经承诺向刘某支付相当于10天工资的年假折薪9090.91元。这就是刘某要求某公司支付年假折薪的依据。通知书中虽然提出在办理完工作交接和财务结算后才支付此款项，但支付年假折薪与工作交接和财务结算是相互独立的，年假折薪本质上与工作交接及财务结算并无必然联系。某公司在向刘某支付2005年10月工资中，已经扣除了借款，进行了相应的结算。某公司与刘某如因是否办理了工作交接手续及其他结算问题存在争议，可以通过法律途径另行解决，以此为由不同意支付年假折薪是不成立的。因此，法院判决，某公司按照承诺向刘某支付年假折薪。

除名决定对劳动者产生效力的条件

【基本案情】

原告：李某
被告：某研究所

李某1958年参加工作，1987年调入某研究所工作。1992年5月起，李某因病未到单位上班，并每月向某研究所交纳病假条。1994年4月起，李某未向单位交纳病假条，亦未到单位上班，某研究所支付李某工资及福利待遇至1994年5月。1995年5月15日，某研究所做出《关于给予李某同志除名处理的决定》，内容为："职工李某同志无视我所有关部门对他进行的批评教育，自1994年4月15日至今无故不请假，造成很坏影响。……经1995年第8次所党政联席会议研究决定，对李某同志予以除名处理。"某研究所做出此决定后，由该所的劳资科长韩某等将除名决定送到李某家中，但因李某未在家，未能送达到李某本人。事后，李某在回单位交纳党费、作思想汇报时，纪委副书记刘某将对李某的除名决定口头告知了李某本人，李某当时表示不服除名决定。李某的人事档案一直没有转出，仍在某研究所。2000年10月，某研究所委托本单位的一职工将李某的党组织关系交与李某手中，并口头告知因单位已经将其除名，故将党组织关系转给其本人。2001年10月，李某到了法定的退休年龄，要求某研究所给其办理退休手续，但某研究所以其不是本单位职工为由，不予办理。2004年6月，李某的女儿入党，其单位到某研究所进行入党外调，某研究所以单位无李某为由拒绝外调。2004年7月25日，李某向某区劳动争议仲裁委员会申请仲裁,要求:1. 撤销某研究所对李某做出的除名决定;2. 为其补缴1992年10月至2001年10月的各项保险费用;3. 补发其1992年至2001年10月的基本生活费;4. 补发其2001年11月至2004年8月的退休损失费;5. 为其办理正式退休手续;6. 办理退休手续后,将其党组织关系转到户口所在地街道党委。2004年10月18日,某区劳动争议仲裁委员会驳回了李某的申诉请求。

李某不服仲裁裁决,诉至一审法院。请求:1. 撤销某研究所于1995年做出的除名决定;2. 补交1992年10月至2001年10月的社会保险;3. 补发1992年10月至2001年10月的基本生活费42768元;4. 补发2001年11月至2004年10月的退休金53000元;5. 办理正式退休手续;6. 赔偿精神损失费10万元。

某研究所辩称:1992年起,我单位就改制为北京市某集团总公司的下属事业单位,而不是李某陈述的机关事业单位;李某于1995年5月起被我单位除名,我单位的除名决定是合法的,李某申请仲裁已超过时效;赔偿精神损失费一项没有任何法律依据,故不同意李某的所有诉讼请求。

一审法院经审理认为,劳动者与用人单位建立劳动关系后形成劳动合同关系。李某于1987年调入某研究所工作,双方形成了劳动合同关系,后李某休病假虽未到某研究所工作,但单位同意李某病休,且某研究所一直给李某发放工资,故双方的劳动合同关系仍然存在。1994年5月起,李某在未经单位同意亦未交纳病假条的情况下,未到单位上班,李某理应知道其行为的后果。1995年5月,某研究所以李某无故不上班为由,对李某做出除名决定,该决定虽未经李某本人签收,但李某单位人员已将除名决定告知李某本人,且单位未再给李某发放任何工资及福利待遇。2000年10月李某收到党组织关系转出的介绍信和2001年10月某研究所未给其办理退休手续等事实均可说明李某知道或者应当知道自己的权利受到了侵害,但李某未在法律规定的申请劳动争议仲裁时效内主张权利。故对李某要求撤销某研究所于1995年做出的除名决定和补发1992年10月至2001年10月的基本生活费一节,不予支持。因在某研究所改制后给职工建立个人社会保险账户时，李某与某研究所已不存在劳动合同关系，故对李某要求某研究所给其补交1992年10月至2001年10月的社会保险、补发2001年11月至2004年8月的退休金和办理正式退休手续一节，不予支持。对李某要求补发其2004年9月、10月的退休金一节，因未经劳动争议仲裁裁决，故本案中不予处理。对李某要求赔偿其精神损失费10万元一节，无相应的法律依据，不予支持。对李某主张病假条交至1995年7月，后单位拒收病假条和某研究所主张给李某发放工资等福利待遇至1995年5月止一节，因均未向法院提供相应证据，不予采信。一审法院判决：驳回李某的诉讼请求。某研究所同意一审判决。

一审法院判决后，李某不服一审判决，向二审法院提起上诉。上诉请求是：1.撤销一审法院判决；2.撤销某研究所对李某做出的除名决定；3.判决某研究所为李某补交1992年10月至2001年10月的各项社会保险和基本生活费；4.判决某研究所为李某办理正式退休手续；5.判决某研究所补发李某2001年11月至2004年10月的退休金53000元；6.判决某研究所赔偿李某精神损失费10万元；7.一、二审诉讼费由某研究所承担。

二审法院经审理后认为，权利人请求人民法院保护其权利应当在法定期间内进行，超过诉讼期间，即丧失通过诉讼程序请求保护其实体权利的胜诉权。某研究所对李某做出除名决定后，未将除名决定书面送达李某本人，其做法不妥，但李某作为该用人单位的职工，自1994年4月起，在未向单位请病假的情况下，未到单位上班，对此李某理应知道其行为的后果。某研究所于1995年5月对李某做出除名决定后，该决定虽未书面送达李某，但某研究所的相关人员已将除名决定告知李某本人，同时某研究所也停发了李某的生活费及一切福利待遇；2000年10月李某收到某研究所出具的党组织关系转出介绍信；2001年10月李某到达法定退休年龄，某研究所也未给李某办理退休手续；以上事实的发生，李某应当知道自己与某研究所已经发生了劳动争议。李某在应当知道双方发生劳动争议的情况下，没有在法律规定的期间内，向劳动争议仲裁委员会申请劳动仲裁，因此，李某于2004年7月25日申请劳动仲裁已经超过时效，某研究所以超过时效进行抗辩，理由成立，应予认定。二审法院驳回了李某的上诉，维持了一审法院的判决。

【分析评论】

（一）本案中劳动关系的认定

李某与某研究所之间是劳动关系还是人事关系，是本案要解决的首要问题。1992年，某研究所改制为北京市某集团总公司下属的事业性单位；1999年，某研究所又改制为企业。从某研究所的改制过程来看，某研究所在1992年到1999年的期间应为实行企业化管理的事业单位，并非机关性事业单位；1999年以后，某研究所为企业组织。按照《劳动合同法》第2条第2款的规定：国家机关、事业单位、社会团体和与其建立劳动关系的劳动者，订立、履行、变更、解除或者终止劳动合同，依照本法执行。因此，李某与某研究所之间的关系，从1992年之后就应属于劳动关系，按照劳动关系处理，而非李某诉称的人事关系，应适用《劳动合同法》的规定。

（二）关于病假问题的处理

关于企业职工病假的处理，在《劳动法》中以及《劳动法》实施前没有较详细的规定，《劳动部关于发布〈企业职工患病或非因工负伤医疗期规定〉的通知》中对企业职工患病的医疗期及医疗期满后相关问题的处理有了明确的规定。具体规定是：1. 实际工作年限10年以下的，在单位工作5年以下的医疗期为3个月；5年以上的医疗期为6个月；2. 实际工作年限10年以上的，在本单位工作年限5年以下的医疗期为6个月；5年以上10年以下的医疗期为9个月；10年以上15年以下的医疗期为12个月；15年以上20年以下的医疗期为18个月；20年以上的医疗期为24个月。医疗期3个月的按6个月内累计病休时间计算；6个月的按12个月内累计病休时间计算；9个月的按15个月内累计病休时间计算；12个月的按18个月内累计病休时间计算；18个月的按24个月内累计病休时间计算；24个月的按30个月内累计病休时间计算。不过，对于本案中李某病假问题的处理，因发生在该规定颁布前，因此，不适用该规定。

李某自1992年5月起，因病没有到单位上班，每月向单位交纳病假条至1994年4月，单位也接收了李某的病假条，并给李某发放工资及福利待遇。在近二年的病假期间，单位对李某的病假问题没有做出处理，且给李某发放工资及福利待遇，应当认定单位同意李某的病假，双方对病假问题的意见一致，此期间应当按照病假处理。1994年4月起，李某未向单位交纳病假条，亦未到单位上班，5月起某研究所停止支付李某工资及福利待遇。

从1994年5月到1995年5月，这期间李某没有到单位上班也未向单位请假，单位依照《企业职工奖惩条例》第18条，以李某无正当理由连续旷工超过30日为由，对李某做出除名处理。

（三）对于李某的除名决定能否成立的问题

就某研究所对李某做出的除名决定能否成立的问题，主要有两种观点。第一种观点认为，按照《企业职工奖惩条例》的规定，李某在近一年的时间内无正当理由连续旷工达到30日以上，应当给予除名。但按照第18条的规定，单位应当在对李某批评教育无效的情况下才能做出除名决定，而本案中单位是否对李某进行了批评教育不能证明，因此，除名的决定不能成立。另外，按照第18条的规定，除名决定做出后，书面送达李某，但本案中没有书面送达，故该决定对于李某不生效。第二种观点认为，李某作为某研究所的一名员工，应当和企业保持联系，在长达一年的时间内没有联系，且在单位做出除名决定后，派人向李某送达时找不到李某，因此，认定除名决定不成立对单位方面显失公平，只要李某无正当理由旷工30日以上的事实成立，单位做出的除名决定就应当有效，这样可以防止职工恶意躲避造成用人单位对职工无法管理的情况。在本院审理的劳动争议案件中，出现过一些员工恶意躲避的情况，造成单位的解除或终止劳动关系通知书无法按照其提供的地址送达的情况，给用人单位正常的人员流动和劳动合同的解除或终止带来一定的困难，有的用人单位就因不能书面送达解除或终止劳动合同的通知书而承担相应的经济补偿，在这种情况下对用人单位也是不公平的。

因以上两种观点都有一定的道理，本案中对于除名决定能否成立的问题，在正面处理上有一定的难度。一、二审法院的处理都回避了这个难题，没有从除名决定是否成立的问题上给予处理，而是通过劳动争议的仲裁时效问题回避了对除名决定的审理。

（四）本案中仲裁时效的认定

对于劳动仲裁时效的规定主要有三处：一是《劳动法》第82条规定：提出仲裁要求的一方应当自劳动争议发生之日起60日内向劳动争议仲裁委员会提出书面申请。仲裁裁决一般应在收到仲裁申请的60日内做出。对仲裁裁决无异议的，当事人必须履行。二是劳动部《关于贯彻执行〈中华人民共和国劳动法〉若干问题的意见》第85条的规定：劳动争议发生之日是指当事人知道或应当知道其权利被侵害之日。三是《最高人民法院关于审理劳动争议案件适用法律若干问题的解释》第3条的规定：劳动争议仲裁委员会根据《劳动法》第82条之规定，以当事人的仲裁申请超过60日期限为由，做出不予受理的书面裁决、决定或者通知，当事人不服，依法向人民法院起诉的，人民法院应当受理；对确已超过仲裁申请期限，又无不可抗力或者其他正当理由的，依法驳回其诉讼请求。

《劳动法》中对于仲裁时效期间的规定是明确的，即60日，对此没有争议；但就60日的起算点即"劳动争议发生之日"存在不同的观点，概括起来主要有三种：一是劳动争议发生之日是指当事人知道或应当知道其权利被侵害之日。（即劳动部《意见》第85条）；二是劳动争议发生之日是指当事人就劳动关系的权利与义务做出明确的处分之日；三是争议发生之日是指劳动关系当事人因劳动权利义务问题发生分歧后，一方向对方明确主张权利遭拒绝之日。对于第一种观点，笔者认为从及时解决纠纷保护劳动关系的和谐与稳定有一定的积极意义，但从我国劳动关系的现实情况和保护劳动者的权利角度来考虑，此观点对于相对处于弱势的劳动者不利。在实践中常遇到用人单位在履行劳动合同过程中，在不经协商的情况下降低待遇或不提供相应的劳动条件，如果劳动者提出按照劳动合同履行的话，则可能面临被解除合同的可能，即使拿到解除合同的经济补偿金，也将面临失业的危险，因此，大多数的劳动者选择了不主张权利的做法，从而使自己的合法权利遭到侵害，如果超过60日将导致丧失胜诉的权利。第二种观点就把握仲裁时效的起算点比较明确，在仲裁及诉讼中也好处理，但就公平、合理地保护劳动者的利益方面与第一种观点存在同样的问题。笔者认为第三种观点符合我国的现实国情，对于保护相对处于弱势的劳动者和维护稳定和谐的劳动关系都有一定的积极意义，也有利于防止用人单位恶意克扣或降低履行劳动合同的条件。

就本案而言，从双方出现争议到提起劳动仲裁已经经过十年左右的时间，当时涉及案情的部分人员现在已经无法找到，在诉讼中查明案情的可能性较小，但李某在十多年的时间里没有向单位履行任何义务是事实，如果在此情况下再确认李某与某研究所存在事实劳动关系，则单位就应当给付李某相应的生活费和交纳保险等，这对于在十年中没有接受到李某提供劳动的某研究所来说显失公平，也不符合劳动关系的本质要求。一、二审法院都以李某在2001年10月到达法定退休年龄应当办理手续，而某研究所没有给其办理，李某应当主张权利的情况下没有主张，认定其超过仲裁时效，驳回其诉讼请求。笔者认为，对于本案以应当知道权利被侵害而不主张权利，超过诉讼时效为由，驳回起诉处理比较妥当。

（五）关于劳动者的档案问题

本案中，李某提出某研究所虽然做出了除名决定，但一直未将其人事档案关系转出，因档案还在某研究所，就应认定双方的劳动关系还存在的诉讼请求。自1995年1月1日《劳动法》实施以来，劳动合同就是确立劳动者和用人单位之间劳动关系存在状态的重要依据，而人事档案不能作为认定劳动关系存在的依据。劳动者的人事档案可以由用人单位管理，也可以由用人单位委托单位所在区县劳动和社会保障行政部门职业介绍服务中心集体保存。

有关档案的转移问题，《劳动合同法》第50条规定：用人单位应当自解除或者终止劳动合同时出具解除或者终止劳动合同的证明，并在15日内为劳动者办理档案和社会保险关系转移手续。某研究所对李某做出除名后，就应当在一个月内将李某的档案移送相关部门，李某也能按照国家的相关政策享受相应的待遇。某研究所没有按照规定转移档案，有一定的过错，对于由此而造成李某的损失应当承担损害赔偿责任。但是《劳动合同法》并没有规定单位不履行档案等转移手续的后果，笔者认为，根据合同法原理，对于此类问题的赔偿应当按照民法的损害赔偿责任处理，由有义务按照规定转移档案而没有转移的用人单位负过错责任，赔偿劳动者因其未履行而受到的损失，包括直接损失和间接损失；另外，如果劳动者要求继续履行，履行义务方应当继续履行。

在诉讼实践中，就劳动争议案件中的档案问题，劳动者往往用档案在用人单位来证明劳动关系的存在，而不提出损害赔偿（如果同时提出损害赔偿，可能暗示着劳动者同意双方不存在劳动关系），因劳动者没有提出赔偿或劳动关系是否存在还不确定的情况下，法院对劳动争议案件中的档案损害赔偿问题一般都不作处理，劳动者可在法院确认劳动关系不存在后另行起诉赔偿问题。

劳动合同不能因企业改制解除

【基本案情】

上诉人（原审原告）：李某
被上诉人（原审被告）：某公司

2004年6月14日，李某诉至原审法院称，1996年11月25日，其与北内集团总公司签订了无固定期限劳动合同。2000年1月27日，北内集团总公司、北京福田有限公司签订了投资组建某公司协议书。该协议约定，北内集团总公司为乙方，北京福田有限公司为李某方。乙方同意将京铃发动机厂4JBI（BN493）柴油机产品的设备和产品技术投入由38家股东单位发起设立的李某方；乙方投入的资产为9000万元（含产品技术及设备等资产）。从2000年2月1日起，乙方京铃发动机厂生产4JBI（BN493）柴油机的职工638名（不含离退休职工）进入某公司，并办理劳动合同变更手续，同时转移工资、档案、保险等劳动关系。因自己不同意与某公司建立劳动关系，没有签订书面劳动合同，但某公司接收了其人事档案，现要求某公司将其人事、工资等档案退回北内集团总公司。2001年12月7日，某公司单方面宣布将其辞退，并将其档案等人事关系退至街道，由此造成其失业在家至今。对某公司的违法行为，其向北京市劳动争议仲裁委员会提起仲裁申请，该仲裁委员会裁定撤销某公司做出的辞退处理决定，故起诉要求某公司将其移送人事档案关系恢复原状；由某公司消除其人事档案中违纪辞退的文书并恢复名誉；赔偿因其错误行为给其造成的误工损失；并为其补缴中断的三项社会保险。

某公司辩称，本公司依据投资组建北京福田北内发动机有限公司协议书，从北内集团总公司接收了包括李某在内的638人的档案，并发出书面通知令其与本公司签订劳动合同，但李某予以拒绝，双方发生劳动争议。2001年12月7日，本公司对李某做出了辞退处理决定，并将档案材料移送其户籍所在地街道办事处。2002年初，李某向北京市劳动争议仲裁委员会提出书面仲裁申请，请求撤销某公司做出的辞退处理决定；并要求补偿由此产生的经济损失；由某公司将其档案、保险等劳动关系退至北内集团总公司。同年4月2日，北京市昌平区劳动争议仲裁委员会做出了裁决书，裁决撤销某公司对李某的辞退处理决定；驳回申诉人的其他请求事项。该裁决已发生法律效力，且李某申请了执行。李某自始至终不同意与本公司签订劳动合同，双方也不存在事实劳动关系。因此，本公司没有义务为其保管人事、工资档案，更没有义务为其缴纳任何社会保险。本公司只是将不该保管的李某档案移转到其户籍所在地北京市职业介绍服务中心，并没有改变其劳动关系的根本性质，李某要求本公司赔偿误工损失没有事实和法律依据。李某要求消除其人事档案中违纪辞退的文书并恢复名誉的诉讼请求，因仲裁委员会已裁定撤销该辞退决定，且裁定书已发生法律效力，双方的争议已解决，故不同意李某的诉讼请求。

一审法院经审理确认，李某与北内集团总公司签订无固定期限的劳动合同。某公司依据协议，从北内集团总公司接收了包括李某在内的638人的档案，并书面通知李某与某公司签订劳动合同，但李某没有与某公司签订劳动合同，也没有形成事实劳动关系。因此，某公司没有义务为李某保管档案和补缴三项社会保险。某公司将李某的档案移转到其户籍所在地，没有改变李某劳动关系的性质，李某要求某公司赔偿误工损失没有事实和法律依据。李某要求消除其人事档案中违纪辞退的文书并恢复名誉的诉讼请求，因仲裁委员会已裁定撤销某公司的无效辞退决定，且裁定书已发生法律效力，双方的争议已解决。现李某起诉的诉讼请求证据不足，依照《中华人民共和国民事诉讼法》第64条之规定，于2004年10月

29日判决：驳回原告李某的诉讼请求。

一审法院判决后，李某不服，提出上诉称，一审法院认定事实不清，适用法律不当。2000年，某公司接收其人事工资档案，后做出辞退决定，又将其档案退至街道，该行为使其丧失劳动关系，已构成侵权。一审法院简单处理欠妥，要求二审法院重新审理并依法改判由某公司将其人事档案关系恢复原状、消除其人事档案中违纪辞退的文书并恢复名誉、赔偿因某公司错误行为给其造成的误工损失，并为其补缴中断的三项社会保险。某公司坚持原审答辩理由，认为李某是因为北内集团总公司的企业改制人事工资档案关系被移送到本单位，但由于李某拒绝与本单位建立劳动关系，又由于北内集团总公司不同意接收李某人事工资档案，故将李某的人事工资档案送至其街道，一审法院处理妥当，同意原判。

二审法院审查认为，某公司在履行北内集团总公司与北京福田汽车有限公司签订的投资组建协议时，不仅取得北内集团总公司投资款项，还接收了包括李某在内的638人的人事档案及负责对其安排工作的义务，鉴于李某不同意变更原与北内集团总公司存在的劳动关系，拒绝与某公司签订劳动合同，该做法系劳动者选择工作的权利，本院不持异议。某公司做出辞退李某的处理决定并将李某的人事档案移送到李某户籍所在地，显然违反劳动者的合法权益，李某虽申请撤销对其的辞退处理决定，但并未要求用人单位单方变更劳动合同所应承担解除劳动关系经济补偿金的责任。现李某提出某公司接收其人事档案后予以移送不当及承担做出辞退决定的侵权，要求赔偿损失缺少劳动法律依据。李某对其导致劳动合同不能继续履行所形成的劳动争议因与本案不属于同一民事法律关系，对此，本院不做处理。李某的上诉请求，理由不成立。依据《中华人民共和国民事诉讼法》第153条第1款第（一）项之规定，判决：驳回上诉，维持原判。

【分析评论】

李某满怀期望的诉讼请求经一、二审法院判决均未获得支持，究其原因，作为劳动者的李某在发生劳动争议时不了解对维护其合法权益如何寻求保护。李某与某公司产生的劳动争议纠纷反映出企业改制后劳动者的维权问题，企业改制不能终止劳动合同，劳动者因企业改制有权解除劳动合同并要求企业承担解除劳动合同经济补偿金。李某于1996年即与北内集团总公司签订了无固定期限劳动合同，该劳动合同符合劳动法律规定，应为有效合同，受劳动法调整。李某与北内集团总公司劳动关系存续期间，北内集团总公司因自身原因进行企业改制并通过与北京福田有限公司签订协议书投资组建某公司，按照该协议约定，北内集团总公司将李某的工资、档案、保险等劳动关系移转到某公司。北内集团总公司企业改制后，李某有权选择继续履行劳动合同，还是解除劳动合同。有两种情况：一种情况是，李某选择与北内集团总公司继续履行劳动合同，可采取与北内集团总公司解除双方劳动合同，当某公司接收李某的人事档案关系后，李某与某公司签订劳动合同时，即与北内集团总公司的劳动关系自然消失。另一种情况是，李某因北内集团总公司的企业改制进行协商，也就是李某对与北内集团总公司存在的劳动关系因客观情况发生重大变化，致使双方劳动合同无法继续履行进行协商，期间，李某有权要求与北内集团总公司解除劳动关系，并与北内集团总公司协商因自身的企业改制所承担对李某解除劳动关系支付解除劳动关系经济补偿金的问题。这一焦点恰恰是李某的合法权益应如何保护问题，但在本案件中，李某没有主张谁应承担解除劳动合同经济补偿金。客观地说，由于李某拒绝与某公司签订劳动合同，尽管某公司按照北内集团总公司的企业改制协议收取了李某的人事工资、档案、保险等劳动关系，并不表明双方必然建立了劳动关系。根据我国劳动法的规定，建立劳动关系应当订立劳动合同，某公司与李某的劳动关系没有通过签订劳动合同予以确立。故此，一、二审法院均认为李某与某公司不存在劳动关系。北内集团总公司按照本企业的改制协议将李某的人事工资、档案、保险等劳动关系移送到某公司，北内集团总公司与李某的劳动关系是否解除了呢？鉴于双方未进行过协商，应认定双方劳动关系仍存续。根据法院查明的事实，某公司虽接收了李某的人事工资、档案、保险等劳动关系，但因李某拒绝与某公司签订劳动合同，双方劳动关系未形成。正因如此，李某的劳动关系与北内集团总公司并未解除。这一点，二审法院对李某与北内集团总公司的劳动关系予以认可。基于该情况，李某仅诉某公司并要求某公司将其人事工资、档案、保险等劳动关系退回北内集团总公司却未将北内集团总公司列为当事人，从而缺少由北内集团总公司与某公司共同承担移送和接收其人事工资、档案、保险等劳动关系及变更劳动关系的共同责任。仅就某公司而言，其是通过北内集团总公司的企业改制接收了李某被转移的人事工资、档案、保险等，充其量是一个保管行为，由于李某拒绝与某公司签订书面劳动合同，使得双方劳动关系没有形成。某公司接收李某被转移的人事工资、档案、保险等，其主观、客观乃至行为上不存在过错，也就无从承担过错责任。某公司对李某不同意签订劳动合同的行为做出辞退的处理决定并将李某的人事档案移送到李某户籍所在地，显然违反劳动法规定，李某提出异议并向劳动争议仲裁委员会申请，被撤销了对其的辞退处理决定，该合法权益虽得到应有的保护，但李某在本案件中并未因用人单位北内集团总公司的企业改制单方变更劳动合同后，积极要求北内集团总公司因变更劳动合同主张解除双方存在的劳动关系并要求北内集团总公司所应承担的支付解除劳动关系经济补偿金之责任，至此一、二审法院均未做处理。李某对某公司提出接收其人事档案后移送不当及承担做出辞退决定构成侵权，由于二者缺少必然的因果关系，故一、二审法院对李某要求赔偿损失的请求未予支持。

劳动合同终止后劳动关系亦不再延续

【基本案情】

上诉人（原审原告）：马某
被上诉人（原审被告）：某公司

马某于1991年9月到某公司工作任出纳员，1996年1月1日，马某与某公司签订了三年期劳动合同，双方约定合同期满后每年续签一次至2001年12月31日。2001年11月1日，某公司在劳动合同到期前向马某发出了《终止劳动合同通知书》，通知马某在合同期满后将与其终止劳动合同。2002年1月某公司已将马某档案转至其户口所在地的有关部门。马某亦在街道办理了领取失业救济金的相关手续。马某认为合同虽然到期，但自己仍继续在公司留用工作至2004年2月18日，马某提供了2001年9月工资结算表一份和公司的劳资员证明，证明自己与某公司的劳动关系在续延，要求某公司重新签订劳动合同和支付未付的工资。某公司不承认马某提供的证明，认为马某提供2001年10月、2002年1月至2004年2月的工资表，没有经理签字，而且工资表亦不能认定马某与公司存在劳动关系及工资数额；某公司认为马某提供的证据只能证明马某曾为公司提供过劳务，不能证明与某公司劳动关系在续延。

马某因此申请劳动仲裁，2004年6月劳动仲裁驳回其申诉请求。

马某诉至法院称，其1991年9月调入某公司任出纳员，自1996年1月双方签订三年期劳动合同，之后每年续签一次至2001年12月31日。期满后未签订劳动合同，但我一直留在某公司工作至2004年2月18日，自2002年1月经理口头承诺，待公司有钱每月按1500元发放工资，并制作了工资表，2004年3月经理死亡，引发工资争议。此后我一直未上班，同年4月6日提出仲裁申请，6月9日仲裁委以我申诉超过时效为由驳回了我的请求。我认为裁决书规避我提交的证据，认定事实错误，特向法院提起诉讼，请求判令某公司支付我2001年10月至2004年6月的工资47055元，自2001年10月至12月每月按685元计算，2002年1月至2004年6月每月按1500元计算；补缴2002年1月至2004年6月期间的养老、医疗、失业三项社会保险金，补签无固定期限的劳动合同。

某公司辩称，马某自1991年9月至2001年12月在我公司下属的分公司担任出纳员，每月工资685元，工资已发到2001年9月。同年12月双方签订了解除劳动合同协议，协议签订后马某未在单位工作，马某的三项保险及档案已转至朝阳区职业介绍所。对仲裁书我方认可，不同意马某的诉讼请求。

一审法院经审理确认，马某与某公司签订的劳动合同期满时，双方已办理了劳动合同终止手续，为此，双方已不存在劳动关系。某公司与马某劳动合同终止后已将其档案转至户口所在地，马某亦在街道办理了领取失业救济金的相关手续。现马某称劳动合同终止后又继续留用工作，但其提供的证言及有关证明不能证实其与某公司之间劳动关系存续。故马某要求与某公司签订无固定期限劳动合同、支付其2001年10月至2004年6月份工资及补缴2002年1月至2004年6月间三项社会保险金及仲裁费的请求，无充足依据，不予支持。据此原审法院判决：驳回马某的诉讼请求。

判决后，马某不服向本院提起上诉，要求改判。上诉理由是有工资结算表证明自己是公司工作人员，事实劳动关系存在，要求与某公司签订无固定期限劳动合同、支付其2001年10月至2004年6月份工资及补缴2002年1月至2004年6月间三项社会保险金。

某公司认为双方已解除劳动合同，三险及档案已转至职业介绍所，马某所述事实不能证明双方存在劳动关系。故不同意马某要求签订劳动合同和支付未付工资的上诉请求。

二审法院审理认为,马某与某公司签订的劳动合同在期满时,双方已办理了劳动合同终止手续,某公司在与马某劳动合同终止后已将其档案转至户口所在地,亦在街道办理了领取失业救济金的相关手续。双方已不存在劳动关系。马某诉称劳动合同终止后又继续留用工作,其提供的证言及有关证明不能证实其与某公司之间劳动关系存在。故马某要求与某公司签订无固定期限劳动合同、支付其2001年10月至2004年6月间工资及补缴2002年1月至2004年6月间三项社会保险金及仲裁费的上诉请求,依据不足,其上诉请求不予支持。据此判决:驳回上诉,维持原判。

【分析评论】

一、劳动关系的终止应以劳动合同为依据

1. 劳动合同是劳动关系建立、变更和终止的一种法律形式。《劳动法》第19条对劳动合同订立的形式作了规定:劳动合同应当以书面形式订立。根据法理,这应该属于强制性条款,意味着我国劳动法只承认书面合同而排除口头劳动合同。但在实际生活中由于种种原因许多单位并未与职工签订书面的劳动合同,新颁布的《劳动合同法》对此做了进一步的明确规定,要求单位与职工建立劳动关系,应当订立书面劳动合同,如果已经建立劳动关系,但未同时订立劳动合同的,应当自用工之日起一个月内订立书面劳动合同。用人单位自用工之日起超过一个月不满一年未与劳动者订立书面劳动合同的,应当向劳动者每月支付2倍的工资。

2. 劳动合同终止手续办理完毕,劳动关系即不复存在。《劳动合同法》第44条规定,劳动合同期满的,劳动合同终止。劳动合同终止,即指劳动者和用人单位之间原有的权利和义务不再存在。从法理上讲,劳动合同终止不同于劳动合同解除,虽然二者都指劳动关系的结束,但是劳动合同终止主要适用于当事人非违约的情形,但是劳动合同解除主要是对违约方的制裁。

本案马某于1991年9月到某公司处工作任出纳员，1996年1月1日马某、某公司签订了三年期劳动合同，合同期满后每年续签一次至2001年12月31日。2001年11月1日某公司在劳动合同到期前向马某发出了《终止劳动合同通知书》，通知马某在合同期满后将与其终止劳动合同。2002年1月某公司已将马某档案转至其户口所在地的劳动部门。马某亦在街道办理了领取失业救济金的相关手续。以上事实证明合同到期后双方已终止了劳动合同。

二、劳动关系是否延续以劳动合同确认

劳动关系是在当事人意思自治和合同基础上建立的，具有民事法律关系的特点，因此劳动关系应受民法规范调整。但同时劳动关系又具有区别于民事法律关系的特殊性，具体表现在：劳动关系建立和存续于管理者与被管理者之间；它包含有国家强制的社会保险等内容；它受代表政府的企业主管部门、工会和雇主协会三方机制所协调；劳动合同的履行过程带有显著的行政管理特点。由此可见，劳动关系是一种兼有民事和行政管理特点的特殊法律关系，应受独立的劳动法规范调整。

《北京市劳动合同规定》第45条规定，劳动合同期限届满，因用人单位的原因未办理终止劳动合同手续，劳动者与用人单位仍存在劳动关系的，视为续延劳动合同，用人单位应当与劳动者续订劳动合同。

马某称终止了劳动合同后仍继续留用工作至2004年2月18日，并提供某公司工资结算表一份，原公司劳资员齐某证明自己与某公司劳动关系继续，但缺乏证明劳动关系的要件就是劳动合同。其提供的证明不能证明马某与某公司之间的劳动关系继续，马某的情况不符合《北京市劳动合同规定》第45条的规定。因为双方签订的劳动合同期满时，双方已办理了劳动合同终止手续，为此，双方已不存在劳动关系。特别是劳动合同终止后已将其档案转至户口所在地，马某亦在街道办理了领取失业救济金的相关手续。故马某要求与某公司签订无固定期限劳动合同、支付其2001年10月至

2004年6月份工资及补缴2002年1月至2004年6月间三项社会保险及仲裁费的请求，无充足依据。因此，马某要求与某公司签订无固定期限劳动合同、支付其工资及补缴2002年1月至2004年6月间三项社会保险的上诉请求，依据不足。

试用期内解除劳动关系的条件

【基本案情】

原告（上诉人）：某公司
被告（被上诉人）：魏某

魏某于2004年3月29日到某公司工作，双方签订试用协议书；试用协议的期限为3个月，即从2004年3月29日至2004年6月29日止。按照某公司下发的《聘用岗位和薪酬说明》的规定，魏某担任某公司办公室总裁秘书的职务，年薪30000元，每月实发工资2000元，试用期月工资1400元，其余部分按年发放，如公司年度计划未完成按公司制度部分减发。2004年6月2日，某公司向魏某下发了《解聘员工通知单》，其中载明该公司系因业务紧缩、不需要此岗位人员而辞退魏某，且该《解聘员工通知单》除了公司领导的签字外，尚无该公司的公章，但某公司在仲裁时认可其系因业务紧缩、不需要此岗位人员为由而解聘魏某。同日，魏某办理了离职交接手续，某公司按照1400元的标准向魏某支付了2004年5月1日至6月2日的工资，此后魏某离开某公司。

2004年7月29日，魏某以要求某公司向其支付解除劳动关系的经济补偿金为由，向海淀区劳动争议仲裁委员会提出申诉，仲裁委员会裁决：某公司向魏某支付解除合同的经济补偿金1400元。

某公司在一审中起诉称，魏某于2004年3月29日到我公司工作，双方签订有书面的试用协议书，约定魏某的试用期为3个月，即从2004年3月29日起至2004年6月29日止，其月工资为1400元。2004年6月2日我公司正式终止了与魏某的试用协议，因魏某尚处于试用期间，故我公司可以随时通知与其解除劳动关系，而无须向其支付经济补偿金。现我公司不服仲裁裁决，起诉要求：1. 要求判令我公司无须向魏某支付解除劳动关系经济补偿金1400元；2. 本案诉讼费用由魏某负担。

魏某在一审中答辩称，我自2004年3月29日到某公司工作，双方签订了试用协议书，约定试用期为3个月，我试用期的月工资为1400元。2004年6月2日，某公司以公司业务紧缩、不需要此岗位人员为由向我下发了《解聘员工通知单》，单方解除了与我的劳动关系，但未向我支付任何经济补偿。现我同意仲裁裁决，因该公司未向我支付解除劳动关系的经济补偿金，故我要求某公司向我支付额外经济补偿金700元。

一审判决认为，魏某虽未与某公司签订劳动合同，但双方已建立了事实劳动关系，双方当事人的合法权益均应受劳动法的保护。2004年6月2日，某公司以公司业务紧缩、不需要此岗位人员为由向魏某下发了《解聘员工通知单》。依据《劳动法》第25条第（一）项的规定：劳动者在试用期间被证明不符合录用条件的，用人单位可以解除劳动合同。而根据《解聘员工通知单》的内容，某公司系因企业自身的原因解除了与魏某的劳动关系，显然属于单方解除劳动关系的行为，故其应按照魏某的工作年限向魏某支付解除劳动关系的经济补偿金，因某公司未按时支付，故尚应加发相当于补偿金数额50%的额外经济补偿金。据此，依据《劳动法》第26条、第28条之规定，判决：一、某公司于本判决生效后七日内向魏某支付解除劳动关系的经济补偿金1400元及50%的额外经济补偿金700元；二、驳回某公司的全部诉讼请求。

某公司不服一审判决，向二审法院提起上诉。请求撤销原判、判令其无须支付魏某解除劳动关系的经济补偿金和额外经济补偿金、由魏某承担本案全部诉讼费用。其理由是：某公司未向魏某下发过《解聘员工通知单》，且某公司与魏某解除劳动关系系依据《劳动法》第25条之规定，故不应适用《劳动法》第26条和第28条的规定，也无须支付魏某解除劳动关系的经济补偿金。

魏某同意原判并答辩称某公司系因公司业务紧缩与其解除劳动关系，应当给付其解除劳动关系的经济补偿金。

二审判决认为，魏某虽未与某公司签订劳动合同，但双方已建立了事实劳动关系，该劳动关系亦受劳动法保护。《解聘员工通知单》虽未有某公司的公章，但有公司领导的签字，且某公司认可系因业务紧缩而解聘魏某的事实，在其未就否定《解聘员工通知单》真实性的主张向法院提交其他证据予以佐证的情况下，对《解聘员工通知单》的真实性及效力予以认定。《劳动法》第25条第（一）项规定：劳动者在试用期间被证明不符合录用条件的，用人单位可以解除劳动合同。某公司虽称依据《劳动法》第25条与魏某解除了劳动关系，但并未提供魏某在试用期间不符合录用条件的证据。对其上诉理由，本院不予采信。据此，二审判决维持了一审判决的结果。

【分析评论】

本案的关键在于如何认定某公司解除与魏某的劳动关系的理由。在仲裁期间，某公司认可系因公司业务紧缩而解除魏某的劳动关系，而在二审期间又主张双方在试用期间可随时解除与魏某的劳动关系。某公司如此主张显然是因其对劳动关系试用期的性质存在错误认识所致，此种误解在实践中也屡见不鲜。在探讨试用期内解除劳动关系的条件之前，需要对试用期的法律性质及其条件有所把握。

一、试用期的性质及其条件

我国劳动法规定的试用期是指用人单位和劳动者建立劳动关系后为相互了解、选择而约定的不得超过6个月的考察期。它是双方劳动关系存续期间的一种特殊表现形式。从上述规定可以看出试用期的存在必须满足以下两个条件：

1. 双方对试用期的存在有明确的约定，包括书面或者口头形式。此时也表明，双方在建立劳动关系时并非必然要约定试用期，试用期的存在体现了双方当事人的意思自治原则。

2. 试用期的约定必须有一定的限度，即不得超过法律、法规规定的期限限制。我国《劳动法》第21条明确规定了劳动合同可以约定试用期，试用期最长不得超过6个月。《劳动合同法》第19条规定：劳动合同期限3个月以上不满1年的，试用期不得超过1个月；劳动合同期限1年以上不满3年的，试用期不得超过2个月；三年以上固定期限和无固定期限的劳动合同，试用期不得超过6个月。《北京市劳动合同规定》第17条第1款对于试用期超过规定期限的，赋予劳动者要求变更相应的劳动合同期限或者要求用人单位对超过的期限按照非试用期工资标准支付工资的权利。

此外，《劳动合同法》对于试用期的适用条件以及次数也作了一定的限定。《劳动合同法》第19条规定，同一用人单位与同一劳动者只能约定一次试用期。以完成一定工作任务为期限的劳动合同或者劳动合同期限不满3个月的，不得约定试用期。试用期包含在劳动合同期限内。劳动合同仅约定试用期的，试用期不成立，该期限为劳动合同期限。

上述这些规定乃国家对劳动关系双方之间就试用期约定的法律干预，也体现了劳动法规范具有一定的强制性特征。

二、试用期内解除劳动关系的条件及程序

试用期间亦属劳动关系存续期间，因此双方的劳动权益同受劳动法及其相关规定的保护。《劳动合同法》明确规定了试用期包括在劳动合同期限中。实践中，由于对试用期存在错误理解，导致了某些用人单位在与劳动者订立劳动合同之前往往先单独订立了试用期协议，并约定试用期期满后双方再签订"正式"的劳动合同。待双方产生纠纷后，用人单位往往以双方尚处于试用期间、其可随时解除与劳动者订立的试用期协议为由来否定其应当承担的责任。

实质上，我国劳动法针对劳动关系双方分别规定了试用期内解除劳动关系的条件。《劳动法》第25条第（一）项规定：劳动者在试用期间被证明不符合录用条件的，用人单位可以解除劳动合

同。第 32 条第（一）项却规定：在试用期内，劳动者可以随时通知用人单位解除劳动合同。依据《劳动合同法》第 21 条的规定，劳动者除有以下四种情形外，用人单位不得解除劳动合同：1. 在试用期被证明不符合录用条件的。2. 严重违反用人单位的规章制度的。3. 严重失职，营私舞弊，给用人单位造成重大损害的。4. 劳动者同时与其他用人单位建立劳动关系，对完成本单位的工作任务造成严重影响，或者经用人单位提出，拒不改正的。5. 以欺诈、胁迫的手段或者乘人之危，使对方在违背真实意思的情况下订立或者变更劳动合同的。这里需要注意的是上述规定仅仅是因试用期的存在出现解除劳动关系的特殊条件，至于劳动法对于劳动关系解除的一般条件规定仍适用于试用期内解除劳动关系的情形。也就是说，在试用期内，若劳动者或者用人单位存在劳动法及其相关规定所列明的可解除情形时，用人单位或劳动者可以据此解除双方劳动关系，此时的解除权之行使并不受试用期约定的影响。

　　实践中，劳动双方在有试用期约定的情形下，极易导致争议产生的是双方对于《劳动法》第 25 条第（一）项规定中的"不符合录用条件"有不同的理解。笔者认为，劳动法之所以规定了劳动者在试用期内被证明不符合录用条件的，用人单位可以据此解除劳动关系，是因为双方建立的劳动关系在今后一定期限内是否能正常履行受到劳动者是否符合具体岗位的要求的影响。虽然双方在建立劳动关系之前经过了一定的筛选，但该筛选往往不能满足考察劳动者是否能够满足具体岗位需要的目的之实现。因此，双方约定试用期的目的也在于用人单位在建立劳动关系后的一定期限内对劳动者进行有针对的具体考察。双方可以在约定试用期时一并对录用条件进行明确的约定，若没有约定的，应当由人民法院或者劳动争议仲裁机构综合衡量劳动者所在具体工作岗位的要求与劳动者工作能力之间的匹配程度来认定。劳动者在试用期内的工作表现被证明不能满足所在工作岗位要求的，可以认定劳动者不符合用人单位的"录用条件"。这里所说的"录用条件"，既包括岗位要求的个体业务能力，也包括劳动者的团队协作能力，甚至包括劳动者的工作态度等细节，但用人单位必须证明这些能力与劳动者所在岗位的工作之完成具有密切的关联性。并且《劳动合同法》也要求用人单位在试用期解除劳动合同的，应当向劳动者说明理由。

用人单位要证明劳动者在试用期内是否符合"录用条件"，必须依据劳动者在试用期内的工作表现，并经过一定的考核程序，在一定的期限内做出是否符合的结论，否则试用期一届满即视为劳动者符合用人单位的"录用条件"。《劳动部办公厅〈关于如何确定试用期内不符合录用条件可以解除劳动合同的请示〉的复函》指出，对试用期内不符合录用条件的劳动者，企业可以解除劳动合同；若超过试用期，则企业不能以试用期内不符合录用条件为由解除劳动合同。

三、本案中，某公司是否应当给付魏某解除劳动关系经济补偿金的问题

从上述分析可以得出，某公司应当提供证据表明魏某在试用期内不符合该公司录用条件的相应事实，否则其不得以此为由解除与魏某的劳动关系。而从本案的事实上看，某公司并未举证表明魏某不符合录用条件的事实存在。至于某公司认为双方尚处于试用期，其可随时解除劳动关系的主张没有法律依据，不应得到支持。实质上，某公司是因公司业务紧缩而解聘魏某的，其该项解除行为并不符合《劳动合同法》关于用人单位可据以解除合同的情形，故该解除显系不当解除劳动关系的行为。但鉴于魏某随即与该公司办理离职交接手续，并自此离开某公司且未要求继续履行双方的劳动关系，而直接要求某公司给付解除劳动关系的经济补偿金，故魏某的请求应当得到支持。

双方当事人协商一致可以解除劳动合同

【基本案情】

原告：陈某
被告：某公司

陈某于2003年4月14日到某公司工作，任人事部部长职务，双方未签订劳动合同，未明确约定试用期及工资标准。自2003年6月开始，陈某每月税前工资2800元、通讯交通费1200元，共计4000元。2003年8月6日双方因工作问题发生纠纷，并于同年8月22日办理了交接手续。后陈某到区劳动争议仲裁委员会提出申诉。

陈某诉称，我于2003年4月14日到某公司工作。双方当时约定试用期为3个月，试用期工资为税后实发2000元，表现好则可以随时转正。试用期满1个月后，某公司董事长通知我因工作表现突出，同意于即日起转正，转正后为税前工资4000元。某公司为逃避税收，将其中一部分以工资名义发放，另一部分以通讯费和交通补贴的形式发放，月工资为税后实发3845元。2003年8月7日某公司副总经理和秘书长找我谈话，通知将我解雇，工资结算到8月6日止。我当时表示不同意解除劳动关系，但某公司随即锁上我的办公室，使我无法上班。现要求某公司支付解除劳动合同关系经济补偿金4000元和50%额外经济补偿金2000元及25%的赔偿金500元；未提前一个月通知解除劳动合同的经济赔偿金4000元，并承担诉讼费用。

某公司辩称，陈某所述情况不属实。陈某的试用期是2003年

4月14日至8月14日,不是3个月。陈某经常迟到、旷工、不服从管理,是陈某自动提出辞职的,故请法院驳回陈某的诉讼请求。

一审法院经审理确认,陈某与某公司建立劳动关系,应当签订劳动合同。虽然陈某与某公司未签订劳动合同,但双方已形成事实上的劳动关系,双方均应按照协议约定履行各自的义务。现双方当事人在陈某自动辞职还是某公司将陈某解雇问题上,各持己见,但因双方已实际办理了交接手续并结清了陈某工作期间的工资,应视为双方协商一致解除劳动关系。某公司所称系陈某自动辞职的辩解意见没有证据,不予采信。陈某要求某公司支付解除劳动合同经济补偿金及额外经济补偿金,理由正当,应予支持。陈某要求某公司支付解除劳动关系的赔偿金和未提前30天通知解除劳动关系给其造成的工资损失,没有依据,不予支持。据此,依照《劳动法》第16条、第24条,参照《违反和解除劳动合同的经济补偿办法》第5条、第10条之规定,判决:一、某公司支付陈某解除劳动合同经济补偿金4000元及额外经济补偿金2000元;二、驳回陈某要求某公司给付未支付解除劳动关系经济补偿金的赔偿金和未提前30天通知解除劳动关系给其造成工资损失经济赔偿金的诉讼请求。

判决后,某公司不服,以陈某系辞职离开公司,并非某公司解雇陈某,原审法院对双方解除劳动关系的性质认定错误为由,向本院提出上诉,请求撤销原判,驳回陈某的诉讼请求。陈某服从原判决,并且认为,自己从未提出辞职申请,自己离开公司的原因是由于公司将我解雇,不同意某公司的上诉请求。

二审法院经审理认为,陈某与某公司建立劳动关系,应当签订劳动合同,现双方未签订劳动合同,某公司应该承担主要过错。现双方已形成事实上的劳动关系,双方已按照口头约定履行了各自的义务。在劳动合同纠纷中,某公司作为用人单位应负主要的举证责任,应该向本院提交陈某辞职的相关证据。而本案中,双方未曾签订劳动合同,对于双方的行为缺乏书面的合同予以约束,现某公司不能证明陈某系辞职而离开某公司,所以,原审法院认定双方当事人协商一致解除劳动关系是正确的,本院予以认可。在双方解除劳动关系后，某公司应依据劳动法对陈某予以经济补偿。根据某公司提供的证据，陈某的工资构成为工资、通讯及交通补助等，税前总额为4000元，在双方解除劳动关系后，某公司应该以此标准对陈某进行补偿。某公司以陈某取得的通讯费及交通补助费不应视为陈某工资的主张，本院不予支持。某公司上诉请求因缺乏依据，本院不予支持。原审判决事实清楚，证据充分，本院予以维持。综上所述，依据《民事诉讼法》第153条第1款第（一）项之规定，判决：驳回上诉，维持原判。

【分析评论】

一、关于事实劳动关系的认定

国务院劳动部在1995年颁布的《关于贯彻执行〈中华人民共和国劳动法〉若干问题的意见》中规定，用人单位与劳动者发生劳动争议不论是否订立劳动合同，只要存在事实劳动关系，并符合劳动法的适用范围和《中华人民共和国企业劳动争议处理条例》的受案范围，劳动争议仲裁委员会均应受理。按照我国劳动法确立的劳动争议"一裁两审"的原则，最高人民法院相应地在《最高人民法院关于审理劳动争议案件适用法律若干问题的解释》（以下简称最高人民法院解释）中规定，当事人不服劳动争议仲裁委员会作出的对于劳动者与用人单位之间没有订立书面劳动合同，但已形成劳动关系后发生的纠纷的裁决，依法向人民法院起诉的，人民法院应当受理。依据上述规定，事实劳动关系已被法律所确认。笔者认为，构成事实劳动关系须具备以下要件：

（一）双方之间存在建立劳动关系意思表示的"合意"，但此合意欠缺法定的形式要件。依据《劳动法》的规定，"劳动合同是劳动者与用人单位确立劳动关系、明确双方权利和义务的协议。""建立劳动关系应当订立劳动合同。"但在事实劳动关系中，劳动者与用人单位之间并不存在用以明确双方权利、义务关系的书面协议，形成劳动关系的意思表示基于口头或默认的方式。人民法院在审理此类案件过程中，依据诸如工资条、考勤表、工作证以及社会保险的缴纳等来判断双方劳动关系的存在。另外，最高人民法院解释第16条规定，"劳动合同期满后，劳动者仍在原用人单位工作，原用人单位未表示异议的，视为双方同意以原条件继续履行劳动合同；用人单位应当与劳动者签订无固定期限劳动合同而未签订的，人民法院可以视为双方之间存在无固定期限劳动合同关系，并以原合同确定双方的权利义务关系。"

（二）双方之间建立了受劳动法调整的劳动关系。通过对司法实践的总结，笔者认为劳动关系是否建立的标准应从以下几个方面进行考察：一是主体适格，即符合劳动法对于主体的要求。二是必须订立合法有效的劳动合同或形成事实劳动关系。三是当事人双方实际履行劳动法规定的权利义务，即劳动者为用人单位提供劳动，用人单位向劳动者支付劳动报酬及相关的福利待遇。四是劳动者事实上成为企业的内部成员，接受管理，遵守内部规章、制度，付出的劳动构成用人单位业务的组成部分。这种身份上的管理关系是构成劳动关系的本质特点，也是形成事实劳动关系的重要构成要件。五是双方的权利、义务关系必须受劳动法律、法规的调整。

二、举证责任的承担

"谁主张，谁举证"是我国民事诉讼法关于举证责任分担的一项基本原则。但是，在劳动争议案件举证责任问题上，《最高人民法院关于民事诉讼证据的若干规定》第6条明确规定，"在劳动争议纠纷案件中，因用人单位做出开除、除名、辞退、解除劳动合同、减少劳动报酬、计算劳动者工作年限等决定而发生劳动争议的，由用人单位负举证责任。"最高人民法院解释中第13条亦规定，"因用人单位作出的开除、除名、辞退、解除劳动合同、减少劳动报酬，计算劳动者工作年限等决定而发生的劳动争议，用人单位负举证责任。"

这种举证责任"倒置"的规定是与劳动法律关系的特殊性密切相关的。劳动争议案件从表面上看虽亦属于平等主体间的民事纠纷，即作为劳动合同关系主体的用人单位和劳动者，形式上地位是平等的，但实质上不然，劳动法律关系最重要的特征就是劳动者与用人单位之间存在着身份上的管理与被管理的行政隶属关系。特别是开除、除名、辞退和解除劳动关系、减少劳动报酬、计算劳动者工作年限等决定而发生的劳动争议中，用人单位所作出的决定是以一定的事实和理由为前提的，具有积极主动和权利干预的性质，而劳动者对此决定提出的争议具有消极、抗辩和权利防卫的性质。在此情况下，如果由劳动者承担举证责任，将会使劳动者处于更加被动的地位。既然用人单位作出除名、辞退等决定，那么所做出的决定应基于一定的事实和理由，由用人单位举证往往会使案件争议事实简单化、明朗化。这也是民法的公平原则及《劳动法》的立法本意的体现。

本案中，陈某与某公司就辞职或是辞退问题产生争议，依据证据规则的规定，应将举证责任分配给某公司，因某公司未能举证证明陈某系主动辞职，应承担举证不能的后果，但鉴于本案中，双方已无继续履行的可能，解除劳动关系是双方的共识，应认定陈某与某公司协商一致解除劳动关系。因此陈某主张25%赔偿金及未提前一个月通知解除劳动关系的经济赔偿金的请求没有法律依据，不能支持。

三、工资的构成

目前，关于工资的构成内容，相关政策、法规的表述不尽一致，有的称基本工资，有的称工资。工资的构成是以基本工资为准，还是包括奖金、提成、加班费等在内很不明确。但是工资的计算又往往牵扯到其他权利义务问题的处理。如对于经济补偿金的计算，社会保险缴纳基数的核算。依据原劳动部《工资支付暂行规定》第5条："本规定所称工资是指用人单位依据劳动合同的规定，以各种形式支付给劳动者的工资报酬"及《关于贯彻执行〈中华人民共和国劳动法〉若干问题的意见》第53条："劳动法中的'工资'是指用人单位依据国家有关规定或劳动合同的约定，以货币形式直接支付给本单位劳动者的劳动报酬,一般包括计时工资、计件工资、奖金、津贴和补贴、延长工作时间的工资报酬以及特殊情况下支付的工资等。"依据上述规定,本案中,某公司认为通讯费及交通补助费不应视为工资的主张不能成立,某公司应按税前工资4000元的标准向陈某支付经济补偿金。

先于医疗期到期的劳动合同不能自动终止

【基本案情】

上诉人（原审被告）：某公司
被上诉人（原审原告）：赵某

赵某于2002年9月应聘到某公司工作，双方未签订劳动合同。2003年1月1日双方签订了为期一年的劳动合同，约定月工资为1700元，劳动合同终止时间为2003年12月31日。2003年11月26日，赵某因患乳腺癌住院治疗，并向某公司请了病假，某公司于2003年12月份停发了赵某的病假工资。

一审法院经审理认为，赵某与某公司签订的劳动合同系双方的真实意思表示，且不违反国家法律、法规的强制性规定，认定为有效合同。对于赵某要求将医疗期变更为4年的请求缺乏相关的证据和依据，不予支持。根据劳部发〔1994〕479号《企业职工患病或非因工负伤医疗期规定》，赵某在某公司工作的年限为5年以下，应享受的医疗期为3个月，依据劳部发〔1995〕309号第76条的规定，对于患特殊疾病的职工，在规定的医疗期内不能痊愈的，经企业和劳动部门批准可以延长医疗期，因某公司不同意延长赵某的医疗期，故对赵某要求将医疗期延长至24个月的请求，不予支持。赵某要求某公司支付劳动关系存续期间的四项社会保险理由充分，应予支持。赵某要求支付医疗期间的病假工资及经济补偿金，理由充分，应予支持。因某公司没有按照相关规定给赵某交纳医疗保险，故对赵某要求某公司给赵某报销医疗费的请求，应予支持。一审法院判决：一、某公司为赵某补缴2004年9月至判决生效之日的养老、医疗、失业和工伤保险；二、某公司支付2003年12月到判决生效之日的病假工资和25%的额外经济补偿金；三、某公司按其规定给赵某报销医疗费；四、驳回赵某的其他诉讼请求。赵某同意一审判决。

一审判决后，某公司不服提出上诉。上诉请求：一、某公司已经于2004年7月31日终止了与赵某的劳动合同，应支付病假工资到2004年7月份。二、根据劳部发〔1994〕481号第5条及赵某在某公司工作年限，某公司认可支付给赵某相当于1个月的经济补偿金，拒绝支付25%的额外经济补偿金。三、在一审判决中先提到给赵某补缴四项保险费到2004年12月份，后提到向赵某支付病假工资到2004年9月份，判决前后矛盾，不予执行。四、某公司已经为赵某缴纳过基本医疗保险费，故不予报销赵某的医疗费。五、因赵某负责销售的GPRS网卡没有及时清理库存，某公司造成62600元的损失，除去赵某的病假工资和生活费6960元，赵某应向某公司赔偿54440元。上诉的主要理由是，赵某于2002年9月到某公司工作，公司多次催促其尽快办理四项保险转移手续，但直到2003年11月20日才将账户转到公司，公司于11月24日给其办理了养老、失业、工伤保险，12月8日办理了医疗保险；公司与赵某签订的劳动合同到2003年12月31日终止，因其患病，公司没有终止劳动合同而是给予三个月的医疗期，并将四项保险交至2004年3月，且补缴了从2002年12月到2003年12月的医疗保险；公司同意西城区劳动争议仲裁委员会的仲裁裁决中将劳动合同延长至2004年7月31日，在2004年7月29日通过EMS给赵某寄出终止劳动合同通知书，通知其于8月10日前办理相关手续，但赵某拒绝接收；赵某负责销售的GPRS网卡有18片没有去向，20片因没有及时清理库存，共计造成损失62600元。

赵某在二审中辩称，没有收到某公司解除劳动合同通知书，劳动合同没有解除，某公司从2003年12月起就没有发病假工资，应当加发经济补偿金。

二审法院经审理认为，终止、解除劳动合同应当按照相关规定进行。某公司称于2004年7月以邮寄方式通知赵某终止劳动合同并办理相关手续，但未提供证据证明赵某已收到该通知，故某公司称与赵某的劳动合同于2004年7月31日终止，不予支持。赵某与某公司于2002年9月起形成劳动关系，某公司应当为赵某交纳相应的社会保险，某公司称因赵某没有办理保险转移手续而造成没有交纳保险，缺乏相关证据和依据。某公司没有按照相关规定为赵某交纳医疗保险，致使医疗保险基金未能按规定划入个人账户，某公司应承担为赵某报销医疗费的责任。赵某在病假医疗期间，某公司应当按照规定给赵某发病假工资，没有按时发放的应当加发25%的额外经济补偿金。某公司要求赵某赔偿因没有及时清理库存造成的损失等一节，非本案受理范围，故本案不予处理。二审法院维持一审判决。

【分析评论】

（一）医疗期满后劳动合同是否自动终止

本案为典型的在劳动合同存续期间劳动者生病，并停工住院治疗，且医疗期跨越劳动合同终止日期的劳动争议纠纷。本案中，赵某从2002年9月起在某公司工作，并于2003年1月1日签订了为期一年的劳动合同，双方对此事实没有争议，在赵某生病住院时双方存在劳动关系。本案争议的关键问题在于双方的劳动合同是否解除或终止，以及何时终止或解除。

《劳动法》第23条规定："劳动合同期满或当事人约定的劳动合同终止条件出现，劳动合同即行终止。"对于医疗期内劳动合同期满的情况是否终止及如何终止没有相应的规定。根据《劳动部关于贯彻执行〈中华人民共和国劳动法〉若干问题的意见》第34条的规定："除劳动法第二十五条规定的情形外，劳动者在医疗、孕期、产期和哺乳期内，劳动合同期限届满时，用人单位不得终止劳动合同。劳动合同的期限应自动延续至医疗期、孕期、产期和哺乳期期满为止。"因此赵某与某公司的劳动合同期限应当延续至医疗期限届满。

对于医疗期的问题,《劳动法》没有相关规定。依据劳部发〔1994〕479号《劳动部关于发布〈企业职工患病或非因工负伤医疗期规定〉的通知》第3条第（一）项的规定，赵某的实际工作年限在十年以内，在某公司工作的时间在五年以内，应该享受三个月的医疗期，即从2003年11月26日至2004年2月26日止。在此期间，赵某应享受医疗期的病假工资，按照劳动部劳部发〔1995〕309号《劳动部关于贯彻执行〈中华人民共和国劳动法〉若干问题的意见》第59条的规定："职工患病或非因工负伤治疗期间，在规定的医疗期间内由企业按有关规定支付其病假工资或疾病救济费，病假工资或疾病救济费可以低于当地最低工资标准支付，但不能低于最低工资标准的百分之八十。"按照某公司的管理文件，病假工资是职工正常工作工资的60%，支付赵某的病假工资数额高于最低工资的80%，不违反以上规定，就应按照某公司关于支付病假工资的规定支付赵某的病假工资。

在医疗期满后，劳动合同是否自动终止以及终止劳动合同应办理的相关手续问题，《劳动法》并没有相关的规定。按照《北京市劳动合同规定》第40条的规定："劳动合同期限届满前，用人单位应当提前30日将终止或者续订劳动合同意向以书面形式通知劳动者，经协商办理终止或者续订劳动合同手续。"第41条规定："劳动合同期限届满用人单位终止劳动合同的，用人单位应当向劳动者出具终止劳动合同的书面证明，并办理有关手续。"依据以上两条规定可以推定，对于医疗期限届满用人单位终止劳动合同的，也应当提前30天以书面形式通知劳动者，并办理相关的手续。本案中，某公司在赵某的医疗期限届满前没有与赵某进行协商，而且没有以书面形式通知赵某终止劳动合同，因此赵某与某公司的劳动合同在医疗期限届满后双方的劳动关系没有自动终止，劳动关系继续存在。

本案中某公司上诉的主要原因是一审判决中没有明确双方的劳动关系继续存在，只是从判决的结果中可以看出双方的劳动关系继续存在。某公司因此也提出了判决前后矛盾,不能执行的异议。

(二) 医疗期满后劳动关系的认定问题

在赵某的医疗期满后,其与某公司的劳动关系有两种观点:一种观点认为属于事实劳动关系,在医疗期满后双方就劳动合同终止与否没有表示,应当按照事实劳动关系来处理。另一种观点认为是原劳动合同的续延。在两审法院的审理过程中,都将这种劳动关系认为是原劳动合同的续延,双方都受原劳动合同内容的约束,并且将劳动合同的续延期间看做是医疗期间。对于本案,从保护劳动者的方面来处理,将后续的时间看做是医疗期对劳动者更有利,这期间劳动者可以享受医疗期间的待遇,领取医疗期间的工资,相对于基本生活费来说要高一些。但笔者认为,该事实认定为事实劳动关系更合适,根据《最高人民法院关于审理劳动争议案件适用法律若干问题的解释》第16条的规定:"劳动合同期满后,劳动者仍在原用人单位工作,原用人单位未表示异议的,视为双方同意以原条件继续履行劳动合同。一方提出终止劳动关系的,人民法院应当支持。"该条的规定视为双方同意以原条件继续履行劳动合同的前提条件是劳动者仍在原单位工作,而本案中赵某是停工医疗,没有给单位提供正常劳动,不能认为双方同意以原劳动合同继续履行,因此也就不能认为赵某仍在医疗期间;应该按照双方仍存在劳动关系,而赵某没有提供劳动,单位应当发给赵某基本生活费,而不是病假工资。

(三) 医疗期满后劳动者部分或全部丧失劳动能力情况的处理

对于非因工负伤或患病医疗期满后,劳动者部分或全部丧失劳动能力的,依据劳部发〔1994〕479号《劳动部关于发布〈企业职工患病或非因工负伤医疗期规定〉的通知》第7条的规定:"企业职工非因工致残和经医生或医疗机构认定患有难以治疗的疾病,医疗期满,应当由劳动鉴定委员会参照工伤与职业病致残程度鉴定标准进行劳动能力的鉴定。被鉴定为一至四级的,应当退出劳动岗位,解除劳动关系,并办理退休、退职手续,享受退休、退职待遇。"本案中,赵某患乳腺癌,属于特殊疾病或难以治愈的疾病,在医疗期满后，用人单位不能简单地解除劳动合同，应当进行劳动能力鉴定。这样规定，对劳动者来说，既保护了劳动者患病或非因工负伤治疗休息的合法权益，又使那些真正完全丧失劳动能力者退出劳动岗位，终止劳动关系，办理退休、退职手续，享受应该享受的退休、退职待遇，按规定得到妥善安置，避免了劳动者医疗期满后因解除劳动合同而造成失业；同时也减轻了企业负担。

依据以上规定，某公司在赵某的医疗期满后，应对赵某进行劳动能力的鉴定，经鉴定后，符合解除劳动合同条件的，办理解除劳动合同手续及给付相关的补偿；符合办理退休、退职条件的办理退休、退职手续。

另外，本案的劳动仲裁和一审都是由劳动者提出的，而非用人单位提出的，就劳动关系是否解除或终止没有经过劳动仲裁，是由用人单位在一审时提出的抗辩理由，且用人单位解除劳动合同的相关手续不符合法律的规定。某公司对劳动合同是否解除的争议，笔者认为不应该由法院直接受理，应由劳动仲裁后再受理。因为，对于劳动合同解除的争议是本案的主要争议，没有经过劳动仲裁的处理，法院不能直接受理。

（四）本案中的其他问题

对于社会保险，用人单位有义务为与其存在劳动关系的劳动者按照相关的规定按时足额缴纳社会保险，没有缴纳的，法院应判决用人单位补缴其应承担的部分，具体的数额由社会保险经办机构核定，一般情况下，法院只判决缴纳的时间段，而不判决具体的缴纳数额，具体的数额由社保部门核定。本案中，某公司没有为赵某按时、足额缴纳医疗保险，因此给赵某造成医疗费的损失应由某公司承担。

对于某公司称赵某因住院，没有及时处理库存的 GPRS 网卡给用人单位造成经济损失的问题，因不属于劳动争议的受案范围，本案没有处理，某公司可另行起诉。

综上，一审法院判决正确，二审法院维持正确。

自动离职与劳动合同的解除

【基本案情】

原告：陈某
被告：某公司

陈某于2001年8月到某公司工作，2003年10月28日陈某与某公司签订了劳动合同书，合同期限为2年，即从2003年10月14日起至2005年10月13日止，其月工资标准为4100元。双方在劳动合同书第28条约定：陈某离职时必须按规定办理工作交接。交接完成以陈某与某公司指定的接任者完成交接并签署交接明细表为准，未按规定完成工作交接属于擅自离职的范畴。2004年6月23日某公司以公司持续经营亏损为由向陈某下发了裁员通知1份，当日陈某离开某公司，此后未到公司上班。某公司称2004年6月23日该公司向陈某发出裁员通知的同时亦向其发出了工作交接明细表，但陈某却拒绝办理工作交接手续；陈某称某公司向其下发了裁员通知后，并未安排继任者与其进行工作交接，所以导致工作交接无法进行。双方当事人就上述主张均未提交充分的证据予以证明。2004年8月16日陈某以要求某公司向其支付解除劳动合同的经济补偿金为由，向区劳动争议仲裁委员会提出申诉，仲裁委员会裁决如下：某公司给付陈某解除劳动合同的经济补偿金12300元。

2004年11月，某公司诉至原审法院称，陈某于2001年8月到我公司工作，2003年10月28日双方签订了2年期的劳动合同，其月工资标准为4100元。自2004年起陈某在工作中多次失职，不能胜任其本职工作，我公司考虑到陈某系公司的老职工，故决定以公司经营不善为由将其辞退，对其给我公司造成的损失暂不予追究，2004年6月23日，我公司向陈某发出了裁员通知及工作交接明细表，但陈某却拒绝办理工作交接手续。双方在劳动合同中明确约定，解除劳动合同的应在3日内将所有工作交接完毕，如不交接的按自动离职处理。我公司认为，陈某在劳动合同解除后3日内拒不办理工作交接手续，已经构成擅自离职，故我公司无须向其支付解除劳动合同的经济补偿金。现我公司不服仲裁裁决，故起诉：1.要求判令我公司无须向陈某支付解除劳动合同的经济补偿金12300元；2.本案诉讼费由陈某承担。

陈某在原审中辩称，我于2001年7月进入某公司工作，2004年6月23日某公司以经营不善为由解除了双方的劳动合同，该公司应按照劳动法的规定向我支付经济补偿金。某公司的辞退决定做出之后，其并未安排继任者与我进行工作交接，现我同意仲裁裁决，不同意某公司的诉讼请求。

原审法院审理后认定，陈某与某公司通过签订劳动合同的形式建立了劳动关系，故双方当事人的合法权益均受劳动法的保护。2004年6月23日某公司以公司持续经营亏损为由向陈某下发了裁员通知，其显然是适用《劳动法》第26条之规定，单方解除了与陈某的劳动合同。在双方所签订的劳动合同中做出了劳动者不按照规定完成工作交接属于擅自离职的约定，但劳动法意义上的擅自离职是指：在职工出现不辞而别的情形时，用人单位依法定方式履行了通知义务后职工仍不到岗，许可用人单位对职工做出终止劳动关系处理的一种方式。双方的上述约定，显然是对"擅自离职"的含义做出了扩大解释。同时，双方当事人均未就未办理工作交接手续的责任归属问题提交充分的证据予以证明，故对于某公司提出的陈某未按照规定完成工作交接属于擅自离职的主张不予采信，某公司应按照陈某的工作年限向其支付解除劳动合同的经济补偿金。其要求判令其无须向陈某支付解除劳动合同的经济补偿金之诉讼请求，应予驳回。综上所述，依据《中华人民共和国劳动法》第26条、第28条，判决：某公司于本判决生效后7日内向陈某支付解除劳动合同的经济补偿金12300元。

判决后，某公司不服，以原审法院对部分事实未作认定，现发现了新的证据，要求撤销原审判决，不同意给付陈某经济补偿金，判令由陈某承担本案全部诉讼费用。陈某同意原审判决。

在本院审理过程中，某公司提交了公证书，欲证明陈某与某公司的其他股东有损害公司利益的行为，这也是某公司辞退陈某的真正原因，但公司为顾全其颜面才采用裁员的形式让其离职。该公证书的内容主要是在显示为"liyiqiao"的邮箱中的邮件，其中主题为《关于邮箱的使用》邮件内容为：陈某，您好！咱们以后应该用外部邮箱联系。否则会有麻烦的。落款日期为2004年6月16日。对该公证书的内容，陈某虽表示不同意质证，但发表了如下质证意见：对公证内容的真实性有异议，理由是电子邮件可以伪造，某公司作为软件公司，也可以伪造邮箱的日期，此外，公司的设备都是由公司的管理层掌握的，所以伪造证据的可能性存在。二审审理查明的其他事实与原审一致。

二审法院认为，某公司与陈某签订的劳动合同书是双方当事人的真实意思表示，应为合法有效。合同期限到2005年10月13日止。对于某公司提交的公证书公证的邮件的内容，陈某发表了质证意见，实质上对该证据进行了质证，对于该内容，陈某表示不认可其真实性，并有伪造的可能性，但没有相反的证据支持，因此，对该公证书内容的真实性予以认定，但某公司认为该邮件内容足以证明陈某与某公司其他股东串通损害公司利益的主张，法院认为该主张缺乏充分的事实依据，不予支持。

对于工作未交接的原因，双方各执一词，均未有新的证据予以支持，故原审判决对于某公司提出的陈某未按照规定完成工作交接属于擅自离职的主张不予支持是妥当的。某公司的上诉请求缺乏充分的事实依据，法院不予支持。综上，依据《中华人民共和国民事诉讼法》第153条第1款第（一）项之规定，判决：驳回上诉，维持原判。

【分析评论】

这是一起在现实中比较典型的解除劳动合同的案例。劳动者与用人单位一般是在相对友好和信任的基础上订立的劳动合同，但随着劳动合同的履行，双方当事人的劳动关系有可能进一步延续，也有可能提前终止。解除劳动合同是基于双方当事人的意思，协商一致的结果。在实践中，解除劳动合同时，双方当事人往往不能像签订劳动合同时一样进行友好协商，所以，如何正确认定劳动合同的解除原因、解除时间等成为劳动争议案件审理中的关键问题，并且进一步影响到解除劳动合同的经济补偿金的给付问题。

在本案当中，有以下几个问题，需要研究。

第一，自动离职的相关问题。

自动离职是指在职工出现不辞而别的情形时，用人单位依法定方式履行了通知义务后职工仍不到岗，许用人单位对职工做出终止劳动关系处理的一种方式。自动离职是职工违法解除劳动合同的一种情形。按照《劳动法》的相关规定，职工解除劳动合同应当提前 30 日以书面形式向用人单位提出。但如果职工未经用人单位批准同意擅自离职，则该行为就违反了劳动法规定的职工解除劳动合同的程序。这与职工辞职的情形不同，职工辞职是其单方行使合同解除权的行为，该行为属于民事权利中的形成权，法律后果是提前终止劳动关系，该权利的行使应符合合同约定或法律法规的规定，并办理相应的辞职手续。自动离职的行为，属于擅自脱离工作岗位，无故旷工，其行为具有违法性，如果旷工的时间达到合同约定或法律规定的时间，单位有权对旷工职工做出除名的处理，劳动合同一起终止，并且旷工职工无权要求解除劳动合同的经济补偿金。

擅自离职的内容，双方当事人能否约定？在本案中，双方当事人在劳动合同中约定：陈某离职时必须按规定办理工作交接。交接完成以陈某与某公司指定的接任者完成交接并签署交接明细表为准，未按规定完成工作交接属于擅自离职的范畴。现在交接工作未完成，某公司认为是陈某拒绝进行工作交接，陈某认为是公司未及时指定继任者造成的，但双方都未提交相应的证据材料。原审法院认为，双方关于自动离职的约定是对"擅自离职"的扩大解释，但对该约定内容是否有效未表态。从当事人意思自治的角度看，应当允许双方当事人对劳动合同的内容进行约定；但从劳动合同的属性看，劳动合同与一般私法意义上的合同也有不同，劳动合同当事人虽然是平等民事主体，但在劳动关系中，劳动者属于从属地位，而劳动者一般处于劣势地位，因此，一般情况下，劳动者在签订劳动合同时往往不得不接受某些条款。对于双方的约定，只要其内容没有明显违反法律及法规的强制性规定，可以确认约定的内容。但对于劳动法中的概念，如自动离职、哺乳期、未成年工、职业病等内涵明确的概念，一般不应就其内容做出扩大解释。另外，为了防止用人单位滥用权利，如双方对于约定的条款有异议，从格式合同的解释原则看，对争议条款应当做出对提供格式合同一方不利的解释。所以，未按规定完成工作交接不应是擅自离职的内容。劳动合同解除后，劳动者与用人单位完成工作交接甚至仍然遵守劳动合同约定的保密义务是合同法诚实信用原则的体现，因此，劳动者应当履行上述义务。用人单位有证据证明职工没有按照约定进行工作交接造成了损失，可以要求其赔偿，但不应扩大解释自动离职的含义。

第二，解除劳动合同的举证责任问题。

依照最高人民法院《关于民事诉讼证据的若干规定》第6条的规定，在劳动争议纠纷案件中，因用人单位做出开除、除名、辞退、解除劳动合同、减少劳动报酬、计算劳动者工作年限等决定而发生劳动争议的，由用人单位负举证责任。由于在劳动合同履行期限内，用人单位决定着劳动者劳动力的内部调配，劳动者受制于用人单位，因此上述由用人单位做出不利于劳动者的决定时，用人单位应当就其决定的实体和程序上的合法性负担举证责任，这样处理是比较公平的。在本案中，用人单位称劳动者严重失职，对单位造成了重大损害，单位有权利直接依据《劳动法》第25条的规定行使合同解除权，只是为了劳动者的面子问题，用裁员的形式来解除劳动合同。对此，用人单位某公司应当负担相应的举证责任。但依据《企业经济性裁减人员规定》，用人单位裁减人员是有条件限制和程序限制的，本案中用人单位某公司并未提交相应的证据予以证明其裁员的合法依据。对于某公司所称陈某有损害公司利益的行为，依据也不足，并且对于陈某未按照约定办理工作交接也未提交相应的证据材料。现用人单位无法提供相应的证据用以证明其以裁员形式解除合同的依据充分、程序合法，因此其应依法给付劳动者解除劳动合同的经济补偿金。

Part 4

经济补偿金

不当解除劳动关系也应给付经济补偿金
——限于劳动者仅要求经济补偿而未要求继续履行的情形

【基本案情】

原告（上诉人）：黄某

被告（被上诉人）：A公司

黄某1994年到A公司工作。1996年2月，到C公司工作并于2002年9月签订了为期一年的劳动合同，黄某在该合同到期后仍继续在C公司工作，但未续签劳动合同。2003年12月，黄某因C公司并入A公司而转入A公司工作，负责小区环卫工作，但双方未签订劳动合同。

2004年3月15日，黄某因工作问题与小区居民发生争论。2004年3月16日，A公司以黄某工作不认真、消极怠工、因工作质量不合格被投诉且经教育不悔改为由做出《关于对黄某严重违反公司规定的处理决定》：解除与黄某的劳动关系。黄某自2004年3月16日起即未再上班。黄某2003年3月至2004年3月的月平均工资为500元。

黄某于2004年4月向劳动争议仲裁委员会申请仲裁，以A公司在未查明事实、分清责任的情况下，便以其严重违反规定而将其辞退的处罚显属错误为由，要求：撤销A公司的辞退决定，并支付其经济补偿金4500元、额外经济补偿金2250元。该委于2004年5月裁决驳回黄某的申诉请求。

A公司据以主张黄某违反规定的依据是乙某等四人的书面证

言，但乙某等人均未出庭作证，黄某对此四人的书面证言也持有异议。

黄某起诉称：2004年3月16日，A公司以我严重违反劳动纪律为由与我解除劳动关系，我因此向劳动争议仲裁委员会申请劳动仲裁，但仲裁委在既没有查清事实真相，也没有正确适用法律的前提下做出了驳回我的申诉请求的裁决。我认为此裁决有失公正。

诉讼请求：1. 撤销仲裁裁决书；2. 判令A公司给付我经济补偿金4500元、额外经济补偿金2250元。

A公司辩称：黄某在我公司从事环卫工作，由黄某负责的地区经常有人投诉说清扫得不干净，而且黄某还与小区居民发生冲突，影响了公司的管理。我们是依据劳动法的规定与黄某解除劳动合同的，故不同意黄某的诉讼请求。

一审判决认为，黄某虽未与A公司签订劳动合同，但形成了事实上的劳动关系。黄某在工作中与居民发生冲突，而且不听劝阻并威胁主管，导致居民强烈要求更换环卫工人，黄某的行为属于严重违反劳动纪律和用人单位的规章制度，A公司据此做出《关于对黄某严重违反公司规定的处理决定》，解除与黄某的劳动关系符合法律规定，遂判决驳回黄某的诉讼请求。

判决后，黄某不服，以A公司所提供的证人证言不符合法律对证人证言的要求，证人既未出庭经过质证，且形式要件不合法为由对A公司提供的证据的真实性和合法性提出异议。认为原审法院据此认定的事实有误，且对A公司辞退企业职工的程序是否按照劳动法律规定办理及辞退决定的合法性未审查，即做出判决是适用法律的错误为由，上诉至二审法院。上诉请求要求撤销原判，依法改判。A公司同意原判。

二审判决认为，黄某与A公司虽未签订劳动合同，但双方已形成事实劳动关系。A公司以黄某在劳动过程中，工作不认真、工作卫生质量不合格经常被投诉且经教育不悔改，其行为属于严重违反劳动纪律和用人单位的规章制度为由，解除了与黄某的劳动关系。其所依据的是乙某等四人的书面证言，但证人未出庭作证，且

A公司未举证证实黄某经常被投诉且经教育不悔改的事实；故对上述证据不予认定。A公司仅仅因为2004年3月15日发生的问题，就做出解除与黄某的劳动关系的决定不妥。故对A公司作出的《关于对黄某严重违反公司规定的处理决定》应予撤销。鉴于黄某自2004年3月16日起再未到单位上班并要求A公司给付解除劳动关系的经济补偿，未要求维持双方劳动关系，应视为黄某同意解除双方之间的劳动关系，故认定黄某与A公司的劳动关系已于2004年3月16日解除。因A公司已决定与黄某解除劳动关系，亦应根据黄某的工作年限，每满一年发给相当于一个月工资的经济补偿金。因A公司未按规定给予黄某经济补偿，除全额发给经济补偿金外，还须加发50%的额外经济补偿金。黄某要求A公司支付其经济补偿金、额外经济补偿金的请求理由正当，应予支持。综上所述，一审判决依据乙某等人的证言认定黄某属于严重违反劳动纪律和用人单位的规章制度不当，应予纠正。故判决：一、撤销原判；二、撤销A公司做出的《关于对黄某严重违反公司规定的处理决定》；三、A公司与黄某的劳动关系于2004年3月16日解除；四、A公司于本判决生效后10日内给付黄某解除劳动关系的经济补偿金4500元及额外经济补偿金2250元。

【分析评论】

本案导致双方当事人产生争议及一、二审对此不同处理结果的关键在于对用人单位行使惩戒解除权——因劳动者违法、违纪而将其辞退——的正当性的判断存在差异。

第一，A公司对黄某是否有权行使惩戒解除权以及条件。

为了保障用人单位维持内部秩序和实现经营目标的需要，各国劳动法通常均肯定用人单位有权对劳动者严重违反用人单位规章、劳动纪律的行为可予以辞退惩处。我国劳动法也不例外，但相应的规定较为原则。实践中，用人单位以此辞退劳动者引起的纠纷也不乏其数，甚至有些用人单位是以此来掩盖其辞退劳动者的其他事由。从保护劳动者权益的原则出发，要严格限定惩戒解除权的行使限度。要限定用人单位的惩戒解除权必须要考察其规章制度和劳动纪律的合理性以及因此解除的程序是否正当等因素。至于用人单位的规章制度和劳动纪律的合理性问题，我们必须承认的一个事实是，对同一劳动者来说，在不同行业的用人单位、不同的工作岗位、不同的工作时间等情形下所必须遵守的规章、劳动纪律要求是不相同的，因此在判断一个用人单位的规章与劳动纪律是否合理时显然无法采取同一标准。比如同样是迟到一次，对于在公共交通的司机与高新企业的编程人员来说有着完全的不同意义。对此可以依据以下规则来确定：若双方已明确约定的，按照约定进行；若双方没有明确约定用人单位可以惩戒解除的具体情形的，应当根据劳动者违反特定用人单位的规章或劳动纪律的行为是否已构成对实现劳动关系目的的威胁来认定。

至于判断双方是否有明确约定的问题，经常会发生以下两种情形：一是用人单位未将其已经存在的规章或劳动纪律对新进入单位的劳动者进行公示或者告知的情形；二是劳动者对用人单位公示或告知的规章或劳动纪律有异议的情形。对此，应当分清该规章或劳动纪律的内容是否苛刻，而不应当简单地依据是否公示或者告知以及劳动者是否有异议等来认定其效力。笔者认为，若上述规章、劳动纪律的内容规定的是基本的劳动行为准则（比如不得多次旷工、遵守劳动的基本安全规则等），即使用人单位未进行告知或者劳动者有异议的，也应对劳动者具有约束力；若上述内容规定属用人单位特殊需要而确立的行为准则的，除非用人单位能够证明属于行业惯例且劳动者已熟知外，用人单位必须告知劳动者并经其同意，否则不具约束力。此外，为了防止用人单位滥用惩戒解除权，用人单位据此解除劳动关系的，应当经过一定的评价程序并给予劳动者一定的辩解机会，否则该解除可以认定为不当解除。

本案中，A公司从事的卫生服务工作，其公司营运目标的实现很大程度上受到对其所进行卫生工作质量的评价，因此，若黄某因自身工作不认真尽责而导致社区居民的多次投诉且经教育后仍不悔改的，A公司可以据此解除黄某的劳动关系。

第二，本案中，A公司惩戒辞退黄某的行为是否正当。

从案件事实上看，A公司认为黄某的工作多次遭到其负责段社区居民的投诉且经教育不悔改，但该公司仅仅依据乙某等四人的书面证言，且该四人未出庭作证。此外，A公司尚无其他证据表明黄某存在其所称的违反公司规定的行为，故不能认定黄某有违反A公司规定的事实。至于2004年3月15日，黄某工作时因卫生质量问题与居民、环卫主管发生争论。但仅此争论尚不能说明其已构成对实现劳动关系的目的有关键的影响，在此情形下，A公司应当对黄某进行相应的思想教育，但本案中的A公司并非采取事先教育而是以黄某违反公司规定为由直接将其辞退，该公司解除与黄某的劳动关系确属不妥。

第三，本案中，双方劳动关系是否已解除的问题。

根据劳动法的有关规定，用人单位对劳动者作出的解除劳动关系决定没有正当理由的，劳动者可以要求仲裁机构或者人民法院撤销该决定而继续履行双方的劳动合同。同时，劳动给付具有一定的人身依附性，所以不得强制要求劳动者履行劳动合同。在本案中，黄某在公司做出决定将其辞退时并未要求继续履行双方的劳动合同，而仅要求A公司给付其经济补偿金，这说明黄某同意于2004年3月16日解除双方的劳动关系。因此，二审认定双方的劳动关系于2004年3月16日解除也是正确的。

第四，A公司是否应当给付黄某解除劳动关系的经济补偿金问题。

由于我国劳动法规范规定的用人单位应当给付经济补偿金的情形主要是用人单位正当解除、双方协商解除以及劳动者被迫辞退的情形，至于用人单位不当解除劳动关系而劳动者仅要求给付经济补偿金的情形是否应当给付经济补偿金并未做出明确的规定。对此，受到经济补偿金的性质及功能的影响。所谓的经济补偿金实际上是一种对不同利益需求进行平衡的产物，是用人单位因其正当分散经营风险而给社会带来外部成本后所需要承担的一种社会性"代价"，且根据用人单位行为的外部性的程度不同来确定该代价的大小。其目的在于试图通过支付劳动者一定的经济补偿以保障其被解雇后的生活需要,进而预先缓解因劳动者被解除劳动关系后对社会稳定所可能造成的压力。根据"举轻以明重"的原则,在用人单位不当解除劳动关系的情形下,应当参照用人单位正当解除劳动关系的最高给付标准来确定用人单位应当给付劳动者的经济补偿金。据此,本案中的A公司应当对其不当解除黄某劳动关系的行为承担给付经济补偿金的义务。

第五,A公司应当给付黄某经济补偿金的具体数额确定。

我国劳动法以及《违反和解除劳动合同的经济补偿办法》等规定,用人单位在与劳动者解除劳动关系时,应当根据劳动者在其单位的工作年限,每满一年发给相当于一个月工资的经济补偿金,工作时间不满一年的,按一年的标准发放经济补偿金。且此时的工资是企业正常生产情况下劳动者解除合同前12个月的月平均工资。因此,可以看出经济补偿金的数额确定主要受到两个因素的影响:一是劳动者在本单位的工作年限;二是解除劳动关系前12个月劳动者的月平均工资。对于劳动者在本单位的工作年限,《劳动部办公厅〈关于如何理解"同一用人单位连续工作时间"和"本单位工作年限"的请示〉的复函》作了规定,在计算经济补偿金时,所谓的"本单位工作年限"与"同一用人单位连续工作时间"属同一概念,即劳动者与同一用人单位保持劳动关系的时间。本案中,黄某与C公司之间的劳动关系可以分为三个阶段:第一阶段是1996年2月至2002年9月期间与C公司因未订立书面劳动合同而建立的事实劳动关系;第二阶段是2002年9月至2003年8月底期间与C公司以劳动合同建立的劳动关系;第三阶段是2003年9月至2003年12月期间与C公司之间因劳动合同期满后未续订劳动合同继续在该公司工作而建立的事实劳动关系。虽然黄某于2003年12月才进入A公司工作,但黄某乃因其原所在的C公司与A公司之间发生兼并才到A公司工作的。《关于贯彻执行〈中华人民共和国劳动法〉若干问题的意见》第37条规定:根据《民法通则》第四十四条第二款"企业法人分立、合并,它的权利和义务由变更后的法人享有和承担"的规定，用人单位发生分立或合并后，分立或合并后的用人单位可依据其实际情况与原用人单位的劳动者遵循平等自愿、协商一致的原则变更、解除或重新签订劳动合同。在此种情况下的重新签订劳动合同视为原劳动合同的变更，用人单位变更劳动合同，劳动者不能依据劳动法第 28 条要求经济补偿。虽然，A 公司与黄某之间未订立劳动合同，但是双方之间已形成事实上的劳动关系，与以劳动合同建立的劳动关系同受劳动法及其相关规定的保护。根据上述规定及案件事实，黄某在 C 公司的工作年限可以合并计算到其在 A 公司的工作年限之中。因此，黄某在 A 公司的工作年限为 1996 年 2 月至 2004 年 3 月。根据《劳动部办公厅关于对解除劳动合同经济补偿问题的复函》的规定，所谓"工作时间不满一年的按一年的标准发放经济补偿金"是指两种情形，第一种是指职工在本单位的工作时间不满一年的，第二种是指职工在本单位的工作时间超过一年但余下的工作时间不满一年的。据此，在计算经济补偿金时，黄某在 A 公司的工作年限按照 9 年来计算。因此，本案中，A 公司应当给付黄某的经济补偿金是 $9 \times 500 = 4500$ 元，由于 A 公司未按规定给付黄某上述数额的经济补偿金，故依照《违反和解除劳动合同的经济补偿办法》第 10 条之规定，除全额发放经济补偿金 4500 元外，还须按该经济补偿金数额 4500 元的 50% 支付额外经济补偿金 $4500 \times 50\% = 2250$ 元。

解除劳动合同的经济补偿金和额外经济补偿金的给付条件

【基本案情】

上诉人（原审原告）：某公司
被上诉人（原审被告）：陈某

陈某于2003年2月14日到某公司工作，任人力资源部经理之职，双方当事人于2003年3月3日签订劳动合同，劳动合同期限自2003年2月14日起至2003年12月31日止。劳动合同期满后，陈某仍在某公司工作。2004年3月11日，某公司向陈某下达辞退通知书，内容为："陈某在职期间，严重破坏公司规章制度，经常擅自离岗，不遵守公司考勤制度，造成公司延发工资，影响极坏；带头破坏保密制度，泄露保密事项，带来管理制度混乱，阻碍公司正常发展。鉴于上述表现，公司认为陈某已不能胜任人力资源经理职务。经公司研究决定从即日起对陈某予以辞退。"某公司就上述辞退理由向一审法院出具该公司员工张某、陈某的书面证言，上述两证人未到庭作证。

陈某向一审法院提交了某公司于2003年12月3日为陈某开具的《收入证明》，证明陈某每月税后工资为3100元。同时陈某提交了某公司于2004年4月为其出具的书面证明一份，内容为："自2004年3月12日陈某离岗，仍有以下款项未支付：1.五日带薪年假未休，计815元；2.代替公司支付给原职员刘某工资，计382元。合计1197元，特此证明。"上述两份书证均加盖了某公司的公章。某公司对上述两份证明之真实性提出异议，要求对上述公章进行鉴定，但其并未于举证期限内提出鉴定申请。

陈某以某公司违法解除劳动关系为由向北京市海淀区劳动争议仲裁委员会提出申诉，该委于2004年5月24日裁决：某公司向陈某支付经济补偿金6400元；带薪年假工资815元；垫付给刘某的工资382元。某公司不服北京市海淀区劳动争议仲裁委员会的仲裁裁决，向一审法院起诉。

某公司在一审起诉中称，某公司与陈某的劳动合同期满后不再与其续签劳动合同，并口头及书面通知过陈某，但陈某迟迟不做工作交接，某公司于2004年3月11日向陈某正式下达了"辞退通知书"，故陈某无权要求某公司支付其解除劳动合同的经济补偿金。按照合同约定，陈某每月工资1500元；因陈某在某公司工作不满2年，故不享受年假待遇；陈某称其作为人力资源部经理曾经为某公司员工刘某垫付工资382元，对此某公司并不知情，故陈某无权向某公司主张该费用。某公司起诉请求判令某公司无须向陈某支付经济补偿金、年假工资及垫付工资。

陈某在一审中答辩称，陈某未收到过某公司的终止劳动合同通知书，陈某在工作期间，从未擅自离岗，一直遵守公司的各项规章制度，2004年1月陈某作为人力资源部的经理经公司批准为离职员工刘某垫付了工资382元，陈某实际月工资为3400元，仲裁裁决金额有误。某公司单方做出解除劳动关系的决定，故某公司应向陈某支付解除劳动关系的经济补偿金，陈某不同意某公司的诉讼请求，同时亦不同意仲裁裁决。陈某要求某公司按照陈某月工资3400元的标准支付解除劳动关系的经济补偿金6800元并加发50%的额外经济补偿金；某公司支付陈某2003年度的带薪年假未休工资815元；某公司给付陈某垫付的工资382元。

一审法院经审理认为，某公司以陈某严重违反并破坏公司劳动纪律、擅离职守等为由对陈某做出辞退决定，但其就该辞退理由不能举证，故对某公司辞退陈某的理由不予采信。某公司应向劳动者陈某支付解除劳动关系的经济补偿金，且应加发50%的额外经济补偿金。某公司对陈某举出的某公司出具的《收入证明》及《证明》之真实性提出异议，但其未于举证期限内提出公章鉴定申请，故对其鉴定申请，不予采纳。在无相反证据否认上述两份证明之真实性的基础上，法院对该证明予以采信。依据《收入证明》所载，陈某之税后工资为3100元，应以此作为判定某公司支付解除劳动合同经济补偿金的标准。另依据《证明》所载，某公司应向陈某支付带薪年休假工资815元，同时还应向陈某返还其垫付给其他员工的工资382元。依照《中华人民共和国劳动法》第28条、第50条之规定，判决：1. 某公司于判决生效后7日内给付陈某解除劳动关系的经济补偿金6200元并加发50%的额外经济补偿金3100元；2. 某公司于判决生效后7日内给付陈某带薪年假工资815元；3. 某公司于判决生效后7日内给付陈某垫付的工资382元。

某公司不服一审法院判决，向二审法院提起上诉，请求撤销原判。其上诉理由为陈某在工作期间不遵守某公司考勤制度，带头破坏公司规章制度，由于辞退通知书是在双方劳动合同终止时下发给陈某的，故陈某要求某公司支付解除劳动关系的经济补偿金不合理；陈某在某公司工作未满2年，不享受公司的年假待遇，陈某要求某公司赔付其带薪年假工资，某公司不应支付；某公司对陈某出具的加盖公章的《收入证明》及《证明》之真实性存有异议，要求对公章进行鉴定。陈某答辩称，其不同意某公司的上诉理由和请求，同意一审判决。

二审法院经审理认为，某公司与陈某签订的劳动合同期满后，陈某仍在某公司工作，某公司继续给陈某发放工资，视为双方同意以原条件继续履行劳动合同。现某公司对陈某做出辞退决定，但其就该辞退理由仅向法庭出示了两名证人的书面证言，因证人均未到庭作证，故一审法院对某公司提交的证人证言的证据效力不予认定，对某公司辞退陈某的理由不予采信并无不当。某公司单方解除劳动关系，应向陈某支付解除劳动关系的经济补偿金及因其未及时给付经济补偿金，还应加发50%的额外经济补偿金。一审法院依据某公司为陈某出具的《收入证明》认定陈某之税后月工资3100元，并以此作为判定解除劳动合同经济补偿金的计算标准并无不当。一审法院依据某公司为陈某出具的《证明》，判令某公司给付陈某带薪年休假工资815元、垫付的工资382元亦无不当。某公司上诉关于其不应向陈某支付解除劳动关系的经济补偿金的理由缺乏事实根据及法律依据，不予采纳；某公司上诉关于陈某不享受年假待遇，其不应向陈某支付带薪年假工资的上诉理由，与其出具的《证明》不符，对其该项上诉理由，亦不予采纳；某公司上诉要求对《收入证明》及《证明》上所盖公章进行鉴定，因该鉴定申请未在一审法院指定的举证期限内提出，故对其上诉提出的鉴定申请不予采纳。某公司的上诉理由均不能成立，其上诉请求，不予支持。判决：驳回上诉，维持原判。

【分析评论】

本案争议的焦点是：一、某公司应否给付陈某解除劳动合同的经济补偿金和额外经济补偿金。二、当事人在法院指定的举证期限之外提出鉴定申请，法院应否采纳鉴定申请的问题。

一、关于解除劳动合同的经济补偿金和额外经济补偿金应否给付的问题

解除劳动合同以存在合法有效的劳动关系为前提。解除分为双方解除和单方解除。单方解除又可分为用人单位单方解除和劳动者单方解除。解除合同的补偿是合法解除合同的附带义务，是用人单位的单方义务，主要表现为经济补偿金，也表现为额外经济补偿金，其功能在于体现对劳动者的特殊照顾。

某公司与陈某通过签订劳动合同的形式确立了合法的劳动关系，明确了双方的权利义务，故双方存在合法有效的劳动关系，双方当事人的合法权益均受劳动法保护。现某公司以陈某严重违反并破坏公司劳动纪律、擅离职守等为由对陈某做出辞退决定，其就该辞退理由仅向法庭出示了两名证人的书面证言，因证人均未到庭作证，故该证据形式不符合《民事诉讼法》及《最高人民法院关于民事诉讼证据的若干规定》中关于证人应当出庭作证的规定，故对某公司上述证人证言的证据效力不予认定。据此,对某公司辞退陈某的理由不予采信。某公司辞退陈某,属某公司单方提出与陈某解除劳动合同。依据《劳动法》第 28 条之规定,某公司应当依照国家有关规定给予陈某经济补偿。《违反和解除劳动合同的经济补偿办法》中规定:由用人单位解除劳动合同的,用人单位应根据劳动者在本单位的工作年限,每满 1 年发给相当于 1 个月工资的经济补偿金,最多不超过 12 个月。工作时间不满 1 年的按 1 年的标准发给经济补偿金。某公司应依据上述规定向陈某支付解除劳动关系的经济补偿金。依据《收入证明》所载,陈某之税后月工资为3100 元,其在某公司的工作年限为 2 年,故法院判决某公司支付陈某相当于其 2 个月工资的解除劳动合同的经济补偿金 6200 元是正确的。《违反和解除劳动合同的经济补偿办法》第 10 条规定:"用人单位解除劳动合同后,未按规定给予劳动者经济补偿的,除全额发给经济补偿外,还须按该经济补偿金数额的 50% 支付额外经济补偿金。"由于某公司未即时给付陈某解除劳动合同的经济补偿金,故某公司还须加发陈某解除劳动合同经济补偿金数额的50% 的额外经济补偿金 3100 元。综上,本案某公司单方提出与陈某解除劳动合同,故依法应向陈某支付解除劳动合同的经济补偿金和额外经济补偿金。

二、关于当事人在法院指定的举证期限之外提出鉴定申请,法院应否采纳鉴定申请的问题

《民事诉讼法》第 64 条规定:当事人对自己提出的主张,有责任提供证据。《最高人民法院关于民事诉讼证据的若干规定》第 2 条规定:当事人对自己提出的诉讼请求所依据的事实或者反驳对方诉讼请求所依据的事实有责任提供证据加以证明。没有证据或者证据不足以证明当事人的事实主张的,由负有举证责任的当事人承担不利后果。第 34 条规定:当事人应当在举证期限内向人民法院提交证据材料,当事人在举证期限内不提交的,视为放弃举证权利。第 25 条规定:当事人申请鉴定,应当在举证期限内提出。对需要鉴定的事项负有举证责任的当事人,在人民法院指定的期限内无正当理由不提出鉴定申请或者不预交鉴定费用或者拒不提供相关材料,致使对案件争议的事实无法通过鉴定结论予以认定的,应当对该事实承担举证不能的法律后果。某公司对陈某向法院提交的由某公司出具的《收入证明》及《证明》之真实性提出异议,且其要求对公章进行鉴定,但由于该鉴定申请并未于一审法院限定的举证期限内提出,故依据上述规定,法院对某公司提出的鉴定申请,不予采纳。在无相反证据否认陈某向法院提交的上述两份证明之真实性的基础上,法院对该证明予以采信。依据陈某向法院提交的《证明》所载,某公司应向陈某支付带薪年休假工资815元,同时还应向陈某返还其垫付给其他员工的工资382元。法院判决某公司给付陈某带薪年休假工资815元及垫付给其他员工的工资382元是正确的。综上,当事人在法院指定的举证期限之外提出鉴定申请,法院不予采纳。

  某公司上诉关于其不应向陈某支付解除劳动关系的经济补偿金的理由缺乏事实根据及法律依据;某公司上诉关于陈某不享受年假待遇,其不应向陈某支付带薪年假工资的上诉理由,与其出具的《证明》不符;某公司上诉要求对《收入证明》及《证明》上所盖公章进行鉴定,因该鉴定申请未在一审法院指定的举证期限内提出,故对其上诉提出的鉴定申请,二审法院不予采纳。某公司的上诉理由均不能成立,其上诉请求,二审法院不予支持。综上所述,二审判决驳回上诉,维持原判是正确的。

用人单位违法解除劳动合同不影响劳动者获得应得奖金

【案例一】

原告：芦某
被告：利勃海尔机械服务（上海）有限公司

原告芦某诉称：我2000年11月1日进入利勃海尔服务股份公司北京办事处工作，任项目经理。2005年7月1日利勃海尔服务股份公司北京办事处整体并入利勃海尔机械服务（上海）有限公司。2006年8月25日，为了推卸投标失败的责任，被告歪曲事实，将责任转嫁到我身上，于2006年8月30日违法解除与我的劳动合同，我拒绝了被告的违法行为，于2006年9月5日申请劳动仲裁。2006年11月17日，仲裁委员会作出了裁决，我认为该裁决存在部分事实认定不清、适用法律不当，请求法院依法改判。我认为，计算解除劳动合同经济补偿金时，我在原利勃海尔服务股份公司北京代表处的工作年限应连续计算。仲裁裁决既然认定被告解除劳动合同的理由违法，就应根据劳动合同第18.2条，裁决被告支付提前45天通知期间的工资及25%的额外经济补偿金。应报销费用3402.68元，请求法庭判决被告予以报销。根据被告公司制度规定，要求被告一次性支付2006年应支付的奖金7122.86元。我在2006年已休年假仅一天，根据劳动合同第10.2条的规定，被告应支付我未休年假补偿金9533.46元。根据劳动合同第14.3条，我要求被告支付劳动合同约定的禁止竞争义务补偿金14245.71元。由于被告2006年8月30日解除劳动合同的单方面的决定违法，双方的劳动合同并没有事实解决，被告自 2006 年 8 月 30 日以来拖欠工资，我还要求被告支付拖欠的工资及 25% 的额外经济补偿金。我的全部诉讼请求是：1. 被告一次性支付解除劳动合同经济补偿金 85474.26 元、额外经济补偿金 42737.13 元，若代扣代缴个人所得税，须提供个人所得税完税凭证；2. 被告一次性支付提前 45 天通知期间的工资 21368.57 元及 25% 的额外经济补偿金 5342.14 元；3. 被告一次性支付应报销款 3402.68 元；4. 被告一次性支付应在 2006 年支付的销售奖金 7122.86 元；5. 被告一次性支付 2006 年未休年假补偿金 9533.46 元；6. 被告一次性支付劳动合同约定禁止竞争义务补偿金 14245.71 元；7. 被告一次性支付自 2006 年 8 月 30 日以来拖欠的工资及 25% 的额外经济补偿金，补缴对应期间的社会保险，住房公积金和福利费用；8. 被告负担仲裁和本案诉讼费用。

被告辩称：1. 原告主张支付解除劳动合同经济补偿金和代通知金无法律依据。2005 年 7 月 1 日，原告与我公司签订了劳动合同，期限三年，工作职位为土方机械项目经理，月工资为 13186.39 元，2006 年 1 月 1 日调整为 14245.71 元。2006 年 8 月 23 日至 24 日，原告在为"中国铁道建筑总公司铁路客运专线设备国际竞争型招标"项目准备招标文件的过程中，擅自更改了液压挖掘机接地长度的技术数据，将投标规格 4000mm 更改为 4050mm。该数据变更被我公司负责审核该投标文件的销售副总监韩廷宏发现，在韩廷宏的要求下，原告纠正了该数据。原告私自更改技术数据，使我公司陷于因违约而导致巨大经济责任的风险之中。对于原告的此项严重违纪行为，我公司有权按照《劳动法》第 25 条第（二）项的规定解除劳动合同。在此情形下，我公司无须向原告履行给付经济补偿金及提前通知的义务。另外，原告在我公司的工作年限仅为 1 年 1 个月，在此之前的用人单位为北京外企，故我公司没有义务承担其在某工作年限所对应的经济补偿。2. 原告未履行规定的报销申请及审批手续，无权要求我公司支付相关报销款项。3. 根据我公司"奖金规定—土方机械销售"，销售经理的销售额如达到100万至500万美元,公司将给予一个月的工资作为销售奖金,该奖金在日历年度的年底发放50%,另外50%的部分,如2006年底该销售经理仍在公司供职,公司将于2006年底一并支付。原告2004年度享有一个月工资的奖金,我公司已经支付了50%,剩余的50%应当于2006年底支付,且支付的前提是"仍在职",因此,原告不具备取得该部分奖金的条件。4. 原告无法举证其2006年仅休息一天假,也没有任何可归咎于我公司的原因或者与我公司协商一致,因此,原告无权获得劳动合同第10.2条规定的未休年假补偿金。5. 劳动合同第14.5条约定我公司可完全自行决定是否执行第14.2条中所述的承诺,如不执行,则无须向雇员支付第14.3条中规定的任何补偿。鉴于我公司未要求原告履行竞业禁止义务,因此无须向其支付竞业禁止的经济补偿金。6. 我公司与原告已于2006年8月30日解除劳动关系,原告无权要求劳动合同解除之后的任何工资、社会保险及住房公积金。另外,该项请求未经劳动仲裁程序,不应得到法院支持。综上,原告的各项请求既无事实依据,也无法律依据,请求法院驳回。

法院经审理查明:

2005年7月1日,被告作为雇主(简称利勃海尔)、原告作为雇员签订固定期限劳动合同一份,期限为3年,自2005年7月1日起至2008年6月30日止,岗位为土方机械项目经理,月工资为13186.39元(毛收入)。劳动合同第8.1条约定,利勃海尔可以按适用法律的规定制定劳动纪律规章和利勃海尔的其他规章或程序,若雇员违反此类规章,以致给利勃海尔造成损失或对其本人或者他人造成伤害,或无法达到其职位所要求的工作标准,利勃海尔可对雇员进行纪律处分。情况严重时,利勃海尔可以依照中国法律解雇雇员。劳动合同第10.1条约定,除法定假日外,雇员每年享有15个工作日的带薪休假,周末不视为工作日。休假可以分开使用。休假时间将由利勃海尔根据雇员的意愿和利勃海尔的工作计划加以安排。第10.2条约定,经利勃海尔批准后,雇员在一年内未使用的休假可以计入下一年使用。若雇员因任何可归咎于利勃海尔的原因未能享受休假,或者经利勃海尔与雇员协商一致,利勃海尔可以向雇员支付按其当年的平均工资标准计算的补偿。第14.2条约定了雇员在聘用期间以及在终止日后2年内负有竞业禁止的义务,第14.3条约定考虑到第14.2条的竞业禁止业务,利勃海尔应当在终止日后向雇员对于竞业禁止义务每年提供相当于一个月的工资,第14.5条约定,利勃海尔可以完全自行决定是否执行第14.2条中所述的承诺,如利勃海尔决定不执行,则其无须向雇员支付第14.3条中规定的任何补偿。第18.1条约定,任何一方可根据中国劳动法规和有关法规终止本合同,第18.2条约定,除第2.2条(试用期解雇)和第18.1条规定的终止情形之外,鉴于(根据第1.2条规定)本合同无固定期限,任何一方可以在任何时间、无须陈述理由的情形下经提前至少45天书面通知另一方而终止本合同,该等通知自对方收讫之日起生效。利勃海尔可以选择不经通知期限而直接支付雇员薪金立即终止雇用关系。

2005年7月5日,利勃海尔机械服务(上海)有限公司北京办事处与利勃海尔服务股份公司北京办事处签订一份劳动合同补充协议,约定:鉴于利勃海尔服务股份公司北京办事处于2005年7月1日转制为利勃海尔机械服务(上海)有限公司北京办事处,原利勃海尔服务股份公司北京办事处雇员全部转为利勃海尔机械服务(上海)有限公司北京办事处雇员,雇员的全部权利义务,包括工龄、工资、社会保险、福利,利勃海尔机械服务(上海)有限公司承诺全部承担,保持不变。芦某在利勃海尔机械服务(上海)有限公司的连续工作年限自其在利勃海尔服务股份公司北京办事处的起始工作日期算起,即自2000年11月1日算起。该协议为芦某与利勃海尔机械服务(上海)有限公司所签劳动合同的补充条款,为该合同不可分割的组成部分。

2006年8月30日,被告将"关于解除芦某先生劳动合同的处理"的书面通知送达给原告,该通知表示,鉴于原告修改利勃海尔公司针对一项投标提供的重要技术文件,且未将任何修改通知管理人员,公司决定解除与原告的劳动合同,于2006年8月30日立即生效，原告的工资结算至2006年8月31日，社会保险和住房公积金支付至2006年8月31日止，因存在立即解除劳动合同之明确事由，公司将不支付任何补偿。

根据被告2004年1月8日制定的"奖金规定——土方机械销售"，包括原告在内的四名销售经理，如销售额达到一定数额，可以获得一定倍数的增发月工资作为奖金，奖金的支付方法是，每个日历年度的年底支付50%，另50%作为应发奖金放在公司内，在三年后如销售经理还在公司供职将全部应发金额一次性支付，即2006年底将一次性支付2004/2005/2006年累计的数额。根据被告人事经理杨新平写给原告的电子邮件，原告2004年应当获得相当于一个月工资的奖金，其中50%应于2004年12月底支付，另外50%应当于2006年12月底支付。

原告遭解除合同后，向北京市劳动争议仲裁委员会申请劳动仲裁，申诉请求与本案诉讼请求前6项相同。2006年11月16日，北京市劳动争议仲裁委员会作出裁决，认为被告对解除与原告的劳动合同未提供充分证据，对其解除劳动合同理由不予采信，因原告不愿回被告处工作，视为双方协商解除劳动合同，被告应支付经济补偿金28491.4元，另外被告同意支付原告2006年8月份的手机费799.68元，但原告的其他申诉请求无事实及法律依据，不予支持。

法院经审理认为：

解除劳动合同，必须具备法律规定或者劳动合同约定的事由，并履行相应的程序。被告以原告违反劳动纪律为由单方解除与其的劳动合同，但既未提供关于具体劳动纪律的规定，对于原告擅自修改投标数据的事实也缺乏充分证据证明，其单方解除劳动合同，不符合法律规定和劳动合同的约定，属于违法解除劳动合同，鉴于原告并未要求继续履行劳动合同，因此，双方之间的劳动合同已因被告的行为导致解除，被告应依法向原告支付解除劳动合同的经济补偿金，每一年工作年限支付一个月工资的经济补偿金。2005年7月5日，利勃海尔机械服务（上海）有限公司北京办事处与利勃海尔服务股份公司北京办事处专门就原告的工作年限起算问题签订了一份劳动合同补充协议，被告应受该协议的约束，原告的工作年限应自2000年11月1日起计算，算至被告解除劳动合同时为6年，被告应按该年限以及2006年原告的工资标准支付经济补偿金。因被告未按规定给予经济补偿，还应支付50%的额外经济补偿金。

根据被告2004年1月8日制定的"奖金规定——土方机械销售"以及被告人事经理的电子邮件，原告2004年获得相当于一个月工资的奖金，其中50%已经支付，其余50%于2006年12月底支付，支付条件需要原告在2006年底时在职。根据劳动合同约定的期限，原告本可在被告处供职于2006年年底，符合另外50%奖金的支付条件，但被告违约单方解除劳动合同，致使原告于2006年8月底即离职，此不可归因于原告，应视为原告领取奖金的条件成就，原告要求被告发放另外50%的奖金，本院予以支持，但工资数额应以2004年度工资计算，由于双方未举证证明2004年度原告工资情况，本院按照劳动合同约定的月工资数额计算。

双方劳动合同第10.2条明确约定了若雇员因任何可归咎于利勃海尔的原因未能享受休假，或者经利勃海尔与雇员协商一致，利勃海尔向雇员支付按其当年的平均工资标准计算的补偿。现在原告提出2006年仅休一天年假，要求被告支付未休年假工资补偿，被告应相应地举证证明原告实际休年假情况及未休原因与其工作安排无关。被告未提出相应的证据来否定原告的主张，应按劳动合同的约定向原告支付未休年假工资补偿。被告提交的关于五一放假自动折抵年假2天的通知，原告表示没有看到过，不予认可，不能作为抵扣年假的依据。

原告要求被告支付提前45天通知的工资及经济补偿金，不符合双方劳动合同第18.2条的约定，没有法律依据，本院不予支持。原告要求被告支付应报销款项，缺乏双方的约定，被告仅同意报销其2006年8月份手机费，对原告其他报销请求，不予支持。被告已明确表示不要求原告履行竞业禁止义务，原告再要求被告支付竞业禁止义务补偿金，与劳动合同约定不符，本院不予支持。原告要求被告支付2006年8月30日以后的工资及经济补偿金、补缴社会保险、住房公积金、福利费用的请求，由于双方劳动合同已经由被告单方解除，原告也未要求继续履行劳动合同，其上述请求，没有依据，本院不予支持。

综上，依照《中华人民共和国劳动法》第16条、第17条、第28条之规定，判决如下：

一、被告利勃海尔机械服务（上海）有限公司于本判决生效之日起七日内向原告芦某支付解除劳动合同经济补偿金85474.26元、额外经济补偿金42737.13元。

二、被告利勃海尔机械服务（上海）有限公司于本判决生效之日起七日内向原告芦某支付2006年8月份的手机费799.68元。

三、被告利勃海尔机械服务（上海）有限公司于本判决生效之日起七日内向原告芦某支付2004年度销售奖金的50%即6593.2元。

四、被告利勃海尔机械服务（上海）有限公司于本判决生效之日起七日内向原告芦某支付2006年未休部分年假补偿9533.46元。

五、驳回原告芦某其他诉讼请求。

一审宣判后，双方均未上诉，本判决已经发生法律效力。

【案例二】

原告：北京某投资服务有限公司

被告：孙某

原告北京某投资服务有限公司诉称：我公司与被告孙某于2004年2月20日签订了劳动合同，我公司聘担孙某任董事长行政助理职务。孙某于2005年6月份负责组织筹办公司会议，在选择酒店及结算时采取谎报价格、虚报预算、逾越财务结算、骗取支票、不打清单等多种手段蒙骗公司，蓄意谋划损害公司利益，给公司造成了1万多元的经济损失。孙某的行为严重违反了法律法规和公司的相关规章制度。在公司于6月30日作出令其停止手头工作接受进一步调查，以便公司根据相关规定进行处理的要求后，孙某自2005年7月1日起即擅自脱岗旷工，不来公司出勤上班。2005年7月12日，我公司依据孙某的违纪行为和旷工事实作出解除与其劳动合同关系的决定，我公司的决定是符合《劳动法》第25条、《劳动合同法》第23条规定及《公司员工奖惩条例》的，公司有权不向其支付经济补偿金。因孙某的上述违纪行为给公司造成了严重的经济损失，应向公司进行赔偿，公司有权扣除其相应工资。2004年年终奖未支付部分属附条件、附期限奖励部分，孙某在任职期间存在上述损害公司利益的行为及旷工等违纪事由，没有达到公司规定的条件及工作期限要求，故公司有权不支付该部分奖金。劳动仲裁裁决不符合法律规定。现诉至法院要求判令我公司不向孙某支付解除劳动关系经济补偿金9000元、2005年6月份工资4500元、2004年年终奖未付部分4500元。

被告孙某辩称：我同意仲裁裁决，不同意北京某投资服务有限公司的诉讼请求。关于北京某投资服务有限公司对仲裁裁决提出的两点质疑，首先，我在整个会议过程中的各个环节，甚至细小环节中都没有蓄意谋划、营私舞弊、违法违纪的行为，会议的筹备和组织过程都是严格按程序或惯例办理的，费用使用上更是精打细算，严格按预算审慎支出。其次，2005年6月30日我听到董事长认为会议费用使用有问题时，主动要求成立调查组，进行彻底调查。调查组成立后直接要求我交接工作和所有与工作有关的用品，包括进门用的公司钥匙、门卡，我提出过今后的工作安排以及是否需要上班的问题，调查组组长告诉我在家等消息就行了，不用来上班了。我7月19日打电话询问调查结果时，调查组组长回答事情基本调查清楚，但还没有处理结果，6月30日停职审查只是解聘的一种委婉说法，实质就是解聘。7月21日我到公司办理了档案调出手续。因此，既然6月30日已被解聘，那么我根本没有无故旷工、擅自脱岗的情况，公司无权扣除我6月份工资。2004年年终奖是公司承诺的，并无其他任何附加条件，所以公司应支付。仲裁裁决符合有关法律法规。

法院经审理查明：

孙某于2004年初到北京某投资服务有限公司工作，担任董事长行政助理。双方均称曾签订劳动合同，但均未向本院提交。根据孙某提交的工资单，北京某投资服务有限公司每月分别以孙某及孙兴中的名义向其发放工资，月工资合计4500元左右。2005年2月6日，北京某投资服务有限公司向孙某发出一份《2004年员工奖励通知单》，内容为：为了表彰孙某2004年勤奋工作的精神，公司决定给予奖励：2004年年终奖2个月工资（人民币9000元）；2005年稳健奖2个月工资；山东沃华股份期权2万股。本次发放2004年奖励的50%，即税后4275元。北京某投资服务有限公司于2005年6月25日至27日在富来宫温泉山庄召开其控股企业山东沃华医药科技股份有限公司营销策略研讨会，会议由孙某负责组织会务工作。2005年6月23日，北京某投资服务有限公司作出决定，会议预算为40022元，并经过了董事长批准。2005年6月28日会议结束后，富来宫温泉山庄结算会议费用共计38539元。北京某投资服务有限公司认为孙某承办的会议费用过高给其造成损失，于2005年6月30日要求孙某停职并办理了门卡、房间钥匙、文件、办公用品等交接手续。北京某投资服务有限公司未向孙某发放2005年6月份工资。

北京某投资服务有限公司提交一份标明日期为2005年7月12日作出的《关于孙某严重违法违纪行为的处理决定》，称孙某在筹备组织公司会议期间采取谎报价格、虚列开支、擅增中介、骗取支票等多种手段蒙骗公司，牟取私利，给公司造成了较大的经济损失，已构成严重违纪和违法情形，在公司于6月30日作出令其停职接受调查的要求后，孙某自2005年7月1日起即擅自脱岗，不来公司出勤上班。根据《民法通则》第117条，《劳动法》第25条第（二）、（三）项，《公司员工奖惩条例》第9条第2、3、7、10款及《公司员工手册》之"入职与离职工作程序"第22条第2款第三、七项之规定，给予孙某以下处理及处分：1. 撤销孙某在公司内的一切职务；2. 开除孙某，解除与其的劳动合同关系，并依据劳动法规定不给予其经济补偿；3. 责令孙某退赔本次事件中给公司造成的经济损失；4. 对孙某处以5000元的经济处罚；5. 继续进行审计、调查，保留对其追究民刑事责任的权利。该决定未送达孙某。

2005年7月29日孙某申请劳动仲裁，要求北京某投资服务有限公司：1. 赔偿代理通知费1个月工资4500元及25%的违规罚金；2. 支付解聘补偿金9000元及25%的违规罚金；3. 支付2004年2月、3月份20%工资1800元及25%违规罚金；4. 支付2005年6月份工资4500元；5. 支付2004年2月至3月公司应承担的保险费772.74元并补缴2004年4月至9月的各项保险；6. 支付2004年奖金未兑现部分4500元；7. 支付12天带薪假期折算2040元；8. 给付离职后的社会保险转移单。仲裁中孙某表示不愿再回北京某投资服务有限公司工作。北京市朝阳区劳动争议仲裁委员会作出裁决，裁决北京某投资服务有限公司向孙某支付解除劳动关系经济补偿金9000元、2005年6月工资4500元、2004年年终奖励未兑现部分4500元，驳回其他申诉请求。

另查，2004年12月28日北京某投资服务有限公司向孙某等传阅文件《关于召开年终工作总结、交流会的通知》，孙某在文件传阅单上签字。《关于召开年终工作总结、交流会的通知》明确"2004年奖励"为对员工发放的现金奖励，本次发放该等奖励的50%，如违反下列情形则其余的50%不予发放：1. 员工在2005年工作期间不存在违法、违反公司纪律、规章制度的事由并安于本职工作至2005年12月31日；2. 员工服从公司对职位安排、岗位调整的要求，安于本职工作至2005年12月31日。北京某投资服务有限公司另提供2005年5月16日孙某等签字的文件资料传阅单一份，用手写体载明传阅文件为《员工奖励及惩罚条例》、《员工入职与离职工作程序》，孙某认为传阅文件名称是后补的，表示没有见过这两份文件。

法院经审理认为：

用人单位解除劳动合同需具备法律法规规定的条件。因用人单位作出的开除、解除劳动合同等决定而发生的劳动争议,由用人单位负举证责任。孙某负责筹办会议实际发生的费用并未超过预算费用,不同时间、不同条件的会议费用差别很大,北京某投资服务有限公司仅以会议结束后的询价,就认定孙某在"筹备组织公司会议期间采取谎报价格、虚列开支、擅增中介、骗取支票等多种手段蒙骗公司,牟取私利,给公司造成了较大的经济损失,已构成严重违纪和违法情形",依据不足。北京某投资服务有限公司让孙某停职调查时已让其办理了门卡、房间钥匙等交接手续,孙某在家等待调查结果,北京某投资服务有限公司却又据此认定其"擅自脱岗,不来公司出勤上班",不能成立。北京某投资服务有限公司依据上述两点事由决定开除孙某、解除与其的劳动合同关系的决定缺乏法律依据。孙某已经办理了工作交接手续,并表示不愿回北京某投资服务有限公司继续工作,因此双方劳动关系的解除系北京某投资服务有限公司的行为造成,北京某投资服务有限公司应按照孙某的工作年限向其支付相应的经济补偿金。北京某投资服务有限公司拖欠孙某2005年6月工资,应予支付。根据工资单及《2004年员工奖励通知单》,孙某的工资应为每月4500元。《2004年员工奖励通知单》已通知孙某其获得了9000元年终奖励,但北京某投资服务有限公司仅支付了一部分,如前所述,北京某投资服务有限公司认定孙某存在违法、违反公司纪律、规章制度的事由不能成立,因此也不符合《关于召开年终工作总结、交流会的通知》确定的不予发放剩余部分年终奖励的条件,奖金未付部分北京某投资服务有限公司应予支付。

综上,依照《劳动法》第25条、第50条,《最高人民法院关于审理劳动争议案件适用法律若干问题的解释》第13条之规定,判决如下:

一、驳回北京某投资服务有限公司的诉讼请求。

二、北京某投资服务有限公司于本判决生效之日起7日内向孙某支付解除劳动关系经济补偿金9000元、2005年6月工资4500元、2004年年终奖励未兑现部分4500元。

一审宣判后，北京某投资服务有限公司不服，提起上诉。二审法院经审理，判决驳回上诉，维持原判。

【分析评论】

一、违法解除劳动合同的奖金支付问题

这两个案例有不少相似的地方。首先，都是用人单位违法解除劳动合同，导致合同终止；其次，劳动者一方的诉讼请求都围绕用人单位拖欠工资和支付解除劳动合同经济补偿金展开；再次，两案中均出现了用人单位违法解除劳动合同后拒绝向劳动者支付早已确定的奖金的问题。奖金的问题，是实践中困扰很多劳动者的问题。很多用人单位为了鼓励劳动者长期在本单位工作、限制劳动者离开本单位，在奖金发放问题上，采取分几次发放的措施，劳动者当年度获得的奖金，当年度仅发放一部分，剩余的部分在几年后发放，且限定发放的条件为劳动者几年后仍然在公司任职。但就在这期间，用人单位提出与劳动者解除劳动合同，导致劳动者看起来不再具备获得剩余奖金所要求的时间条件。比如案例一中，利勃海尔机械服务（上海）有限公司规定，2004年年度的奖金，先支付50%，其余50%于2006年12月底支付，支付条件需要劳动者在2006年年底时在职；案例二中，北京某投资服务有限公司制定的2004年奖励发放办法，也是当年发放奖励的50%，员工在2005年工作期间不存在违法、违反公司纪律、规章制度的事由并安于本职工作至2005年12月31日，才可以获得另外的50%。但是就在奖金快要发放的时候，用人单位却以劳动者严重违纪为由解除了与劳动者的劳动合同。

用人单位制定的奖金分配发放办法，属于用人单位的规章制度，只要不违反法律的规定，经过了相应的程序，就是合法有效的。劳动者是否能获得奖金直接与用人单位解除劳动合同是否合法有效相关。如果用人单位解除劳动合同符合法律规定，劳动合同的解除发生法律效力，劳动者就不再符合用人单位规定的剩余奖金的

发放条件。否则，用人单位解除劳动合同不符合法律规定的条件和程序，劳动者可以通过法律途径要求撤销用人单位的解除劳动合同决定、继续履行劳动合同。如果劳动争议仲裁委员会或者人民法院裁决撤销用人单位的解除劳动合同决定，双方继续履行劳动合同，劳动者就仍然符合用人单位规定的剩余奖金发放条件。现在的问题是，劳动者一方往往并不是要求撤销用人单位解除劳动合同决定、继续履行劳动合同，而是要求用人单位支付经济补偿金，不愿再回到用人单位继续工作。这种情况下，劳动者还符合剩余奖金发放条件吗？还有权利取得未到期的剩余奖金吗？

我们认为，答案是肯定的，用人单位违法解除劳动合同，导致双方劳动关系在剩余奖金发放日期前解除，劳动者仍然有权获得剩余奖金，用人单位仍应向劳动者支付剩余的奖金。首先，用人单位制定的奖金发放条件，是为了约束劳动者一方继续在本单位工作，以免因劳动者一方的原因导致人才流失，奖金条件的目的在于限制劳动者一方的主动辞职行为或者过失离职行为。很显然，用人单位违法解除劳动合同，既不是劳动者一方的主动辞职行为，也不是劳动者的过失导致解除劳动合同，劳动者一方对此并没有过错。其次，用人单位与劳动者之间支付奖金的行为，本质上是一种附条件的工资支付行为。在用人机制、竞争机制多样化的背景下，部分工资支付采用这种附条件的方式，并不违反规定。但是，这种附条件的法律行为，要受到法律对于附条件行为规定的约束。《民法通则》第62条规定，民事法律行为可以附条件，附条件的民事法律行为在符合所附条件时生效。《合同法》第45条规定，当事人对合同的效力可以约定附条件。附生效条件的合同，自条件成就时生效。附解除条件的合同，自条件成就时失效。当事人为自己的利益不正当地阻止条件成就的，视为条件已成就；不正当地促成条件成就的，视为条件不成就。如果不考虑解除劳动合同的其他法律后果，仅就剩余奖金支付来讲的话，用人单位违反解除劳动合同，是一种为自己的利益不正当地阻止条件成就的行为，依法应视为条件已成就，劳动者有权获得剩余奖金，用人单位应予以支付。

因此，劳动者能否获得剩余奖金，就取决于用人单位解除劳动合同是否符合法律规定。如果构成违法解除劳动合同，用人单位就应承担支付剩余奖金的义务。

二、用人单位是否属于违法解除劳动合同

本节两个案例，均是用人单位以劳动者违反劳动纪律为由，行使单方即时解除权，并不支付经济补偿金。我们在前面的案例中介绍过，法律对用人单位行使即时解除权限定了严格的条件，首先用人单位必须有充分的证据证明劳动者存在违纪的事实，其次劳动者的违纪行为必须达到了"严重"的程度。这两个条件，缺一不可，否则用人单位就构成违法解除劳动合同，劳动者可以请求人民法院予以撤销，继续履行劳动合同，或者要求支付经济补偿金，《劳动合同法》实施之后，劳动者还可以要求用人单位按照解除劳动合同经济补偿金的标准支付双倍赔偿金。可见，法律是严格限制用人单位单方解除劳动合同的，违法解除劳动合同，对于用人单位自身来说，后果是十分严重的。下面我们具体分析两个案例中用人单位解除劳动合同，是否符合法律规定。

案例一中，利勃海尔公司提出的芦某的具体违纪事由是，芦某修改利勃海尔公司针对一项投标提供的重要技术文件，且未将任何修改通知管理人员。对这一事实本身，芦某予以否认，利勃海尔公司也缺乏充分的证据予以证实。而且，利勃海尔公司也没有提供关于具体劳动纪律的规定或约定，以证明芦某的这项行为属于违反了劳动纪律，并且达到了"严重违纪"的程度。按照普通人的通常理解，即便芦某存在利勃海尔公司主张的修改数据的行为，也是工作中的普通行为，如果没有具体的约定或者规定，很难说是违纪，更别说是"严重违纪"了。因此，利勃海尔公司行使用人单位即时解除权的理由完全不能成立，属于违法解除劳动合同。如果芦某要求继续履行劳动合同，法院会判决撤销利勃海尔公司解除劳动合同决定，双方继续履行劳动合同。但芦某诉讼请求是要求利勃海尔公司支付经济补偿金，表明其不愿继续履行劳动合同了，而且实际上，芦某已经另外到其他公司就职了。因此，双方之间的劳动合同已因利勃海尔公司的行为导致解除，利勃海尔公司应依法向芦某支付解除劳动合同的经济补偿金，每一年工作年限支付一个月工资的经济补偿金。关于支付经济补偿金的具体年限，双方又发生了争议。芦某与利勃海尔公司于2005年7月1日签订了期限为3年的劳动合同，利勃海尔公司解除劳动合同时是2006年8月30日，这样看来，似乎支付2个月工资的经济补偿金就可以了，劳动仲裁裁决也是这么处理的。但是，本案的特殊情况在于，利勃海尔公司是由原利勃海尔服务股份公司北京办事处转制而来，芦某也是由转制前的北京办事处进入到现在的利勃海尔公司工作的。而且，双方为此还签订有专门的协议，约定芦某在利勃海尔公司的连续工作年限自其在利勃海尔服务股份公司北京办事处的起始工作日期算起，即自2000年11月1日算起。协议明确约定，本协议为芦某与利勃海尔公司所签劳动合同的补充条款，为该合同不可分割的组成部分。这份协议，是由利勃海尔公司北京办事处与利勃海尔服务股份公司北京办事处签订的，利勃海尔公司当然应该受其下属分支机构所签订协议的约束。因此，根据该协议，芦某的工作年限应自2000年11月1日起计算，算至被告解除劳动合同时为6年，利勃海尔公司应按该年限以及2006年原告的工资标准支付经济补偿金。因利勃海尔公司未按规定给予经济补偿，还应支付50%的额外经济补偿金。法院最终判决利勃海尔公司向芦某支付解除劳动合同经济补偿金85474.26元及额外经济补偿金42737.13元。

案例二中，北京某投资服务有限公司作出《关于孙某严重违法违纪行为的处理决定》，决定开除孙某，解除劳动合同关系，并依据劳动法规定不给予经济补偿。北京某投资服务有限公司的理由有两点：一是称孙某在筹备组织公司会议期间采取谎报价格、虚列开支、擅增中介、骗取支票等多种手段蒙骗公司，牟取私利，给公司造成了较大的经济损失，已构成严重违纪和违法情形；二是称孙某自2005年7月1日起即擅自脱岗，不来公司出勤上班。对于用人单位的第一点理由，孙某负责筹办会议的预算费用经过了用人单位领导的审批，实际支出的费用并未超过预算费用。会议举办的时间不同、条件不同，会议费用就会有很大差别，用人单位仅以会议结束后的询价，就认定孙某谎报价格、虚列开支、牟取私利，明显依据不足。对于第二点理由，用人单位让孙某停职调查时已让其办理了门卡、房间钥匙等交接手续，告知其在家等待调查结果，然后又据此认定其"擅自脱岗，不来公司出勤上班"，是自相矛盾的行为，更是明显不能成立。因此，用人单位以上述两点事由决定开除孙某、解除与其的劳动合同关系，缺乏法律依据，属于违法解除劳动合同。孙某已经办理了工作交接手续，并表示不愿回北京某投资服务有限公司继续工作，因此双方劳动关系的解除系用人单位的行为造成，北京某投资服务有限公司应按照孙某的工作年限向其支付相应的经济补偿金。法院最终判决北京某投资服务有限公司向孙某支付解除劳动关系经济补偿金9000元。

既然两个案例都被法院确认属于违法解除劳动合同，劳动者就有权获得本可以获得的剩余奖金。

三、其他问题

除了解除劳动合同经济补偿问题和剩余奖金支付问题外，案例一中还存在着年假折薪问题和竞业限制义务问题，虽然本书其他案例中已介绍过相关法律知识，但本案中的情形略微有些区别，还需要进行简单的说明。

年假折薪纠纷，越来越多地出现在劳动争议案件中。对相关的法律规定，我们在本书的其他案例中已有介绍，在此不再赘述。现在的基本情况是，现行法律并没有规定，未休年假的，用人单位应支付年假折薪。因此，劳动者与用人单位如无约定，要求用人单位支付年假折薪是没有法律依据的。但是如果双方有约定，这样的约定并不违反法律规定，是合法有效的，双方均应遵守约定。本案就是比较典型的双方通过约定处理年假折薪问题的例子。

利勃海尔公司与芦某签订的劳动合同约定，除法定假日外，雇员每年享有15个工作日的带薪休假，周末不视为工作日。休假可以分开使用。休假时间将由利勃海尔根据雇员的意愿和利勃海尔的工作计划加以安排。第10.2条约定，经利勃海尔批准后，雇员在一年内未使用的休假可以计入下一年使用。若雇员因任何可归咎于利勃海尔的原因未能享受休假，或者经利勃海尔与雇员协商一致，利勃海尔可以向雇员支付按其当年的平均工资标准计算的补偿。

芦某表示，由于工作原因，其年假仅休了一天，要求利勃海尔公司支付未休年假的折薪补偿。现在的问题就在于判断芦某未能休满年假，是否属于"可归咎于利勃海尔的原因"。根据双方的约定，"休假时间将由利勃海尔根据雇员的意愿和利勃海尔的工作计划加以安排"，因此，未休完年假的原因，应该由利勃海尔公司举证证明，证明劳动者的实际休年假情况及未休原因与其工作安排无关，如不能证明属于劳动者的个人原因，就应该属于用人单位工作安排的原因，属于"可归咎于利勃海尔的原因"。利勃海尔公司未提出相应的证据来否定劳动者的主张，应按劳动合同的约定向芦某支付未休年假工资补偿。被告提交的关于五一放假自动折抵年假2天的通知，原告表示没有看到过，不予认可，也不符合法律关于全体公民休假的规定，不能作为抵扣年假的依据。

关于竞业限制的问题，属于《劳动合同法》详细规定的新的问题，本书其他案例已有详细介绍，在此不再重复。本案的特殊情况是，用人单位明确表示，不再要求劳动者承担竞业限制义务，是否还需要再向劳动者支付竞业限制经济补偿金？对此，《劳动合同法》及以前的规范性文件都没有明确规定。

我们认为，竞业限制，是用人单位为保护自己的商业秘密及竞争优势，而与劳动者约定的一种对劳动者再行就业的限制，用人单位以支付竞业限制补偿金为代价。用人单位支付的竞业限制补偿金不可能完全补偿劳动者在同业公司就业的损失。从其目的上看，如果用人单位的商业秘密已经没有价值，或者离职的劳动者根本没有接触过公司的商业秘密，则即使劳动者离职后到其他同业公司就职，对原用人单位也不会产生损害，既没有必要对劳动者在同业公司就业进行限制，也没有必要非要求原用人单位支付额外经济补偿金。因此，如果原用人单位提出不再要求劳动者承担竞业限制义务，应予以准许，原用人单位可不再承担向劳动者支付经济补偿的义务。

  上面是从法理角度进行的分析。不过，本案是从双方劳动合同约定的角度处理这个问题的。利勃海尔与芦某签订的劳动合同明确约定，利勃海尔可以完全自行决定是否执行竞业限制条款，如利勃海尔决定不执行，则其无须向雇员支付约定的经济补偿。利勃海尔已经在向法院提交的各种文件中，十分明确地表示不要求芦某履行竞业限制义务，芦某要求利勃海尔支付竞业限制义务补偿金，与劳动合同约定不符，法院不予支持。顺便解释一句，在《劳动合同法》颁行之前，对于限制劳动者在同业就业的约定，一般称为竞业禁止条款，本案的法律文书就是这么表述的。《劳动合同法》颁行之后，统一规范表述为竞业限制。本书在撰写时，尊重这种表述的历史变化，案情介绍部分，维持原来的表述，在分析评论部分，则与《劳动合同法》的表述保持一致。

未签书面合同用人单位解除劳动关系也应支付经济补偿

【基本案情】

原告：高某

被告：北京某制衣有限公司

原告高某诉称：我于2000年9月8日至2006年10月25日受聘于北京某制衣有限公司，被安排在菜百新世纪商场当信息员，在商场售货几年中，由于业绩优秀，我多次被评为优秀信息员。我工作6年期间，北京某制衣有限公司未给我上过基本社会保险，劳动关系解除后也没有给予补偿金。现诉至法院要求依法确定我与北京某制衣有限公司之间的劳动关系，要求北京某制衣有限公司支付我解除劳动合同补偿金4200元。

北京某制衣有限公司辩称：高某是2003年3月入职，岗位是菜百导购员，双方未订立合同，工资每月700元。2006年10月25日我公司撤离菜百，高某也在当时离职，至今未来公司上班。高某是自动离职，不是我公司解除劳动关系，不应该支付补偿金。高某的诉讼请求已经超过诉讼时效，高某未在法定期间内主张权利。

法院经审理查明：

经法院向北京菜市口百货股份有限公司人力资源部负责人调查，高某从2000年9月10日至2006年10月24日一直在菜市口百货商场为北京某制衣有限公司担任导购。高某每月工资700元。2006年10月25日，北京某制衣有限公司撤离菜市口百货商场，此后一直未给高某安排工作。高某于2007年1月26日申请劳动仲裁，北京市朝阳区劳动争议仲裁委员会以超过申诉时效为由决定不予受理。

法院经审理认为：

根据本院调查，高某从2000年9月10日至2006年10月24日一直在菜市口百货商场为北京某制衣有限公司担任导购。按照法律规定，北京某制衣有限公司招用高某为其提供劳动，北京某制衣有限公司作为用人单位应与劳动者签订劳动合同，未签订劳动合同，双方之间存在事实劳动关系，北京某制衣有限公司应承担相应的法律后果。2006年10月25日北京某制衣有限公司撤离菜市口百货商场后，一直未给高某安排工作，也没有发给书面的解除劳动关系通知，高某于2007年1月26日申请劳动仲裁，认为是北京某制衣有限公司解除劳动关系，提出索要经济补偿金，不能认为超过了诉讼时效。北京某制衣有限公司提出是高某自动离职，没有依据。现高某要求确认其劳动期间与北京某制衣有限公司存在劳动关系，要求北京某制衣有限公司支付解除劳动合同经济补偿金，符合法律规定，本院予以支持。

综上，依照《中华人民共和国劳动法》第2条、第28条之规定，判决如下：

一、高某与北京某制衣有限公司之间存在事实劳动关系。

二、北京某制衣有限公司于本判决生效之日起七日内向高某支付解除劳动合同经济补偿金4200元。

一审宣判后，北京某制衣有限公司不服，提起上诉。二审法院经过审理，判决驳回上诉，维持原判。

【分析评论】

《劳动合同法》颁布之前，不论是理论界还是实践界，对劳动合同与劳动关系的认识都不一致。一种普遍的看法是，根据是否签订劳动合同，劳动关系可以表现为劳动合同关系与事实劳动关系，签订劳动合同的就是劳动合同关系，未签订劳动合同但也存在劳动关系的就是事实劳动关系。由于《劳动法》第28条规定的是，用人单位依据本法第 24 条、第 26 条、第 27 条的规定解除劳动合同的，应当依照国家有关规定给予经济补偿。因此，长期以来，司法实践中，仅对签订了书面劳动合同的劳动关系，适用有关经济补偿的规定，对于未签订劳动合同的事实劳动关系，普遍认为不存在经济补偿问题。

这种认识在有关部门的规范性文件中也有所表现。《最高人民法院关于审理劳动争议案件适用法律若干问题的解释》第 16 条规定，劳动合同期满后，劳动者仍在原用人单位工作，原用人单位未表示异议的，视为双方同意以原条件继续履行劳动合同。一方提出终止劳动关系的，人民法院应当支持。根据《劳动法》第 20 条之规定，用人单位应当与劳动者签订无固定期限劳动合同而未签订的，人民法院可以视为双方之间存在无固定期限劳动合同关系，并以原劳动合同确定双方的权利义务关系。根据这条司法解释，除了符合签订无固定期限劳动合同之外的其他固定期限劳动合同，合同期限届满后，双方仍然存在劳动关系的，是一种事实劳动关系，任何一方要求终止，都可以导致劳动关系的终止。《劳动法》规定的获得经济补偿的条件是用人单位解除劳动合同。终止劳动合同不论是任何原因，都不符合获得经济补偿的条件，是不可能获得经济补偿的。根据最高人民法院的这条司法解释，2001 年 11 月 26 日，劳动和社会保障部在答复浙江省劳动和社会保障厅关于事实劳动关系解除是否应该支付经济补偿金问题的请示时，明确表示最高人民法院司法解释中规定的"终止"，是指劳动合同期满后，劳动者仍在原用人单位工作，用人单位未表示异议的，劳动者和原用人单位之间存在的是一种事实上的劳动关系，而不等于双方按照原劳动合同约定的期限续签了一个新的劳动合同。一方提出终止劳动关系的，应认定为终止事实上的劳动关系。也就是说，这种情况，无须支付经济补偿。由于劳动和社会保障部的这个答复（劳社厅函〔2001〕249 号），题目是"关于对事实劳动关系解除是否应该支付经济补偿金问题的复函"，各地劳动争议仲裁委员会甚至不少人民法院在理解时就认为事实劳动关系解除一律不支付经济补偿。

这种解释和认识具有明显的不合理性。在劳动合同期满后，劳动者继续在用人单位劳动，用人单位就应该按照法律规定，与劳动者续订劳动合同。如果续订劳动合同，在续订的劳动合同期限届满前，用人单位解除与劳动者的劳动关系的，依法应承担支付经济补偿的义务。而按照最高人民法院与劳动和社会保障部的意见，用人单位继续使用劳动者而不续订劳动合同，随时可以提出终止劳动关系，而无须支付经济补偿。这明显违背了《劳动法》要求建立劳动关系应当订立劳动合同的初衷。有这样的法律后果，哪个用人单位还会与劳动者续订劳动合同？劳动者为了工作机会，谁敢提出订立劳动合同？

直到 2005 年，劳动和社会保障部的意见才发生了少许的变化。2005 年 5 月 25 日，劳动和社会保障部又发布了《关于确立劳动关系有关事项的通知》，第 1 条就提出用人单位招用劳动者未订立书面劳动合同，但同时具备下列情形的，劳动关系成立。（一）用人单位和劳动者符合法律、法规规定的主体资格；（二）用人单位依法制定的各项劳动规章制度适用于劳动者，劳动者受用人单位的劳动管理，从事用人单位安排的有报酬的劳动；（三）劳动者提供的劳动是用人单位业务的组成部分。第 3 条又规定，用人单位招用劳动者符合第 1 条规定的情形的，用人单位应当与劳动者补签劳动合同，劳动合同期限由双方协商确定。协商不一致的，任何一方均可提出终止劳动关系，但对符合签订无固定期限劳动合同条件的劳动者，如果劳动者提出订立无固定期限劳动合同，用人单位应当订立。用人单位提出终止劳动关系的，应当按照劳动者在本单位工作年限每满一年支付一个月工资的经济补偿金。可惜的是，不少人只注意到了这个通知的第 1 条，并没有十分在意第 3 条。尤其是不少法官，在最高人民法院的司法解释可以推导出某个结论的情况下，根本不注意、不考虑劳动和社会保障部的这个新的意见。

其实，根据《最高人民法院关于审理劳动争议案件适用法律若干问题的解释》第 16 条的规定，顶多可以推导出，劳动合同期满后形成的事实劳动关系不存在经济补偿问题。最高人民法院的司法解释在外延上，并不能涵盖所有的事实劳动关系，尤其是一开始就未签订劳动合同而形成的事实劳动关系。用人单位与劳动者签订劳动合同，形成劳动合同关系，用人单位解除劳动合同时需要依照规定支付经济补偿金；用人单位一开始就不与劳动者签订劳动合同，双方形成事实劳动关系，如果用人单位终止这种事实劳动关系也无须支付经济补偿的话，那意味着守法成本高于违法，单从这一个因素来讲的话，将没有用人单位会与劳动者签订劳动合同。很多人一直寄希望于劳动者会主动要求与用人单位签订劳动合同，目前看来，在劳动力还是买方市场的情况下，这种希望是很天真的、根本不可能实现的。只有在法律制度的设计上，把签订劳动合同的义务施加到用人单位身上，让单位不签订劳动合同承担沉重的法律后果，才有可能推动全面签订劳动合同。而用人单位解除事实劳动关系无须支付经济补偿，就完全是相反的制度设计，只会损害法律的有效性、权威性，损害劳动者的合法权益。在这种意义上，事实劳动关系是一开始就没有签订劳动合同形成的，还是劳动合同期满后没有续签形成的，没有任何差别。

《劳动合同法》很好地弥补了以前法律制度上的缺陷。《劳动合同法》第10条规定，建立劳动关系，应当订立书面劳动合同。已建立劳动关系，未同时订立书面劳动合同的，应当自用工之日起一个月内订立书面劳动合同。第14条第3款规定，用人单位自用工之日起满一年不与劳动者订立书面劳动合同的，视为用人单位与劳动者已订立无固定期限劳动合同。根据这些规定，用人单位一年以上不与劳动者签订劳动合同的，视为双方存在无固定期限劳动合同，此时用人单位解除劳动关系，等同于解除无固定期限劳动合同，当然需要依法向劳动者支付经济补偿。除了这些规定以外，《劳动合同法》从制度设计上，把劳动合同作为劳动关系的一种书面形式，不论是否存在这种形式，劳动关系都是存在的。解除和终止劳动合同，等同于解除和终止劳动关系。《劳动合同法》生效之后，无论用人单位是否和劳动者签订了劳动合同，只要符合解除和终止劳动合同的法定情形，用人单位均需依法支付经济补偿。《劳动合同法》第 82 条规定，用人单位自用工之日起超过一个月不满一年未与劳动者订立书面劳动合同的，应当向劳动者每月支付二倍的工资。因此，用人单位在一年内未与劳动者签订劳动合同，又解除与劳动者的劳动关系的，除了向劳动者每月支付二倍的工资外，还应当依法向劳动者支付经济补偿。

  本案就是一个典型的用人单位不与劳动者签订劳动合同而形成的事实劳动关系。高某从 2000 年 9 月 10 日至 2006 年 10 月 24 日，一直在菜市口百货商场为北京某制衣有限公司担任导购，双方之间存在劳动关系。按照法律规定，北京某制衣有限公司招用高某为其提供劳动，应该与劳动者签订劳动合同，但却一直没有签订。2006 年 10 月 25 日北京某制衣有限公司撤离菜市口百货商场，此后一直未给高某安排工作，也没有发给书面的解除劳动关系通知。高某于 2007 年 1 月 26 日申请劳动仲裁，认为是北京某制衣有限公司解除劳动关系，要求支付经济补偿金。根据前述劳动和社会保障部《关于确立劳动关系有关事项的通知》第 3 条的规定，用人单位提出终止事实劳动关系的，应当按照劳动者在本单位工作年限每满一年支付一个月工资的经济补偿金。法院在确定双方之间的劳动关系后，毫不犹豫地判决用人单位按照劳动者的工作年限支付经济补偿。这样的判决，是符合《劳动法》第 2 条和第 28 条规定的精神的，是符合《劳动法》保护劳动者合法权益的立法目的，也契合了《劳动合同法》的有关规定。

劳动者严重违纪用人单位可依法解除劳动合同

【基本案情】

原告：中国人民解放军第六一零九工厂
被告：黄某

原告中国人民解放军第六一零九工厂诉称：由于黄某的违法违纪行为给我厂造成了巨大经济损失和不良影响，违反了相关的劳动法规和我厂的规章制度，在职工中反应强烈。根据有关法规，我厂工会于2005年8月16日经职工代表大会决定给予黄某开除处理，并追缴部分损失。黄某对上述决定不服，向朝阳区劳动争议仲裁委员会提出撤销决定的申请。仲裁庭审中，我厂提出了大量的证据，证明对黄某的处理所依据的事实符合劳动法规的规定，程序是合法的，符合市、区劳动部门的现行办法和做法，遗憾的是朝阳区劳动争议仲裁委员会却以程序不合规定为由，作出了撤销开除决定的裁决。我厂认为，仲裁裁决适用法律错误，且与北京市政府的规定及市、区劳动部门现行的办法和做法相违背，因此，裁决是错误的。现诉至法院请判决支持我厂对黄某作出的开除决定。

黄某辩称：我不同意第六一零九工厂的诉讼请求，同意仲裁裁决。我没有隐瞒事故，事故当天晚上我就给厂法定代表人打了电话，厂里委托6108厂的人来看我。交管部门认定责任的事情我也如实地向单位汇报了。我承包后对外经营，谁用车谁上保险，保险赔偿是别人领走了，不清楚是谁领的。我没有私刻公章，我把租金都交给财务了。交通事故的20%我同意补偿，但我跟厂里说我一下子拿不出来，可以分批补。我也没有违反厂里的各项制度。司机的工作本身就是危险性比较大的，不应该对我作出开除决定，开除的程序也不合法，职工代表大会开除的决定也不符合程序，我也没有发言的机会。希望法院维持仲裁的决定。

法院经审理查明：

黄某1989年12月1日到第六一零九工厂工作，1995年12月19日双方签订无固定期限劳动合同。1998年3月16日、2001年1月1日第六一零九工厂与黄某分别签订了承包合同书一份，由黄某承包第六一零九工厂司机班，在确保第六一零九工厂生产、生活、办公等方面用车的前提下开展对外经营工作。2001年1月1日签订的承包合同书约定，黄某应负责对所属人员进行遵纪守法、交通法规、劳动纪律等方面的教育，并制定有力措施，确保经营及行车安全工作的正常进行，若有违规行为，以交通队和军检处理单为依据，除按规定处理外，工厂对承包人每起违规处以50—200元罚款；承包期内，黄某须为第六一零九工厂车辆建立安全保险及第三者保险，保险费由黄某承担；承包期内，黄某的一切收支，均由第六一零九工厂财务部办理手续，单立账户核算，承包期间第一年交纳4万元车辆折旧费，3万元管理费，第二年交纳4万元车辆折旧费，4万元管理费，第三年交纳4万元车辆折旧费，5万元管理费；黄某须把对外承租单位的协议书交工厂一份备案，以便于更好地完成车辆管理工作；合同还约定了其他事项。

黄某在经营期间，自己刻制了"中国人民解放军第六一零九工厂汽车队"、"中国人民解放军第6109工厂车辆管理业务专用章"等字样的公章对外签订租车协议、车辆租赁合同等。

2002年10月14日，第六一零九工厂发出《关于终止车队承包工作的通知》，认真分析了工厂车队管理现状，认为工厂属经济实体，车队搞承包经营是情理之中的事，但毕竟总部有文件规定，不允许军车搞经营，尤其是在工厂职工中有反映，局领导有明确指示的情况下，不宜继续执行"车队承包合同"，经厂承包小组讨论，厂领导批准，决定：立即终止执行"车队承包合同"，终止时间为2002年9月30日，由财审部进行离任审计，同时清理债权、债务。通知还对其他善后问题作出了安排。

2002年12月1日8时10分，在连霍高速公路商开段176km+650m处南半幅，黄某驾驶甲S-21309号东风货车由西向东行驶时与同方向停在路上的临沂交通技校司机汲广宙驾驶的费县运输公司的鲁Q-50997号"蓬翔"半挂列车尾随相撞，造成两车损坏，黄某车内乘车人张琳、周文权受伤的交通事故。2002年12月15日经商丘市公安局交通支队高速公路大队认定，黄某驾驶机动车在大雾天气超速行驶，是此次事故发生的主要原因，汲广宙未按规定停车是事故发生的次要原因，黄某负此次事故的主要责任，汲广宙负此次事故的次要责任。2003年6月5日黄某向第六一零九工厂口述交通事故经过时称"交通队根据法医的鉴定和现场勘察及其调查结果，20天后进行了事故责任认定，认定我方负40%的责任，对方负60%的责任（并未最终判定）"。2003年11月11日，经商丘市公安局交通支队高速公路大队调解，由第六一零九工厂承担各项赔偿的65%，汲广宙承担35%，各项赔偿承担部分为101503.98元。

黄某称该车的保险手续由实际租赁人以51028部队农场的名义办理。2005年10月29日各项赔偿车辆交通安全委员会出具《关于2002年12月1日河南商丘交通事故车辆保险赔偿情况说明》，称安委会将车辆事故保险赔付所需的手续交给黄某，指定黄某找有关人员和保险公司办理车险赔付事宜。2004年5月20日，安委会主任黄利平等人到和平里保险公司了解赔付情况时，得知2004年3月30日已打印出甲S-21309号车的保险单，车辆保险款于2004年4月1日由投保人的代理人李丽颖领走，该车的赔付款总额为28595.51元。

2005年8月10日第六一零九工厂财务部通知黄某，经清理，黄某拖欠单位的折旧、管理费等计57326.10元，请黄某于2005年8月13日前将该欠款交到财务部。

2005年8月13日，第六一零九工厂厂长办公会认为黄某在承包车队期间，利用私刻的印章和以厂法人代表的名义对外签订合同，截留营业额，造成上缴折旧费、管理费共计 57326.10 元的损失；2002 年 12 月 1 日，黄某驾车执行任务时，违反交通法规及厂纪厂规造成交通事故，虽经批评教育却不认错，隐瞒事故真相，私扣事故认定书，拖延了事故的处理，2005 年 6 月厂里决定向其追偿交通事故损失 20%，黄某再次拒绝，同时在此次事故处理中，由于黄某的行为导致保险赔付款 28595.51 元被人冒领，至今黄某仍未追回。黄某的行为严重违反了军地相关的法律法规及厂纪厂规，造成了重大人员损伤和重大经济损失，后果严重，影响恶劣。厂长办公会提议：1. 根据《企业职工奖惩条例》等有关规定及厂规章制度，给予黄某开除处理。2. 向黄某追缴车队承包及善后工作中截留的折旧费、管理费 57326.10 元。3. 追偿黄某因交通事故给企业造成的经济损失的 20%，即 27066.54 元。4. 向黄某追缴交通事故保险赔偿款 28595.51 元。

2005 年 8 月 16 日，第六一零九工厂第七届职工代表大会临时会议经表决通过了对黄某的处理决定，决定内容与上述提议相同。

2005 年 8 月 29 日，第六一零九工厂向军训和兵种部工厂管理处报告上述开除决定。

2005 年 8 月 22 日，第六一零九工厂将黄某的档案材料转至北京市东城区劳动和社会保障局。北京市东城区劳动和社会保障局于同日发出《东城区失业职工办理失业登记通知单》，通知黄某于 60 日内，办理相关手续。

黄某不服第六一零九工厂的开除决定，申请劳动仲裁，要求撤销第六一零九工厂作出的四项决议，恢复劳动关系，支付 2005 年 10 月、11 月工资共计 2400 元，补缴社会保险。2005 年 11 月 17 日，北京市朝阳区劳动争议仲裁委员会作出裁决，认为根据《企业职工奖惩条例》第 13 条的规定，开除职工应报企业所在地的劳动部门备案，黄某所在地为朝阳区，其开除黄某报告东城区劳动部门的主张，不符合规定，故裁决撤销第六一零九工厂（2005）厂人力字第 12 号对黄某作出的第一项开除处理，双方恢复劳动关系，支付黄某 2005 年 10 月工资 1200 元，驳回黄某其他申诉请求。

另查，第六一零九工厂规章制度汇编第三章第13条规定："对职工给予开除处分，须经厂长办公会研究提出，由厂职代会或全厂职工大会讨论决定，并报总参炮兵部、朝阳区劳动局和当地办事处备案。"

第六一零九工厂表示其向朝阳区劳动和社会保障局备案时，朝阳区劳动和社会保障局以其不属于区属企业为由不接受其备案请求。2005年11月19日，第六一零九工厂向北京市劳动和社会保障局请示，该厂地处朝阳区，为国有军队驻京单位，如若发生开除职工的情况，应向哪一级劳动或人事部门备案？2005年11月21日北京市劳动和社会保障局劳动工资处答复"企业依据《条例》开除职工，依据职代会决议和规定及处理职工的时限即可"。

法院经审理认为：

第六一零九工厂作为国有企业，有权依据《劳动法》和《企业职工奖惩条例》的规定对职工进行处理。黄某在承包经营期间违反承包协议和规章制度的规定，驾车时违规操作造成重大损失，事故发生后隐瞒事故责任。第六一零九工厂在取得证据证实黄某存在严重错误后，由厂长办公会议提议，经职工代表大会讨论决定给予黄某开除处理，符合法律法规和第六一零九工厂的规章制度。关于开除决定作出后报企业主管部门和企业所在地的劳动或人事部门备案的要求，是应当履行的法律手续，不是开除决定的必要条件，不影响开除决定的效力。并且，第六一零九工厂已向企业主管部门报告，在向企业所在地劳动部门备案未果后已向北京市劳动和社会保障局请示并获得答复，应认为已经履行了积极备案的义务。至于向东城区劳动和社会保障部门转移档案手续，不能认为是履行备案义务。第六一零九工厂在查实黄某错误后及时履行法定程序作出了开除决定，也未超过处分职工的时限。因此，第六一零九工厂的处理决定符合法律规定，应予维持。

综上，依照《中华人民共和国劳动法》第25条第（二）项；《企业职工奖惩条例》第11条第1款第（三）项、第（五）项，第12条，第13条，第19条，第20条之规定，判决如下：

维持中国人民解放军第六一零九工厂对黄某作出的开除处理决定。

一审宣判后，黄某不服，提起上诉。但二审开庭审理时，黄某经传票传唤，未到庭应诉，二审法院裁定按黄某撤回上诉处理，一审判决发生法律效力。

【分析评论】

《劳动法》第25条的规定，一般被称为用人单位的即时辞退权，也叫做用人单位即时解除劳动合同权。该条规定，劳动者有下列情形之一的，用人单位可以解除劳动合同：（一）在试用期间被证明不符合录用条件的；（二）严重违反劳动纪律或者用人单位规章制度的；（三）严重失职，营私舞弊，对用人单位利益造成重大损害的；（四）被依法追究刑事责任的。也就是说，在劳动者存在着这四项情况时，用人单位无须提前通知，可以立即通知劳动者解除劳动合同。《劳动法》第28条规定的用人单位解除劳动合同须支付经济补偿金的情形，不包括第25条规定的情形，也就是说，用人单位根据第25条规定解除劳动合同能够成立的话，无须向劳动者支付经济补偿。

我们可以看出，这一条规定的情形，都是劳动者存在过失的情形。看过本书劳动合同的解除部分前面几个案例的读者，肯定可以看出这一条是最容易被用人单位滥用、损害劳动者权益的条款之一。但另一方面，这一条款也是严格约束劳动者的条款之一。劳动者一旦符合第25条规定的情形，将遭受严重的法律后果，可能会被用人单位解除劳动合同，还无法获得任何经济补偿。《劳动合同法》实施后，用人单位如果运用此条款不当，则也将承受严重的法律后果。这一条款是一把"双刃剑"。

在提供了几个用人单位不当适用即时辞退权的案例后，我们在本节提供了一个用人单位行使即时辞退权被法院维持的案例。本案中，用人单位中国人民解放军第六一零九工厂以严重违纪为由，对劳动者黄某作出了开除决定。《劳动法》颁布实施之后，用人单位对劳动者的最严厉的处分，一般就是解除劳动合同，不再用"开除"的字眼。但是《企业职工奖惩条例》也并没有废止，国有企业对职工进行处分时，仍然可以使用开除的方式。在劳动法律意义上，开除等同于用人单位决定与劳动者解除劳动合同。第六一零九工厂做出开除决定后，黄某提起劳动仲裁，劳动争议仲裁委员会以未报当地劳动部门备案为由，裁决撤销第六一零九工厂的开除决定；第六一零九工厂不服，诉至法院，法院判决维持了第六一零九工厂的开除决定。第六一零九工厂的开除决定之所以能够最终获得法院的维持，在于其符合法律规定的条件和程序。

第六一零九工厂认定的黄某的违纪行为，归纳起来主要包括如下几个方面：第一，在承包经营车队期间，私刻公章对外签订租车协议、车辆租赁合同。这是查有实据的，黄某对此事实也没有异议，只是认为这是承包经营所需要的。第二，黄某驾驶机动车违规在大雾天气超速行驶，致使发生交通事故，造成重大人员伤亡和重大财产损失，交通管理部门认定，黄某负事故的主要责任。第三，发生交通事故后，黄某向单位隐瞒事故真相，私扣事故认定书，拖延了事故的处理，同时在事故处理中，由于黄某的行为导致保险赔偿付款28595.51元被人冒领，无法追回。

本案与前面一些用人单位不当适用即时辞退权的案例相比，最大的区别是，用人单位对劳动者的严重违纪行为都掌握了真凭实据。第六一零九工厂认定的黄某的违纪行为，都有相应的证据予以证明。私刻公章对外签订合同，黄某无法否认；驾车违规发生重大交通事故并负主要责任、造成重大损失，有交通管理部门的责任认定书和调解书为证；隐瞒事故真相，有黄某向第六一零九工厂车辆交通安全委员会所作的书面说明为证，此后保险款被他人领走，黄某也负有不可推卸的责任。因此，根据第六一零九工厂提供的证据，黄某存在严重违纪行为的事实可以成立。

除了有证据可以证明黄某严重违纪外，第六一零九工厂作出的开除决定程序也符合相应规定。《企业职工奖惩条例》第13条规定，对职工给予开除处分，须经厂长（经理）提出，由职工代表大会或职工大会讨论决定，并报告企业主管部门和企业所在地的劳动或者人事部门备案。第六一零九工厂规章制度汇编第三章第13条也有类似规定，对职工给予开除处分，须经厂长办公会研究提出，由厂职代会或全厂职工大会讨论决定，并报总参炮兵部、朝阳区劳动局和当地办事处备案。2005年8月13日，第六一零九工厂厂长办公会研究后提议，根据《企业职工奖惩条例》等有关规定及厂规章制度，给予黄某开除处理。2005年8月16日，第六一零九工厂第七届职工代表大会临时会议经表决通过了对黄某的处理决定，决定内容与上述提议相同。2005年8月29日，第六一零九工厂向军训和兵种部工厂管理处报告上述开除决定。2005年8月22日，第六一零九工厂将黄某的档案材料转至北京市东城区劳动和社会保障局。北京市东城区劳动和社会保障局于同日发出《东城区失业职工办理失业登记通知单》，通知黄某于60日内，办理相关手续。可见，第六一零九工厂履行了厂长提出、职工代表大会通过、报企业主管部门备案的手续，唯一存在疑问的是报企业所在地的劳动或者人事部门备案的手续。而劳动争议仲裁委员会和人民法院的分歧也在这里。

劳动争议仲裁委员会认为，第六一零九工厂作为位于朝阳区的企业，作出开除职工的决定之后，未向朝阳区劳动主管部门备案，而是向东城区有关部门备案，不符合《企业职工奖惩条例》的规定，因此，裁决撤销了第六一零九工厂的开除决定。

对此问题，法院经审理查明，第六一零九工厂曾就此向朝阳区劳动和社会保障局备案，朝阳区劳动和社会保障局以其不属于区属企业为由不接受其备案请求。2005年11月19日，第六一零九工厂专门向北京市劳动和社会保障局请示，该厂地处朝阳区，为国有军队驻京单位，如若发生开除职工的情况，应向哪一级劳动或人事部门备案？2005年11月21日北京市劳动和社会保障局劳动工资处答复"企业依据《条例》开除职工，依据职代会决议和规定及处理职工的时限即可"。

我们认为，第六一零九工厂作出开除决定后，向企业所在地劳动部门备案未果，第六一零九工厂又向北京市劳动和社会保障局请示并获得答复，表明第六一零九工厂在积极履行备案的义务。《企业职工奖惩条例》关于开除决定作出后报企业主管部门和企业所在地的劳动或人事部门备案的要求，是应当履行的法律手续，要求的是"备案"而不是"审批"，因此，备案的程序不是开除决定的必要条件，不影响开除决定的效力。第六一零九工厂请示后，获得北京市劳动和社会保障局劳动工资处答复"企业依据《条例》开除职工，依据职代会决议和规定及处理职工的时限即可"。第六一零九工厂在查实黄某错误后及时履行法定程序作出了开除决定，也并没有超过处分职工的时限。造成第六一零九工厂未能实现把开除决定向企业所在地劳动行政部门备案，是现行管理体制的原因，不能归咎于第六一零九工厂，更不能因此撤销其开除决定。至于第六一零九工厂向东城区劳动和社会保障部门转移档案手续，并不是《企业职工奖惩条例》规定的备案手续，而是劳动关系终止后，用人单位应当履行的将人事档案转移到劳动者户籍地的义务。因此，第六一零九工厂的处理决定符合法律规定，法院维持其开除决定的判决是正确的。

本案表明，劳动者如存在严重违纪等法定过失行为，用人单位在取得相应证据后，可以依法行使即时解除权，解除与劳动者的劳动合同，并不支付经济补偿。只要用人单位行使即时解除权符合法定条件和程序，就是有效的。

劳动关系终止后用人单位应当及时办理社会保险转移手续

【基本案情】

原告：关某
被告：北京某商贸有限公司

原告关某诉称：2003年10月31日，我进入北京某商贸有限公司工作，月工资1600元。由于北京某商贸有限公司要求周六加班，而且没有给我缴纳社会保险，我被迫辞职。但北京某商贸有限公司不将我的社会保险转移单给我。现诉至法院，要求判令北京某商贸有限公司转出我的社会保险关系。

被告北京某商贸有限公司辩称：社会保险转移单在我公司，因为社会保险有应该由个人交纳的一部分钱，关某没有给我公司，所以没有把社会保险转移单给关某。

法院经审理查明：

2003年10月31日关某到北京某商贸有限公司工作。2006年9月30日，关某辞职。北京某商贸有限公司至今未将关某的社会保险转移手续交给关某。

法院经审理认为：

根据国家规定，劳动者离职后，用人单位应为其办理社会保险转移手续。现关某要求北京某商贸有限公司办理社会保险转移手续，符合法律规定，本院予以支持。综上，依照《最高人民法院关于审理劳动争议案件适用法律若干问题的解释（二）》第5条之规定，判决如下：

北京某商贸有限公司于本判决生效之日起七日内为关某办理社会保险转移手续。

一审宣判后，双方均未在法定期间提出上诉，一审判决已发生法律效力。

【分析评论】

本案其实十分简单，但在司法实践中却屡见不鲜，档案、社会保险转移手续等一定程度上甚至成了某些用人单位限制劳动者自由流动的一种手段。

根据现在社会保险领域的基本做法，劳动者与用人单位终止劳动关系后，由用人单位向社会保险经办机构申请办理劳动者的社会保险转移手续，结清社会保险费用后，社会保险经办机构会出具社会保险转移单，上面记载有劳动者在该用人单位的缴费年限、缴费数额、转出时间等信息，用人单位应当把社会保险转移单中的一联交给劳动者携带。劳动者到了新的用人单位后，将社会保险转移单交给新单位，以便新的用人单位持社会保险转移单到当地的社会保险经办机构为劳动者办理社会保险和社会保险接续手续。很长一段时间以来，新的用人单位为劳动者缴纳社会保险的前提都是要取得劳动者结束上次劳动关系时社会保险经办机构开具的社会保险转移单；否则，因为缺乏必要的信息和手续，新的用人单位无法为劳动者缴纳社会保险或者办理社会保险的接续手续。如果不能办理妥当接续手续，等于劳动者重新开始缴纳保险，相应的个人账户资金无法归并在一起。但是，随着社会保险经办机构管理水平的提高，目前，已有部分地区不需要社会保险转移单，凭劳动者的身份证，就可以为劳动者办理社会保险接续手续。

办理社会保险转移手续，应该是劳动关系终止时用人单位的一项随附义务。根据诚信原则，用人单位应及时为劳动者办理妥当相关手续。如果因用人单位拖延或者拒不办理，致使劳动者无法及时继续缴纳社会保险，对新的用人单位也会带来麻烦，也影响到社会保险体系的正常运转和劳动者将来享受的社会保险待遇。新的用人单位为劳动者办理社会保险时，首先就要求劳动者提供社会保险转移单。而劳动者原来的用人单位往往会以劳动者存在未交费用等各种各样的理由，拖延办理社会保险转移手续或者办理后不及时交给劳动者，特别是在双方发生矛盾后终止劳动合同的情况下，原来的用人单位可能把拖延办理社会保险转移，作为对劳动者的一种惩罚或者报复。

《劳动合同法》颁布之前，对于这个严重影响劳动者权益的问题，一直没有法律层面上的明确规定，而司法实践中，此类案件又比较多发，对劳动者的合理要求又不能不予以保护。人民法院对此类案件的处理也多种多样，有的法院认为此类事项不属于法院民事案件和劳动争议案件主管的范围，对劳动者单纯起诉办理社会保险转移手续的，不予受理，已经受理的，裁定驳回起诉；有的法院则予以受理，然后以没有法律依据为由判决驳回劳动者的诉讼请求。通读本书的细心读者，可能已经发现本书的其他案例中，就有以不属于人民法院受案范围驳回劳动者要求办理社会保险转移手续的诉讼请求的案件。那些案例，发生的时间和诉至法院的时间都要比本案早。两种不同的处理结果，恰恰反映了司法实践中在处理这个问题上的历史沿革。

为了解决实践中的问题，为人民法院裁判案件提供法律依据，统一司法尺度，2006年10月1日起实施的《最高人民法院关于审理劳动争议案件适用法律若干问题的解释（二）》中，对此进行了统一规定。该解释第5条规定，劳动者与用人单位解除或者终止劳动关系后，请求用人单位返还其收取的劳动合同定金、保证金、抵押金、抵押物产生的争议，或者办理劳动者的人事档案、社会保险关系等移转手续产生的争议，经劳动争议仲裁委员会仲裁后，当事人依法起诉的，人民法院应予受理。

司法解释虽然具有法律效力，但是毕竟使用的是司法解释的语言，人民法院虽然可以作为裁判依据，但作为确定当事人实体权利义务的依据，还是有很大欠缺，不易为普通群众所理解。《劳动合同法》第50条的规定就十分完善了，不但规定了转移社会保险单等行为就是用人单位的义务,而且明确规定了办理时限。该条第1款规定,用人单位应当在解除或者终止劳动合同时出具解除或者终止劳动合同的证明,并在15日内为劳动者办理档案和社会保险关系转移手续。《劳动合同法》实施之后,这一条就可以成为劳动者维护自己合法权益的利器,人民法院裁决此类纠纷,也有了实体法律上的明确依据。

本案事实十分简单,就是用人单位拖延不为劳动者办理社会保险转移手续,被劳动者诉至法院,法院依照最高人民法院司法解释确定的精神,判决用人单位限期为劳动者办理社会保险转移手续。本案的处理是符合《劳动合同法》规定的精神的,可以作为《劳动合同法》第50条第1款规定的例证。